KB068698

제4판

거시경제학

[연습문제 풀이집]

이종화 · 신관호 감수 | 송철종 엮음

박영사

머리말

최근 이종화·신관호 교수의 거시경제학 제4판이 출간되었다. 거시경제학 제4판은 이전의 거시경제학이 갖는 쉬운 설명과 눈으로 이해할 수 있도록 간결하게 작성된 데이터와 시각화 자료 등은 유지한 채 최근의 세계 경제 이슈를 다룸으로써 시의성을 높였다. 독자들에게 더 큰 관심을 불러일으킬 것이라 기대한다.

제4판 연습문제에서도 교과서가 갖는 쉬운 설명과 이해, 그리고 시각적 풀이라는 특징을 그대로 유지하였다. 아울러 보다 쉽고 간결한 표현을 통해 연습문제 풀이집도 술술 읽힐 수 있도록 하였다. 이는 엮은이가 강의 현장에서 겪은 바에 따른 것이다. 거시경제학 교과서와 연습문제 풀이집 개정판을 통해 어렵게만 느껴지는 경제학을 보다 쉽게 접근하고 이해할 수 있기를 희망한다.

본 풀이집은 그동안 두 저자들을 도와준 많은 조교들이 작성한 풀이에 바탕을 두고 있다. 좁은 지면에 그간의 조교들의 이름을 모두 열거하지 못함에 다시 한 번 송구함을 전한다. 다만 이번 개정판에서는 고려대학교 대학원의 이재원 석사과정 학생이 풀이집 전체를 다시 검토하고 어색한 표현 및 오탈자를 수정해 주었다. 덕분에 독자 입장에서 풀이집을 검토할 수 있게 되었다. 그의 노고에 감사함을 전한다. 또한 풀이집 출간을 도와준 박영사의 배근하 차장 및 편집부에 감사드린다. 아울러 연습문제 풀이집 개정판을 낼 수 있는 기회를 준 두 저자께도 깊은 감사를 드린다.

마지막으로 책을 내고 난 후에는 항상 부족함이 먼저 눈에 띄는데 이번 풀이집 개정판에서의 부족함은 전적으로 엮은이에게 있음을 밝힌다.

2024년 1월
송 철 종

차 례

제 1 장 거시경제학이란

01. 거시경제학은 국민경제 전체에서 발생하는 경제현상을 분석하는 학문이며 주요 거시경제변수인 국민소득, 고용량, 이자율, 환율, 인플레이션, 국제수지 등이 어떠한 원리로 결정되고 상호간에는 어떠한 관련이 있는지 연구한다. 반면에 미시경제학은 개별 경제주체의 행동원리를 분석하고 개별 재화가 거래되는 시장을 중심으로 일어나는 경제문제를 분석하는 학문이다.
거시경제학과 미시경제학의 공통점은 과학적인 접근방법에 따라 모형을 설정하고 이를 통해 복잡한 현상들의 본질에 접근하고자 한다는 것이다.

02. 좋은 모형은 현실적합성과 간결성을 갖추고 있어야 한다. 현실적합성이 가장 큰 모형은 현실 그 자체이다. 하지만 경제현상을 분석하고 설명하기 위해서 현실경제에서 벌어지고 있는 모든 일을 전부 모형에 도입한다면 불필요하게 모형이 커지기만 할 뿐 경제현상을 정확히 이해하는 것이 더욱 어려워질 수 있다. 따라서 설명하고자 하는 경제현상의 본질과 관계없는 것은 과감하게 생략하고 본질적 원리들로만 모형을 구성하는 것이 좋은 모형이 갖추어야 할 간결성이다. 많은 경제 모형들이 간결성의 조건에 따라 여러 가정을 통해 모형을 단순화하여 현실을 100% 설명하지는 못하여도 보고자 하는 경제현상의 본질은 잘 설명하고 있다.

제 2 장 국민경제의 구조와 거시경제변수들의 이해

01. 1) **참.** 소비자 물가지수는 상품간 대체성, 상품 구입 장소간 대체성 및 상품의 질적 향상을 무시하며, 새로운 상품의 출현을 고려하지 않기 때문에 일반 물가수준을 과대평가하는 경향이 있다.

2) **참.** 합리적인 소비자는 상대적으로 싼 상품을 더 많이 소비하고 보다 비싼 상품의 소비를 줄이려고 할 텐데 소비자 물가지수에서는 가중치가 고정되어 있으므로 소비자가 최적 선택을 위한 상품 간의 대체성을 무시하여 이전과 같은 효용 달성을 위해서 상품 간 대체가 가능한 경우에 비해 지출이 많아지고 이는 일반 물가수준을 과대평가하게 된다.

3) **거짓.** 쌀 생산 중에서 차지하는 최종재의 시장가치를 모르더라도 GDP의 계산에는 아무런 문제가 없다. 왜냐하면 GDP의 값은 각 생산 공정에서 창출된 부가가치의 합을 더함으로써 계산할 수 있기 때문이다. 따라서 쌀 생산 과정에서 창출된 부가가치(쌀 판매가격－생산비용)만 알면 된다.

4) **거짓.** 어떤 재화, 예를 들어 밀가루가 최종재인지 아니면, 빵의 재료로 쓰일 중간재인지는 구분이 쉽지 않다. 따라서 실제로는 각 생산단계별로 부가가치를 더하여 GDP를 계산한다.

5) **거짓.** 이미 생산되어 존재하다가 다시 거래되는 것은 가격이 바뀌더라도 이는 가격의 변화일 뿐 부가가치의 증가는 아니다. 따라서 GDP 계산에 산입되지 않는다.

6) **거짓**. 실질 GDP의 크기는 기준연도(base year)의 가격체계를 사용하게 되므로 기준연도가 바뀜에 따라 가중치의 크기 역시 달라진다. 가격이 매년 비례적으로 변한다면 가중치가 고정되지만 가격의 변화율은 재화에 따라 다를 수 있다. 따라서 기준연도가 바뀜에 따라 가중치도 변화하고 실질GDP 성장률도 바뀐다. 결국 기준연도가 계속 달라지면서 일관적인 GDP의 성장률의 측정이 어려워진다는 문제점이 발생하게 된다.

7) **참**. 공무원의 행정서비스는 시장에서 거래되지 않으므로 정확한 가치를 알 수 없어 다른 방법으로 계산하여 GDP에 포함시킨다. 즉, 정부서비스를 제공하기 위해 사용된 비용인 공무원의 월급이 가치와 일치한다는 가정하에 그대로 GDP에 포함시킨다. 따라서 주어진 문장은 참이다.

8) **거짓**. 항상 그런 것은 아니다. CPI와 GDP디플레이터는 고려되는 상품의 종류가 상이하기 때문에 만약 도시가계가 소비하는 대표적인 상품들이 아닌 물품들의 가격이 많이 상승한 경우는 오히려 GDP디플레이터로 본 물가 변화가 과대평가될 수도 있다.

9) **불확실**. 삼면등가의 법칙에 의해 원칙적으로 성립한다. 하지만 이는 사후적인 계산일 경우이며 사전적인 총지출은 총생산과 다를 수 있다. 이에 대해선 8장에서 자세히 다룬다.

02.

1) **옳다**. 교과서의 <그림 2-4>에서 보듯이 외환위기가 발생한 후 한국 경제는 마이너스 성장률을 보였으며 이는 내수 부준에 기인한 바가 크다.

2) **그렇지 않다**. 문제의 조건에서 물가상승률을 알 수 없기 때문에 알 수 없다.

3) **옳다**. 실질GDP의 증가율은 주어진 기간 동안의 경제성장률을 의미하고 명목GDP성장률은 실질GDP성장률과 인플레이션의 합을 의미하므로, 장기적으로 경제가 성장함에 따라 물가가 함께 상승하는 것은 바람직하다고 볼 수 있다.

4) **옳다**. 개방경제에서 $I+NX=S$이므로, 총 저축률이 총투자율보다 높다면 순수출은 양의 값을 가지므로 흑자가 된다.

5) **옳다**. 총투자율이 급격히 증가하여 총저축률 보다 커지게 되면 순수출은 악화된다.

03. **1)** 2020년을 기준연도로 설정 시 2020년 basket을 (야구모자, 잠실구장맥주, 경기장티켓)으로 설정할 수 있다.

① 2020 basket구입비용

=(2020년 야구모자 수량×2020년 야구모자 가격)+(2020년 잠실구장 맥주 수량×2020년 잠실구장 맥주 가격)+(2020년 경기장 티켓 수량×2020년 경기장 티켓 가격)

$=10\times6+10\times1+6\times10=130$

② 2021 basket구입비용

=(2020년 야구모자 수량×2021년 야구모자 가격)+(2020년 잠실구장 맥주 수량×2021년 잠실구장 맥주 가격)+(2020년 경기장 티켓 수량×2021년 경기장 티켓 가격)

$=10\times5+10\times3+6\times9=134$

③ 2022 basket구입비용

=(2020년 야구모자 수량×2022년 야구모자 가격)+(2020년 잠실구장 맥주 수량×2022년 잠실구장 맥주 가격)+(2020년 경기장 티켓 수량×2022년 경기장 티켓 가격)

$=10\times5+10\times7+6\times7=162$

2021년 $CPI=\frac{134}{130}\times100=103$

2022년 $CPI=\frac{162}{130}\times100=124.6$

물가상승률 $=\left(\frac{124.6-103}{103}\right)\times100=20.97$

2) 1번과 같은 방식으로 계산.

2021년 $CPI=\frac{15\times5+7\times3+10\times9+2\times15}{15\times5+7\times3+10\times9+2\times15}=1\times100=100$

2022년 $CPI=\frac{15\times5+7\times7+10\times7+2\times5}{15\times5+7\times3+10\times9+2\times15}=\frac{204}{216}\times100=94.44$

물가상승률 $=\left(\frac{94.44-100}{100}\right)\times100=-5.56$

3) 2021년 $CPI = \frac{15\times5+6\times3+12\times9+10\times15}{15\times5+6\times7+12\times7+10\times5} = \frac{351}{251}\times100 = 139.8406$

2022년 $CPI = \frac{15\times5+6\times7+12\times7+10\times5}{15\times5+6\times7+12\times7+10\times5} = 1\times100 = 100$

물가상승률 $= \frac{100-139.8406}{139.8406}\times100 = -28.49$

4) 기준연도를 어느 해로 설정하느냐에 따라 소비자 바구니(basket)에 포함된 재화도 달라지며 가중치도 달라지기 때문이다.

04.

1) 야구모자: c, 맥주: b, 티켓: t

① 2020년 명목 GDP

$= P_c^{2020}\times Q_c^{2020} + P_b^{2020}\times Q_b^{2020} + P_t^{2020}\times Q_t^{2020}$

$= 6\times10+1\times10+10\times6 = 60+10+60 = 130$

② 2021년 명목 GDP

$= P_c^{2021}\times Q_c^{2021} + P_b^{2021}\times Q_b^{2021} + P_t^{2021}\times Q_t^{2021}$

$= 5\times15+3\times7+9\times10 = 75+21+90 = 186$

③ 2022년 명목 GDP

$= P_c^{2022}\times Q_c^{2022} + P_b^{2022}\times Q_b^{2022} + P_t^{2022}\times Q_t^{2022}$

$= 5\times15+7\times6+7\times12 = 75+42+84 = 201$

2) ① 2020년

2020년 실질 GDP: 2020년은 기준연도이므로 실질 GDP와 명목 GDP가 같다.

2020년 GDP 디플레이터 $= \frac{\text{명목}\, GDP}{\text{실질}\, GDP}\times100 = \frac{130}{130}\times100 = 100$

② 2021년

2021년 실질 $GDP = P_c^{2020}\times Q_c^{2021} + P_b^{2020}\times Q_b^{2021} + P_t^{2020}\times Q_t^{2021}$

$= 6\times15+1\times7+10\times10$

$= 90+7+100$

$= 197$

2021년 GDP 디플레이터 $= \frac{186}{197}\times100 \fallingdotseq 94.4$

③ 2022년

2022년 실질 $GDP = P_c^{2020} \times Q_c^{2022} + P_b^{2020} \times Q_b^{2022} + P_t^{2020} \times Q_t^{2022}$

$= 6 \times 15 + 1 \times 6 + 10 \times 12$

$= 90 + 6 + 120$

$= 216$

2022년 GDP 디플레이터$= \dfrac{201}{216} \times 100 ≒ 93.1$

05. 수출 − 56.5%, 수입 − 53.4%, 수출과 수입 − 110%

06. 한국경제는 1980년에 2차 오일쇼크의 여파, 흉작, 정치적 불안이 겹치면서 1970년대 이후 처음으로 마이너스 성장률(−1.5%)을 기록하였다. 1998년에는 외환위기 충격이후의 대규모 부도사태와 실업대란으로 인해 −6.9%의 마이너스 성장률을 보였다. (삼성경제연구소 SERI 경제포커스 잠재성장률 추이와 부진의 원인(2009.8.4) 참조)

07.
- 명목 GDP 성장률$= \dfrac{29.4 - 25.9}{30} \times 100 = 11.7\%$
- 실질 GDP 성장률$= \dfrac{28.9 - 26.1}{30} \times 100 = 9.3\%$
- (GDP 디플레이터) 인플레이션율=명목 GDP 성장률−실질 GDP 성장률

  $= 11.7 - 9.3 = 2.4\%$
- 일인당 실질 GDP 성장률=실질 GDP 성장률−인구증가율

  $= 9.3 - \left(\dfrac{21 - 20.7}{30} \times 100\right) = 8.3$

제 3 장 완전고용하에서의 국민소득 결정

01. 1) **불확실하다.** 이자율이 상승하면 투자의 기회비용이 증가하므로 투자는 감소한다. 그런데 이자율이 상승하면 소비의 가격이 상승하여 현재소비가 줄고 저축이 증가하는 대체효과와 이자율 상승으로 소득이 증가하여 소비가 늘고 저축이 감소하는 소득효과가 함께 발생한다. 따라서 어느 효과가 크냐에 따라 저축의 변화 방향은 달라진다. (이에 대해서는 15장 소비에서 자세히 배우도록 하며 3장에서는 대체효과가 소득효과보다 커서 이자율 상승에 따라 저축이 증가하여 이자율에 대해 저축이 우상향하는 그래프를 보이는 것으로 이해해보자.)

2) **옳다.** 저축이 외생적으로 증가하면 총수요의 일부분인 소비가 외생적으로 감소해, 총수요가 감소한다. 이자율에 관계없이 외생적으로 총수요가 감소했기 때문에 이러한 변화는 <그림 3-1>에서 총수요곡선이 주어진 이자율에서 총수요가 감소하는 방향인 왼쪽으로 이동하는 것으로 표시된다.

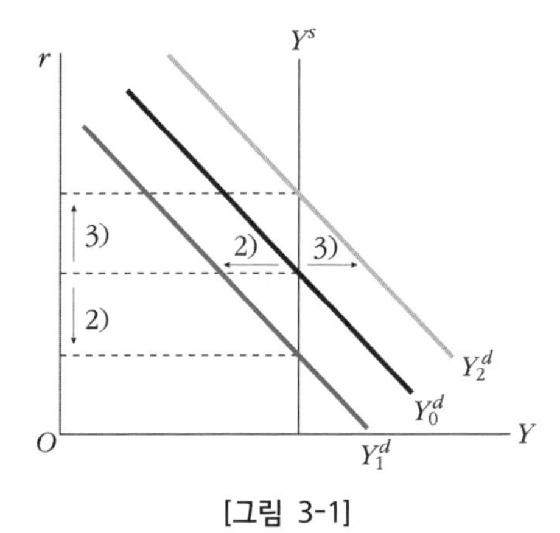

[그림 3-1]

총공급이 고정된 모형을 가정하고 있으므로 결과적으로 초과공급이 발생해 이자율이 하락한다.

3) **옳지 않다.** 총생산이 일정한 상태에서 정부지출이 증가하면 <그림 3-1> 에서 총수요가 증가하여 이자율이 상승한다. 이에 따라 소비와 투자가 감소하여 정부지출의 증가를 상쇄시키므로 총수요가 이전상태로 회복된다. 노동시장은 항상 균형상태를 유지하기 때문에 실질임금에는 변화가 없다.

4) **옳지 않다.** 완전고용인 경제에서는 정부지출이 증가하면 이자율이 상승하여 정부지출 증가분만큼 민간 투자가 감소하는 구축효과가 발생하게 된다. 따라서 균형생산은 원래 수준으로 복귀하지만 균형이자율은 상승한다.

5) **옳지 않다. 혹은 불확실하다.** 3장에서 배운 모형에서는 물가의 변화에 대한 논의 없이 이자율의 변화를 통해 균형이 회복됨을 보이고 있다. 따라서 이 모형에서는 물가의 변화를 알 수 없으며 실질 GDP의 변화에 대해서도 알 수 없다.

02.

$$S = S(\underset{(+)}{\overline{Y^F} - \overline{T}},\ \underset{(+)}{\overline{G}},\ \underset{(-)}{r}),\ I = I(r)$$

1) $Y = C + I + G_0 (= Y_0)$

$Y - C - G_0 (= S_0) = I$

$S = S_p + S_g$

$\quad = (Y - C - \overline{T}) + (\overline{T} - G)$

정부지출이 G_0에서 G_1으로 증가하면,

$Y^s < C + I + G_1$ 생산물시장의 초과수요 발생

$Y^s - C - G_1 (= S_1) < I$ 대부자금의 초과수요 발생

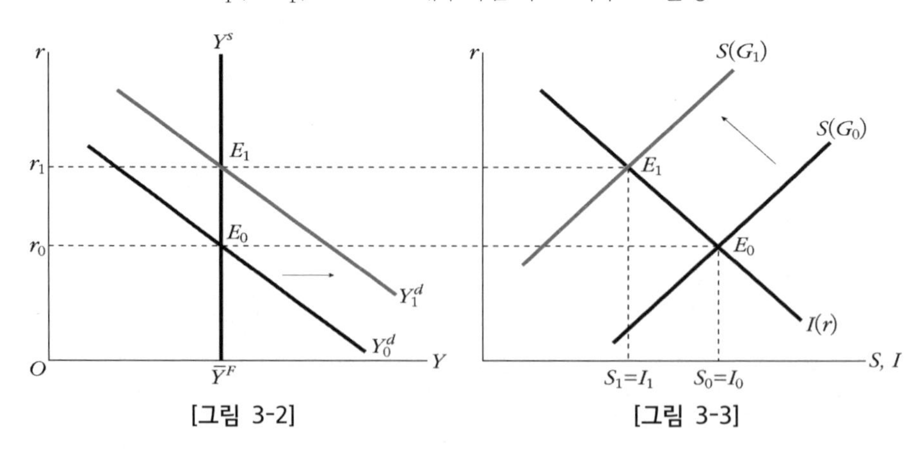

[그림 3-2] [그림 3-3]

문제에서 완전고용경제를 가정하고 있으므로, 정부지출이 증가하면 이자율이 상승하여 소비와 투자는 감소한다. 또한 정부저축($\overline{T}-G$)이 감소하면서 총저축은 감소한다. 그리고 총공급이 완전고용상태에 고정되어 있기 때문에 총소득은 증가하지 않는다.

2) 투자가 이자율과 무관하게 일정하다고 가정하면, 정부지출의 증가로 정부저축이 감소하여 총저축이 감소하기 때문에 저축곡선이 왼쪽으로 이동한다. 그러나 생산물시장과의 균형을 맞추기 위해 이자율이 상승함에도 투자수요는 감소하지 않음으로써, E_1의 균형점이 달성된다. 결국, 1)의 경우와 달리 저축과 투자에는 변화가 없다. 다른 변수는 1)의 경우와 동일하다.

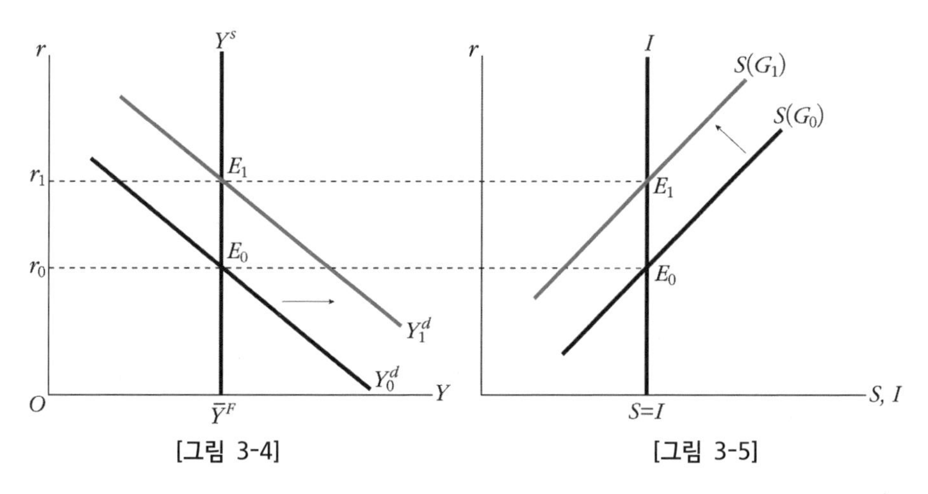

[그림 3-4]

[그림 3-5]

03. 1) 생산함수 $Y=K^{0.5}L^{0.5}$에 $K=1000$, $L=1000$을 대입하면, $Y^S=1000^{0.5}\times1000^{0.5}=1000$이고 균형에서 $Y^S=Y^D$이므로 상첨자를 무시하고 쓰면, $Y=C+I+G=50+0.75(Y-T)+450-3000r+50$에서 $0.25Y=550-0.75T-3000r$이다. 여기에 균형생산량 $Y^*=1000$, $T=50$을 대입하여 정리하면, 균형이자율 $r^*=0.0875$이다. 이 값들을 이용하여 균형에서의 소비, 투자, 저축을 구하면,

$C^*=50+0.75(1000-50)=762.5$

$I^*=450-3000\times0.0875=187.5$

$S^*=(Y-C-T)+(T-G)=Y-C-G=1000-762.5-50=187.5$

균형에서 $S^*=I^*$임을 확인할 수 있다.

2) 공채발행을 통한 정부지출의 증가는 생산함수에 아무런 영향을 미치지 못하므로 $Y^{**}=1000$으로 그대로이고 정부지출은 $G'=150$, 공채발행은 조세에도 아무런 영향을 미치지 않기 때문에 $T=50$이다. 균형에서 $Y^S=Y^D$이고 $G'=150$을 이용하면, $Y=50+0.75(Y-T)+450-3000r+150$이고 이는 $0.25Y=650-0.75T-3000r$이다. 여기에 $Y^{**}=1000$, $T=50$을 대입하면, 균형이자율은 $r^{**} \fallingdotseq 0.1208$이다. 이 값들을 이용하여 균형에서의 소비, 투자, 저축을 구하면,

$C^{**}=50+0.75(1000-50)=762.5$

$I^{**}=450-3000\times 0.1208=87.5$

$S^{**}=(Y-C-T)+(T-G)=Y-C-G=87.5$

$Y^S=1000$으로 변함없고 공채발행을 통한 정부지출증가라 세금은 동일하다. 공채발행을 통한 정부지출의 증가는 이자율을 상승시켜 투자를 감소시키는 구축효과가 발생하며 1)의 결과와 비교했을 때 정부지출의 증가분과 투자 감소분은 동일하다. 이 경제에서 소비는 이자율의 함수가 아니므로 소비의 변화는 없다.

3) 조세증가를 통한 정부지출의 증가는 생산함수에 아무런 영향을 미치지 못하고, $T'=150$, $G'=150$이 된다. 위와 같은 방법을 이용해 문제를 풀어보면, $Y^{***}=1000$이고 균형에서 $0.25Y=650-0.75T'-3000r$이므로 $Y^{***}=1000$, $T'=150$을 대입하면 균형이자율은 $r^{***} \fallingdotseq 0.0958$이다. 이 값들을 이용하여 균형에서의 소비, 투자, 저축을 구하면 $C^{***}=687.5$, $I^{***}=162.5$, $S^{***}=162.5$이다. 정부지출의 증가로 인하여 이자율이 상승하고 이로 인해 투자가 감소하였고 조세의 증가로 인한 가처분 소득의 감소는 소비를 감소시켰다. 2)의 경우와 같이 구축효과가 발생하였으며, 이 경우 정부지출의 증가분은 소비의 감소분과 투자의 감소분의 합과 일치한다.

04. 1) 노동시장의 균형조건($N^s=N^d$)을 이용하여 균형실질임금과 균형고용량을 구하면,

$50+50\left(\frac{W}{P}\right)=175-\frac{25}{2}\left(\frac{W}{P}\right)$에서 $\left(\frac{W}{P}\right)^*=2$, $N^*=150$

2) 우선, 균형고용량을 이용하여 총생산량을 구해보자.

$Y^{*} = 14 \times 150 - 0.04 \times 150^{2} = 1200$ 이는 생산물 시장에서 수직의 총공급곡선이므로 국민소득과 동일하다. 생산물 시장의 균형조건($Y^{s} = Y^{d}$)을 이용하면, $Y = C + I + G = 130 + 0.8(Y - 100) - 2r + 150 - 3r + 100$이므로 이는 다음과 같다.

$0.2Y = 300 - 5r$

여기에 국민소득 $Y^{*} = 1200$을 대입하여 균형이자율을 구하면, $r^{*} = 12$이고 균형에서의 소비와 투자를 구하면 다음과 같다.

$C^{*} = 130 + 0.8(1200 - 100) - 2 \times 12 = 986$

$I^{*} = 150 - 3 \times 12 = 114$

3) 정부가 정부지출을 증가시킬 때 이를 위한 재원조달 방법에 따라 두 가지 경우를 생각해 볼 수 있다. 공채를 발행하여 재원조달을 할 경우 현재 가계나 기업에 대한 조세의 변화는 없는 반면, 정부지출 증가분만큼 조세를 증가시켜 재원을 조달하는 경우에는 가계가 부담하는 조세가 증가하게 된다.

① 공채발행을 통한 정부지출 증가

공채발행 시 조세는 증가하지 않으므로 $T = 100$, $G = 200$이다. 균형고용량은 노동시장의 수요와 공급에 의해 결정되므로 $N^{**} = 150$이다. 또한 이 균형고용량에서 결정된 생산량이 완전고용일 때의 생산량이라고 한다면 균형생산량도 $Y^{**} = 1200$에서 변함이 없다. 따라서 균형소득 항등식이 $Y = 130 + 0.8(Y - 100) - 2r + 150 - 3r + 200$이 된다. 위와 같은 방법으로 구해보면, 균형이자율이 $r^{**} = 32$이 되고 소비는 $C^{**} = 946$, 투자는 $I^{**} = 54$이 된다.

② 조세의 증가를 통한 정부지출 증가

이 경우 정부지출 증가분만큼 조세가 증가하였다고 하면 $T = 200$, $G = 200$이 된다. 균형고용량과 균형생산량은 위와 같이 $N^{**} = 150$, $Y^{**} = 1200$이다. 따라서 균형소득 항등식이 $Y = 130 + 0.8(Y - 200) - 2r + 150 - 3r + 200$이 되며, 이에 따라 균형이자율이 $r^{**} = 16$이 되고 소비는 $C^{**} = 898$, 투자는 $I^{**} = 102$이다.

두 경우 모두 균형이자율을 상승시키고 소비와 투자를 감소시킨다. 정부의 재원조달의 방법이 공채발행인지 조세증가인지에 관계없이 경제 전체의 생산량이 변화하지 않는다면 정부지출의 증가는 소비와 투자를 줄이는 구축효과를 가져오는 것을 확인할 수 있다. 두 경우 모두 정부지출의 증가분과 소비와 투자의 감소분이 정확하게 일치함을 알 수 있다.

05.

1) 정부지출의 증가는 주어진 이자율 수준에서 총수요가 이전보다 증가하기 때문에 〈그림 3−6〉과 같이 생산물시장에서 총수요곡선을 오른쪽으로 이동시킨다. 총공급곡선이 완전고용 수준에서 수직이기 때문에 총수요곡선의 우측 이동은 총생산을 더 늘리지 못하고 이자율만을 상승시킨다. 이러한 현상은 〈그림 3−7〉의 대부자금시장에서 균형이 이동하는 것으로 이해할 수도 있다. 대부자금시장에서는 정부지출의 증가로 정부저축이 감소하고 이에 따라 총저축이 감소하므로 저축곡선이 왼쪽으로 이동한다. 이에 따라 균형이자율이 상승하게 되고 투자가 이전에 비해 감소하게 된다. 따라서 새로운 균형점에서 실질이자율은 상승하고 총투자와 총저축은 감소하며 실질국민소득은 일정하다.

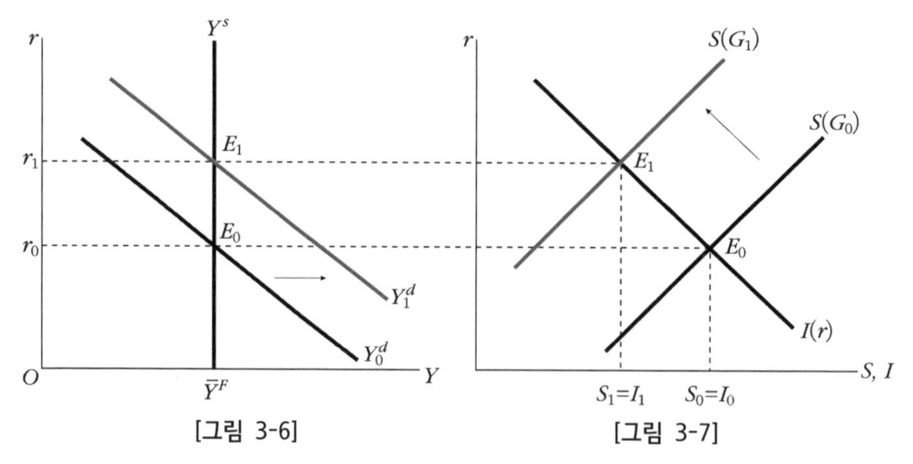

[그림 3-6]　[그림 3-7]

2) 〈그림 3−8〉에서 보듯이 정부투자의 증가는 1)과 마찬가지로 생산물시장에서 총수요곡선을 오른쪽으로 이동시킨다. 총공급이 완전고용 수준에서 주어져 있기 때문에 총수요곡선의 우측 이동은 총생산을 더 늘리지 못하고 이자율만을 상승시킨다. 그러나 대부자금시장에서는 〈그림 3−9〉처럼 정부투자가 증가하기 때문에 투자곡선이 오른쪽으로 이동한다. 이에 따라 균형이자율이 상승하면서 균형투자와 균형저축이 증가한다. 따라서 새로운 균형점에서 실질이자율은 상승하고 총투자와 총저축은 증가하며 실질국민소득은 일정하다.

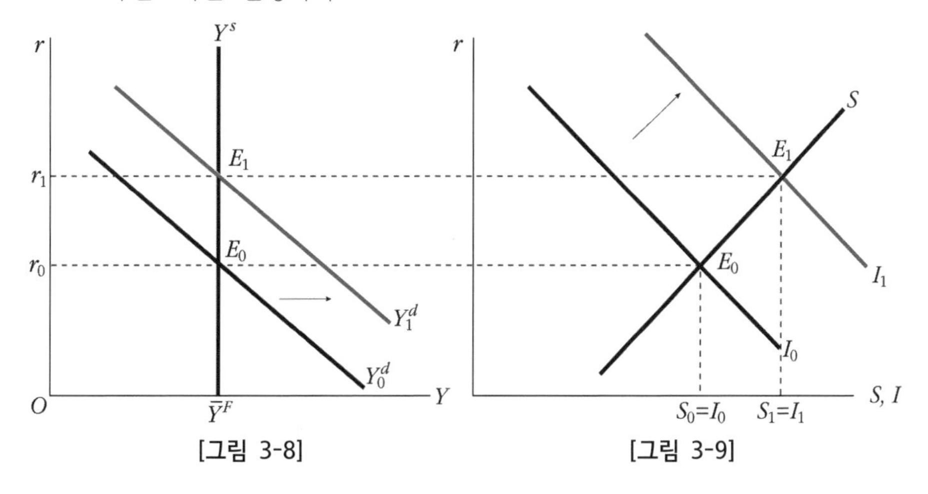

[그림 3-8] [그림 3-9]

06. 1) 완전고용산출량에 총생산이 고정되어 있으므로, 총수요를 변화시키는 정책은 국민소득을 변화시키지 못한다. 정부가 조세를 삭감하면 정부의 수입(T)이 감소하여 정부의 저축($T-G$)도 줄어든다. 그러나 가처분소득($Y-T$)이 증가함에 따라 민간소비($C(Y-T)$)는 늘어난다. 조세삭감은 가처분소득을 증가시켜 민간저축($Y-C-T$) 늘리는 효과도 있지만, 소비의 증가로 인해 민간저축이 감소하는 두 가지 상반된 효과가 발생한다. 이를 모두 고려하면, 민간저축의 증가분은 정부저축의 감소분보다 작다. 따라서 조세삭감은 민간저축과 정부저축의 합인 총저축을 감소시킨다. 이에 따라 이자율은 상승하고, 소비와 투자는 줄어들게 되어 원래의 총수요가 회복된다.

2) $\Delta T = \Delta G$이므로 조세삭감에 따른 정부의 저축($T-G$)은 변화가 없다. 1)에서 살펴보았듯이 조세삭감은 가처분소득의 증가에 따라 민간저축이 증가하는 효과와 소비의 증가에 의해 민간저축이 감소하는 두 가지 효과를 가지는데 이를 더하면 민간저축이 증가한다. 정부저축에는 변화가 없으므로 총저축은 증가하고 총저축의 증가에 따라 이자율은 감소하며, 이에 따라 소비와 투자가 증가하여 균형이 회복된다.

3) 소비가 이자율에 역방향으로 매우 탄력적이라는 말의 뜻은 이자율 증가하는데 따른 소비의 수요 감소가 크다는 것이다. 즉, 저축이 이자율에 매우 탄력적이라고 할 수 있다. 저축곡선이 탄력적일수록 수평에 가까운 모습을 띄게 되므로, 이자율의 변화에 따른 저축액의 변화폭이 크다. 따라서 조세의 삭감으로 총저축이 감소하여 이자율이 상승하면, 저축은 큰 폭으로 증가하고 소비는 큰 폭으로 감소한다. 따라서 1)의 경우보다 이자율이 소폭 상승하여도 소비와 투자가 감소함으로써 균형이 회복된다.

제 4 장 노동시장과 실업

01. 1) T. 직업을 탐색하는데 드는 비용과 시간을 감소시켜 자연실업률을 낮출 가능성이 있다.

2) T. 쇠퇴하는 산업은 대체로 생산성이 낮다. 따라서 쇠퇴산업의 기업에 고용유지를 위해 보조금을 주면 비록 실업률은 낮출 수 있지만 보다 생산성이 높은 산업으로 노동력이 이동하는 것을 가로막아 경제성장에 해가 된다.

3) F. 실업보험은 개인의 직업탐색기간(job searching duration)에 영향을 주는 것이므로 자연실업률을 변화시키며 경기적 실업과는 관련 없다. 즉 실업보험이 존재하면 실업자들에게는 실업의 비용이 감소하는 셈이 되므로 이들은 탐색시간을 늘리려고 한다. 또한 유보임금(reservation wage)을 높이므로 실업기간은 증가한다. 따라서 자연실업률이 증가하는 것이다.

4) U. 실업보험은 사회안전망 서비스의 하나로 실직자의 생계보장을 해주며 직업 탐색기간과 재교육의 기간을 연장할 수 있도록 한다. 이로써 노동자와 기업 간의 매칭의 질(quality)을 높여 생산성과 효율성을 향상시킬 수 있다. 하지만 실업보험으로 인해 실업에 따른 고통이 작아지기 때문에 새로운 일자리를 찾으려는 유인이 작아진다. 즉, 구직노력이 감소하고 이에 따라 구직률이 낮아져 자연실업률이 증가하고 경제적 비효율성이 발생한다. 따라서 실업보험의 장단점에 따라 경제의 효율성에 미치는 영향이 달라진다.

5) F. 효율성 임금이론은 기업이 이윤극대화를 위해 시장균형임금보다 더 높은 실질임금을 준다는 것으로 명목임금과는 관련이 없다.

6) T. 효율성 임금이론에 따르면 임금이 높을수록 노동자의 생산성이 높아진다. 근로자의 상태나 이직률, 정보의 비대칭성 등에서 발생하는 노동자의 생산성 문제에 임금이 영향을 미치기 때문에 노동이 초과공급 되더라도 임금이 하락하지 않는 실질임금 경직성이 나타난다. 즉 기업이 높은 임금을 지급하는 것이 노동자의 높은 생산성을 유지하여 기업의 이윤을 높이게 되므로 노동시장의 균형에서 결정되는 임금수준보다 높은 임금이 유지되는 경직성이 발생한다. 이러한 임금경직성은 실질임금 경직성으로 명목임금의 경직성과 관련이 없다.

7) T. 균형상태에서의 실업률인 자연실업률을 계속적으로 낮추려고 실업보험 축소, 고용보조금 확대하는 정책은 자연실업률을 결정하는 여러 요인들을 고려해 봤을 때 반드시 바람직한 것은 아닐 수 있다. 예를 들어 고용보조금은 자연실업률은 낮추지만 노동자가 보다 생산성을 발휘할 수 있는 기회를 줄일 수 있으므로 오히려 사회적으로 바람직하지 않을 수 있다.

8) T. 노동시장에서의 불확실성의 증가는 구직자와 노동수요자 입장에서 각자에게 맞는 매치(match)를 이루기까지의 시간을 더 길게 만들어 탐색기간을 늘리고, 기존 취업자 입장에서도 이미 이루어진 매치가 사후적으로 잘못될 가능성이 높아져 실업자로 되는 비중이 증가하게 되므로 자연실업률을 증가시킬 수 있다.

9) U. 실질임금이 상승할 경우 노동의 공급에는 두 가지 효과를 미치게 된다. 실질임금이 상승함에 따라 여가의 기회비용이 상승하여 노동의 공급이 증가한다. 이를 대체효과라 한다. 그러나 실질임금의 상승은 노동의 공급을 증가시키지 않더라도 소득이 증가되는 효과가 있으므로 여가가 정상재(normal goods)라고 할 때 여가를 증가시켜 노동의 공급이 감소하게 되는 소득효과를 가져온다. 따라서 이러한 두 효과의 상대적 크기에 의해 노동의 공급이 결정되므로 실질임금이 상승할 경우 노동공급의 증가는 불확실하다.

10) T. 암묵적 계약이론에 따르면 일반적으로 노동자는 위험을 관리할 수 없으나 기업은 금융상품을 이용해 위험 관리가 가능하다. 따라서 위험기피

적인 노동자는 실질임금의 변동에서 오는 위험을 제거하려 실질임금을 일정한 수준에서 고정시키려 한다. 기업 입장에서는 실질임금을 고정시키면 경기변동에 따른 대처를 할 수 없게 되는 위험이 있지만 금융상품을 통해 이에 대한 위험 관리가 가능하다. 위험에 크게 구애받지 않는 기업은 고정된 임금을 제공한다.

11) F. 실업수당의 증가는 실업자들의 실업기간 동안의 소득을 보전해줌으로써 실업자들이 실업에서 빨리 탈출하려는 유인을 줄이기 때문에 실업기간이 늘어날 수 있다. 또한 취업자 입장에서도 실업에 따른 고통이 적어지기 때문에 취업을 중단하고 새로운 직장을 찾으려는 유인이 증가한다. 따라서 자연실업률은 증가하게 된다. 하지만 이로 인한 경제전체의 후생 변화가 증가하거나 감소한다고 말할 수 있는 것은 아니다. 실업수당은 실업자들의 생계를 보장해주는 역할을 하기에 자연실업률이 증가해도 후생은 증가할 수 있다. 하지만 한편으로 보다 많은 노동자가 실업을 겪으므로 생산이 감소하고 소비도 감소하여 후생이 감소할 수 있다. 따라서 실업수당의 증가가 후생에 미치는 효과는 일률적이지 않으며 단순히 실업률이 증가한다고 해서 실업수당의 증가가 바람직하지 않다고 말할 수 있는 것은 아니다.

02. $N_d = 175 - \frac{25}{2}\left(\frac{W}{P}\right)$, $N_s = 50 + 50\left(\frac{W}{P}\right)$, $Y = 14N - 0.04N^2$

1) 노동시장 균형조건($N_d = N_s$)을 이용하면, $175 - \frac{25}{2}\left(\frac{W}{P}\right) = 50 + 50\left(\frac{W}{P}\right)$ 이므로

$\therefore \left(\frac{W}{P}\right)^* = 2$, $N^* = 150$, $Y^* = 1200$

2) $\frac{W}{P} = 4$에서 경직적인 경우 이때의 실질임금을 노동수요함수에 대입하여 고용량을 결정할 수 있다.

$\therefore N^{**} = 125$, $Y^{**} = 1125$

03. 1) 노동의 한계생산물이 실질임금과 같을 때 노동수요가 결정되기 때문에 생산함수가 $Y = AL^{\alpha}$이므로 $MPL = \frac{\partial Y}{\partial L} = \alpha AL^{\alpha - 1} = \frac{W}{P}$을 이용하여 노동수요함수를 구할 수 있다. 이를 이용해 α의 값에 따라 생산곡선과 노동수요곡선을 그릴 수 있다. $\alpha = 1$이면 $Y = AL$로 <그림 4-1>에서와 같이 생산함수는 기울기가 A인 직선이 된다. 이때 노동의 한계생산물 $\frac{\partial Y}{\partial L} = A$로 일정하다. 따라서 이때의 노동수요곡선은 $\frac{W}{P} = A$로 <그림 4-2>에서 보듯이 수평선이 된다.

$\alpha > 1$이면 노동이 증가함에 따라 노동의 한계생산물이 증가하는 함수이고, $\alpha < 1$이면 노동의 한계생산물이 감소하는 함수이다. <그림 4-1>과 <그림 4-2>는 α값에 따른 생산곡선과 노동수요곡선을 보여주고 있다.

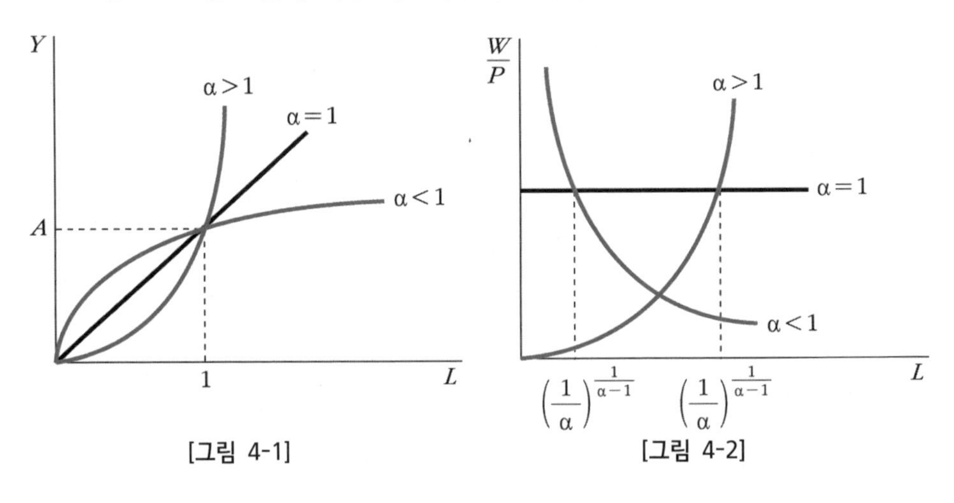

[그림 4-1] [그림 4-2]

2) 개별가계의 입장에서 실질임금이 상승하면 여가의 기회비용이 상승하여 대체효과에 따라 노동공급이 증가한다. 한편 실질임금의 상승은 가계의 소득을 증가시켜 소득효과에 따라 노동공급을 감소시키는 역할도 하는데 대체효과와 소득효과의 크기에 따라 노동공급의 변화가 결정된다. 일반적으로 대체효과가 소득효과보다 크므로 실질임금이 상승하면 노동공급이 증가한다. 그리고 실질임금의 상승은 노동시장에서 참여하지 않았던 가계 중에서 새로이 노동시장에 참여하도록 하여 노동을 공급하는 경우가 생긴다. 이상의 두 가지 이유에 의해 총노동공급곡선은 <그림 4-3>과 같이 우상향하는 모습을 취한다.

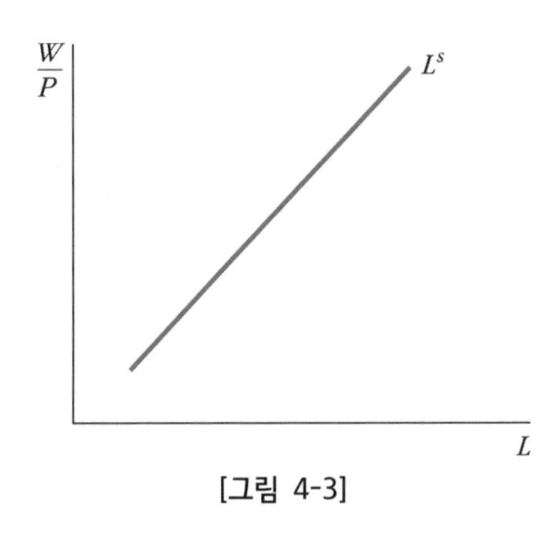

[그림 4-3]

3) 노동수요 곡선은 $MPL = \alpha AL^{\alpha-1} = \dfrac{W}{P}\ (=w)$이다.
문제의 조건이 $0 < \alpha < 1$이므로 A값이 감소함에 따라 <그림 4-4>와 같이 노동수요가 감소하여 균형고용량과 실질임금은 감소한다.

4) <그림 4-5>를 보면 실질임금이 완전 경직적이라면 실질임금이 고정되어 있기 때문에 A값의 외생적 감소로 인해 노동수요곡선이 왼쪽으로 이동하고 이에 따라 고용량은 L_0에서 L_2로 감소하는데 이는 실질임금이 완전 경직적이지 않을 때 L_0에서 L_1로 감소할 때보다 더 크게 감소하며, 실질임금은 일정하다.

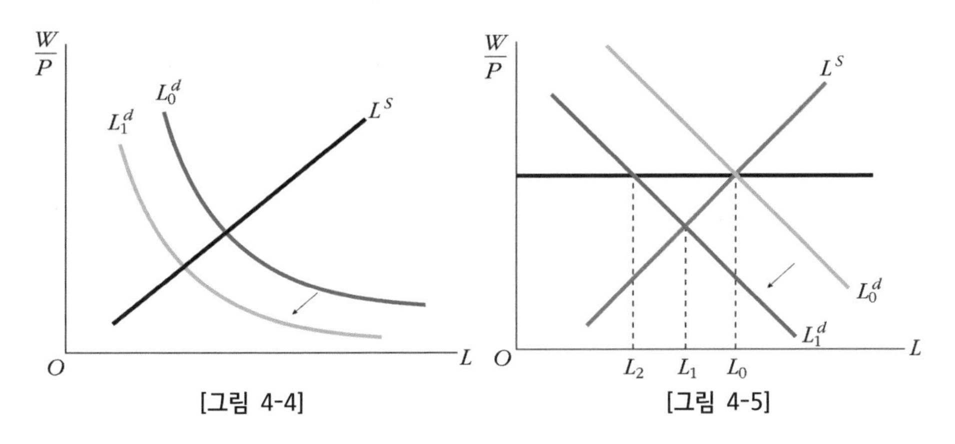

[그림 4-4]　　[그림 4-5]

04. 실업률(u)이란 경제활동인구에서 실업자가 차지하는 비율을 의미한다. 따라서 정의에 따라 실업률 식을 쓰면 다음과 같다.

$u = \frac{U}{L} = \frac{U}{E+U} \times 100$, L=경제활동인구, E=취업자, U=실업자, $L = E + U$

경제활동참가율(p)이란 생산가능인구(15세 이상 인구)에 대한 경제활동인구의 비율을 의미한다. 따라서 그 정의에 따른 경제활동참가율은 다음과 같다.

$p = \frac{L}{P} = \frac{L}{L+N} \times 100$, P=생산가능인구, N=비경제활동인구, $P = L + N$

고용률(e)이란 생산가능인구(15세 이상 인구) 중에서 취업자의 비율을 의미하며 그 정의식은 다음과 같다.

$e = \frac{E}{P} = \frac{E}{L+N} \times 100$

고용률 식을 변환해보면,

$e = \frac{E}{P} = \frac{E}{L} \times \frac{L}{P}$이고 $\frac{E}{L} = 1 - \frac{U}{L}$이므로 $e = \left(1 - \frac{U}{L}\right) \times \frac{L}{P}$이 되어 고용률 =(1−실업률)×경제활동참가율이 된다. 이 식에 의하면 실업률이 낮아지면 고용률은 높아진다. 하지만 우리나라에서 실업률이 낮은데도 불구하고 고용률이 낮은 것은 우변의 경제활동 참가율이 낮기 때문이라고 볼 수 있다. 이러한 현상이 발생한 원인은 먼저 선진국일수록 노동시장에 대한 참여가 높아 경제활동참가율이 높아지는 반면, 아직 우리나라는 상대적으로 경제활동참가율이 낮은 편이기 때문이다. 우리나라는 사회문화적 요인으로 인해 여성계층과 노년층의 경제활동 참가율이 낮고 학생들의 학업기간 연장과 군복무 등으로 인해 상대적으로 경제활동 참가시점이 늦어지는 특징이 있다. 이러한 특징으로 인해 우리나라는 상대적으로 낮은 경제활동참가율과 낮은 실업률을 갖게 된다.

05. 2007년 1분기를 t기라 하면,

t+1기 취업자=t기 취업자×(1−s)+t기 실업자×f

t+1기 실업자=t기 취업자×s+t기 실업자×(1−f)로 계산할 수 있다.

2007년 2분기 취업자=920,000×0.99+80,000×0.2=926,800

2007년 2분기 실업자=920,000×0.01+80,000×0.8=73,200

2007년 2분기 실업률$= \dfrac{73,200}{1,000,000} \times 100 = 7.32\%$

2007년 3분기 취업자$=926800 \times 0.99 + 73200 \times 0.2 = 932,172$

2007년 3분기 실업자$=926800 \times 0.01 + 73200 \times 0.2 = 67,828$

2007년 3분기 실업률$= \dfrac{67,828}{1,000,000} \times 100 = 6.78\%$

이와 같은 방법으로 계속 계산해 보면,

2007년 4분기 취업자=936,416

2007년 4분기 실업자=63,584

2007년 4분기 실업률=6.36%

2008년 1분기 취업자=939,769

2008년 1분기 실업자=60,231

2008년 1분기 실업률=6.02%

2008년 2분기 취업자=942,417

2008년 2분기 실업자=57,583

2008년 2분기 실업률=5.76%

2008년 3분기 취업자=944,510

2008년 3분기 실업자=55,490

2008년 3분기 실업률=5.55%

2008년 4분기 취업자=946,163

2008년 4분기 실업자=53,837

2008년 4분기 실업률=5.38%

균제균형상태의 실업률은 $sE = fU$일 때이다. $E = L - U$이므로 $s(L - U) = fU$

이고, 양변을 L로 나누면 $s(1-u) = fu$이다.

따라서 균형실업률 $u^* = \dfrac{U}{L} = \dfrac{s}{s+f} = \dfrac{0.01}{0.01+0.2} = 0.0476(4.76\%)$이다.

06. 1) 자연실업률은 $u_n^* = \frac{s}{s+f}$인데, 실업보험의 기간이 증가하면 구직률(f)이 낮아지므로 자연실업률은 상승한다.

2) 해고가 어려워지면 이직률(s)이 낮아지므로 자연실업률이 하락하지만, 해고를 어렵게 함으로써 구직이 어려워져서 구직률(f)이 낮아진다면 자연실업률의 방향은 모호하다.

3) 구직률(f)이 낮아지므로 자연실업률은 상승한다.

07. 1) 논의를 간단하게 하기 위해 L은 외생적으로 고정된 것으로 가정하자. 균제상태 조건이 $sE = fU$이므로 $s(L-U) = fU$이다.

$$\therefore u^* = \frac{U}{L} = \frac{s}{s+f} = \frac{0.05}{0.05+0.95} = 0.05$$

2) 이 논의에서 임금이 명시적으로 고려되지 않은 것처럼 보이나 짝이 이루어지는 과정에서 기업과 실업자들의 의사 결정에 임금이 역할을 하고 있다. 제시된 임금 수준을 보고 구직을 할지 탐색을 계속 할지 결정하는 것이다. 따라서 짝을 이루는 과정 자체가 균형이라고 볼 수 있다. 또한 균제상태의 실업률은 실업률이 매기 일정하게 유지되기 때문에 보다 엄격한 의미에서 균형실업률이라 볼 수 있다.

3) 해고가 어려우면 실직률의 감소로 이어질 수 있다. 따라서 실직률 s가 하락하면 균형실업률 $u^* = \frac{s}{s+f}$도 하락하게 된다.

4) 최저임금 인상이 짝을 이룸으로써 얻는 수익 내에서 이루어진다면 최저임금 인상으로 노동자의 임금이 상승하여 보다 적극적인 탐색을 하게 된다. 이렇게 되면 취업률 f의 상승으로 이어져 균형실업률 $u^* = \frac{s}{s+f}$은 하락하게 된다.

제 5 장 화폐와 인플레이션

01. 1) **옳지 않다.** 본원통화를 100억원만큼 공급하면, 통화창출과정을 통해 본원통화에 통화승수가 곱해진 만큼의 통화량이 증가하게 되어 본원통화보다 더 많은 통화량이 창출된다.

2) **옳다.** 채권의 수익률은 화폐보유의 기회비용이므로 채권수익률이 높을수록 민간의 화폐수요는 작아진다.

3) **옳다.** 완전고용상태이고 실질이자율이 고정되어 실질변수에 변화가 없이 안정적 상태인 경제에서, 화폐수량설에 따르면 통화량이 변할 때 실질변수는 변화가 없고 명목변수인 물가만을 변화시킨다. 이를 화폐의 중립성이라 한다.

4) **옳다.** 3번과 동일.

5) **불확실하다.** 이 문제를 해결하기 위해서는 실질이자율의 고정 여부가 중요하다. 실질이자율이 고정되어 있다고 가정하면 이는 피셔효과(Fisher effect)로 설명할 수 있다. 피셔방정식($i = r + \pi^e$)을 고려한다면, r이 1%로 고정인 상태에서 π^e가 5%로 증가했으므로 명목이자율이 6%로 상승한다는 것은 옳다. 그러나 만약 실질이자율이 변한다고 한다면, 인플레이션율이 상승했을 때 피셔효과가 성립하지 않는 경우가 발생할 수도 있다. 이는 먼델－토빈효과(Mundell－Tobin effect)로 설명할 수 있다. 예를 들어 π^e의 상승이 실물자산의 수요에 영향을 줄 수 있다고 하면 명목자산과 실물자산이 대체관계에 있다고 할 때 π^e의 증가로 인해 명목자산의 투자수요가 감소하면서 실물자산의 수요가 증가할 수 있다. 이를 통해 실물자산인 자

본량이 증가하면서 자본의 한계생산성이 감소하게 되면 실질이자율이 하락한다. 이런 경로를 따르면 π^e가 증가할 때, r이 감소하므로 명목이자율이 π^e에 비례하여 변화하지 않게 되어 피셔효과가 성립하지 않는다.

6) **옳다.** 피셔효과에 따르면, π^e가 상승해서 명목이자율이 상승하고 이는 〈그림 5−1〉에서처럼 실질통화수요를 하락시켜 통화공급이 일정한 상태에서 물가상승을 야기할 수 있다.

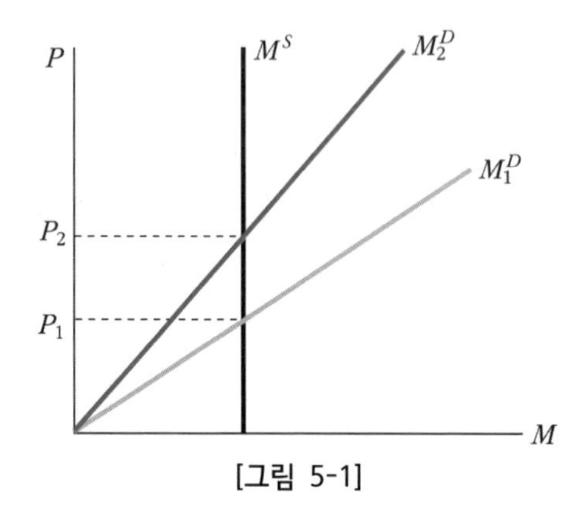

[그림 5-1]

7) **옳지 않다.** 생산적인 부문에 정부가 투자한다하더라도, 인플레이션 조세의 부작용이 크므로 바람직하지 않다. 대부분의 초인플레이션 발생 이유는 정부가 재정수입을 조달하기 위해 통화량을 계속 늘리기 때문이다. 일반조세에 비해 인플레이션 조세는 재원조달이 쉬우나 일단 인플레이션이 심하게 일어나기 시작하면 이를 억제하기 매우 어렵다. 높은 인플레이션에 따라 기대인플레이션율이 높아지면 민간은 화폐보유를 줄이려한다. 화폐공급이 계속 늘어나는 반면 화폐수요는 점점 줄어드는 상황이 되면서 인플레이션이 가속화된다.

8) **옳지 않다.** 통화증발을 통하여 정부가 얻는 수입을 주조차익 혹은 시뇨리지라고 하는데 7)의 인플레이션조세와 같은 의미이다.

02.

	M2	명목 GDP
1995	310.88 조원	94.05 조원
2005	1022.88 조원	206.88 조원

$MV=PY$에서 (통화량×화폐유통속도) = 명목GDP이므로 화폐유통속도 = (명목GDP)/(통화량)이다. 따라서,

1995년의 화폐유통속도는 $V_{1995}=\dfrac{95.05}{310.88}=0.30$이고,

2005년의 화폐유통속도는 $V_{2005}=\dfrac{206.88}{1022.88}=0.20$이다.

03.

1) 피셔방정식에 따르면 $i=r+\pi^e$,

즉 실질이자율은 $r=i-\pi^e=0.5-(-1.0)=1.5\%$

2) $MV=PY$가 성립하고 단기적으로 생산량이 불변일 때를 가정하고 변화율을 계산하기 위해 위식 양변에 로그를 취하고 미분하면 다음과 같다.

$$\frac{\dot{M}}{M}+\frac{\dot{V}}{V}=\frac{\dot{P}}{P}+\frac{\dot{Y}}{Y}$$

화폐유통속도와 소득이 불변이라면 통화량증가율의 상승은 인플레이션율의 증가로 나타난다. 즉, 통화량증가율을 높이는 경우 자본의 한계생산물에 의해 결정되는 실질이자율은 통화량증가율과 관계없이 일정하지만 통화량증가율의 상승은 π^e를 상승시켜 명목이자율은 피셔효과에 따라 상승하게 된다.

04.

1) H: 창출된 본원통화의 양 → 예금은행 A에 예금

r: 법정지급준비율(단, 초과지급준비율은 0이다.)

c: 현금보유비율 → 예금비율은 (1－c)이다.

예금은행 B의 대차대조표

자 산		부 채	
(법정)지급준비금	r(1-c)(1-r)H	예금	(1-c)(1-r)H
대출	$(1-c)(1-r)^2H$		

2) 현금통화비율은 $\frac{C}{D}=c$이고 (실제)지급준비율은 $\frac{R}{D}=r$이고 이 문제에서는 법정지급준비율과 같다. 이를 이용해 구한 통화승수는 다음과 같다.

$$m=\frac{M}{H}=\frac{C+D}{C+R}=\frac{1+C/D}{C/D+R/D}=\frac{1+c}{c+r}$$

$c=0$이면 교과서의 본문과 같은 $\frac{1}{r}$의 통화승수를 갖게 된다.

05. 1) 화폐수량설에 의하면 한 사회에 총 거래된 재화의 명목 총생산($P\times Y$)은 그 사회의 통화가 주어진 기간 동안 평균적으로 몇 번 거래에 사용되었는지를 나타내는 통화의 유통속도(V)에 명목통화량(M)을 곱한 것과 항상 같아진다($MV=PY$). 주어진 통계에서 명목국민소득($P\times Y$)은 200조원이고 명목통화량(M)은 100조원임을 알 수 있다. 이를 화폐수량방정식($MV=PY$)에 대입하면 통화유통속도(V)는 2가 된다.

케임브리지 학파는 경제주체의 화폐보유 동기를 화폐보유에 따른 거래의 편리와 안정성에서 찾고 이를 위해 개인은 자산의 일정 부분을 화폐로 보유한다고 보았다. 즉, 화폐의 수요는 $M^d=kPY$가 된다. 여기서 k는 마샬의 k라 불리 우며 경제주체가 명목소득 중 화폐로 보유하려는 비율을 의미한다. 균형에서 화폐의 수요가 화폐 공급량과 일치한다고 하면 $M^s=M^d=100$조원이고 명목소득은 200조원이므로 식에 대입하면 마샬의 k는 1/2이 된다. 이는 위에서 도출한 통화의 유통속도와 역수의 관계에 있음을 알 수 있다.

2) 본원통화(H)는 중앙은행이 직접 통제할 수 있는 통화로서 민간이 보유한 현금 통화(C)와 은행의 지급준비금(R)의 합으로 나타낼 수 있다($H=C+R$). 통화량(M)은 민간보유 현금통화(C)와 요구불예금(D)의 합으로 나타낼 수 있다($M=C+D$). 이때 현금통화비율$\left(\frac{C}{D}\right)$을 c, 금융기관이 결정한 실제 지급준비율$\left(\frac{R}{D}\right)$을 z이라고 하고 M과 H의 관계식으로 나타내보면, 통화승수(m)는 $m=\frac{M}{H}=\frac{C+D}{C+R}=\frac{1+\frac{C}{D}}{\frac{C}{D}+\frac{R}{D}}=\frac{1+c}{c+z}$이고 $M=\frac{1+c}{c+z}\times H$가 된다. 문제에 주어진 통계자료에서 통화량은 100조원, 현금통화비율(c)$=0.08$, 실제지급준비율($z=$법정지준율$+$초과지준율$)=0.028$이므로, 본원통화 H는 10조원이 된다.

3) 중앙은행이 발행하는 통화안정증권을 공개시장조작을 통해 민간에 매각할 경우, 민간이 보유하는 현금 통화가 중앙은행으로 회수되어 본원통화가 감소하게 되고, 감소한 본원통화에 통화승수$\left(m=\frac{1+c}{c+z}\right)$를 곱한 만큼의 통화량 감소가 일어날 것이다. 즉, 중앙은행이 100억원의 통화안정증권을 민간에 매각한다면, 본원통화가 100억원만큼 감소하는 효과가 나타난다. $\Delta M=m\times\Delta H$에 의해 위에서 도출한 통화승수(m)의 값이 10이므로, 결국 통화량(M)은 1000억원 감소하는 결과가 나타날 것이다.

4) 법정지준율이 7.5%가 되고, 초과지준율이 0.1% 낮아져 0.7%가 되면, 통화승수는 $m=\frac{1+c}{c+z}=\frac{1.08}{0.162}=\frac{20}{3}$이 된다. 본원통화가 변하지 않는다고 가정할 때 $M=m\cdot H$에 의해 통화량은 통화승수가 감소한 비율만큼 감소하게 된다. 즉, 통화승수가 10에서 $\frac{20}{3}$으로 약 33.33% 감소하므로 통화량 또한 33.33% 감소하게 됨을 알 수 있다.

06.

1) 문제의 조건에 따른 화폐수량방정식은 $P=\frac{M\overline{V}}{Y}$이며 실질 $GDP(Y)$가 10% 감소할 때 물가를 안정시키려면 통화량을 10% 감소시켜야 한다.

2) 민간의 현금보유비율을 $c>0$이라고 하면 $M=\frac{1+c}{c+r}\times H=\frac{1+c}{c+0.1}\times H$이고 이를 변화량으로 표시하면 $\Delta M=\frac{1+c}{c+0.1}\times\Delta H$이다. 따라서 통화량을 \$100,000만큼 변화시키려면 $\Delta H=\frac{c+0.1}{1+c}\times(\$100,000)$만큼 국채를 매각하면 된다. 만일 민간의 현금보유비율이 0이라고 가정한다면 법정지준율이 10%이고 은행들은 초과지준금을 보유하지 않으므로 통화승수는 $m=\frac{1}{r}=\frac{1}{0.1}=10$이다. 따라서 통화량을 10% 감소시키려면 통화량은 \$100,000만큼 감소시켜야 하는데 이 경우 통화승수가 10이므로 중앙은행은 국채를 \$10,000만큼 매각하면 된다.

07. 1) 실질이자율이 대부자금시장에서 실질투자와 실질저축에 의해 결정된다고 하면 실질이자율은 기대인플레이션율과 관계없이 결정된다고 볼 수 있다. 따라서 실질이자율이 고정되어 있다고 가정하면 명목이자율과 기대인플레이션과의 관계는 피셔효과에 의해 설명할 수 있다. 통화증가율의 상승으로 인하여 기대인플레이션율이 상승하게 되지만 실질이자율이 고정되어 있기 때문에 피셔효과에 의하여 명목이자율이 그만큼 증가하게 된다.

2) 1)에서 보았듯이 통화증가율의 상승으로 인하여 피셔효과에 의해 기대인플레이션율과 명목이자율이 상승하게 된다. 이때 명목이자율의 상승은 실질화폐잔고 수요를 감소시킨다. 또한 이 경제는 실질이자율과 실질소득이 고정되어 있기 때문에 기대인플레이션율의 상승은 현재의 물가를 상승시키게 된다. 따라서 물가의 점프(jump)가 일어나고, 이후 통화증가율과 물가상승률은 같아지게 되며 화폐시장이 균형을 달성하게 된다(<그림 5−2> 참조).

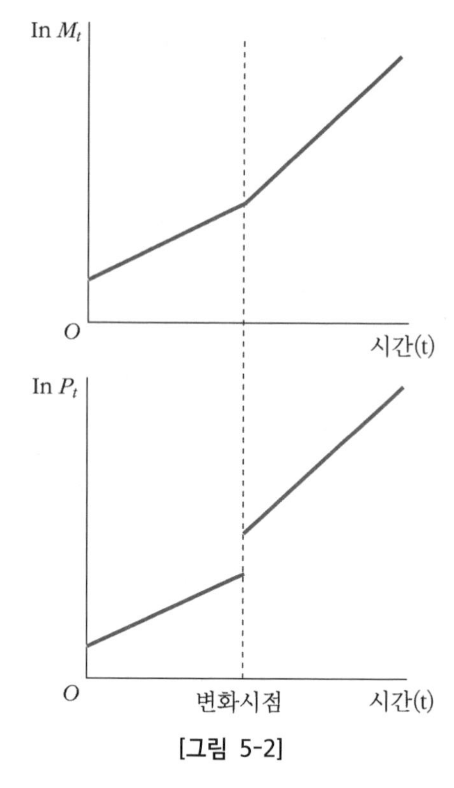

[그림 5-2]

3) 민간소비(C)는 실질화폐잔고$\left(\frac{M}{P}\right)$의 증가함수라고 하자. 실질화폐잔고 수준의 증가가 발생할 경우 민간소비는 증가하고 실질저축이 감소한다. 따라서 실질이자율이 상승한다. 실질이자율이 변화하기 때문에 피셔효과는 발생하지 않는다. 통화증가율이 상승할 경우 기대인플레이션율이 상승하여 실물자산의 수요에 영향을 줄 수 있다고 하자. 즉, 명목자산과 실질자산이 대체관계에 있다고 할 때 기대인플레이션율의 증가로 인해 명목자산의 투자수요가 감소하면서 실물자산의 수요가 증가할 수 있다. 이를 통해 실물자산인 자본량이 증가하면서 자본의 한계생산성이 감소하게 되면 실질이자율이 하락하

는 결과가 초래된다. 이를 먼델-토빈 효과(Mundell-Tobin effect)라고 한다. 이런 경로에 따르면 π_t^e가 증가할 때 r_t가 감소하므로 i_t가 π_t^e에 비례하여 변화하지 않게 되고 이 경우 피셔 효과가 성립하지 않게 된다.

08. 화폐시장 균형조건에 따라

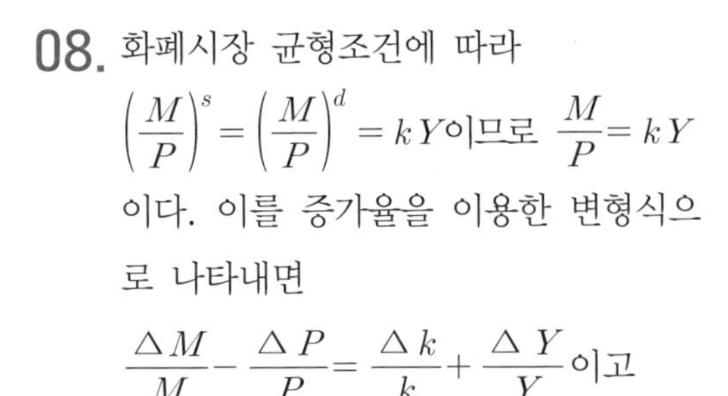

$\left(\frac{M}{P}\right)^s = \left(\frac{M}{P}\right)^d = kY$이므로 $\frac{M}{P} = kY$이다. 이를 증가율을 이용한 변형식으로 나타내면

$\frac{\Delta M}{M} - \frac{\Delta P}{P} = \frac{\Delta k}{k} + \frac{\Delta Y}{Y}$이고

여기서, $\frac{\Delta k}{k} = 0$이므로

[그림 5-3]

$$\therefore \frac{\Delta M}{M} = \frac{\Delta P}{P} + \frac{\Delta Y}{Y} = 2.4 + 9.3 = 11.7\%$$

통화증가율은 변화시키지 않고 통화량만 2배 증가시키는 경우, M은 2배 증가하지만 $\frac{\Delta M}{M}$은 변함이 없으므로 $\frac{\Delta P}{P} + \frac{\Delta Y}{Y}$도 변함이 없다. 따라서 $\frac{M}{P} = kY$도 변함이 없어야 하므로 P도 2배 증가하여야 하지만 $\frac{\Delta P}{P}$는 변함이 없어야 한다. 이를 그래프로 그리면 <그림 5-3>과 같다. 통화증가율의 변화는 없기 때문에 통화량 곡선($\ln M_t$)과 물가수준 곡선($\ln P_t$)의 기울기는 변함이 없고 변화시점에 통화량(M_t)이 증가한다. 이에 따라 화폐시장 균형에서 물가수준(P_t)이 올랐기 때문에 두 그래프 모두 변화시점에서 점프가 일어났다.

09. 1) 모든 사람들이 이 정책을 믿는다면 $\pi^e = \pi = 0.05$이 된다. $i = r + \pi^e$에서 π^e가 0.1에서 0.05로 변화했을 뿐이고 r은 일정하다. 따라서 명목이자율이 0.05만큼 감소해서 피셔방정식이 성립할 것이다.

2) 먼저, 즉각적인 물가수준을 구하기 위해 우선 화폐시장이 균형이라고 가정하자. $\left(\frac{M}{P}\right)^s = \left(\frac{M}{P}\right)^d = \frac{Y}{4(r+\pi^e)}$이 되므로 $\left(\frac{M}{P}\right) = \frac{Y}{4(r+\pi^e)}$라고 쓸 수 있다. 정부가 통화증가율을 줄일 것이라고 발표한 순간 π^e가 0.1에서 0.05으로 감소하므로 $\frac{Y}{4(r+\pi^e)}$가 커지고 $\left(\frac{M}{P}\right) = \frac{Y}{4(r+\pi^e)}$의 우변이 좌변보다 커지게 된다. 이 경제의 물가는 완전 신축적으로 조정되므로 화폐시장의 균형을 맞추기 위해 P가 하락한다. 다음으로, 물가수준의 급격한 하락 없는 인플레이션의 하락을 원하는 경우의 통화증가율의 변화를 구하자.

$\left(\frac{M}{P}\right) = \frac{Y}{4(r+\pi^e)}$에 로그를 취하면 $\ln M - \ln P = \ln Y - \ln 4(r+\pi^e)$이 되고 이는 다시 $\ln M - \ln P = \ln Y - \ln L$로 나타낼 수 있다(단, $L = 4(r+\pi^e)$). 이를 시간(t)에 대해 미분하면 $\frac{\dot{M}}{M} - \frac{\dot{P}}{P} = \frac{\dot{Y}}{Y} - \frac{\dot{L}}{L}$이 도출된다. 이때 Y는 불변이고 L도 시간에 따라 계속 변화하는 변수가 아니므로 $\frac{\dot{Y}}{Y}$와 $\frac{\dot{L}}{L}$은 0이다. 결국 $\frac{\dot{M}}{M} = \frac{\dot{P}}{P}$이 되어 인플레이션율은 통화증가율에 의해서만 결정된다. 따라서 인플레이션율을 하락시키기 위해서는 통화증가율을 감소시켜야 한다. 하지만 위에서 살펴본 것과 같이 통화증가율을 감소시키면 즉각적으로 물가가 하락하고 인플레이션율이 하락하게 된다. 따라서 정부는 점진적으로 통화증가율을 하락시켜야 한다. 정부가 점진적으로 통화증가율을 하락시키면 물가와 통화공급 사이에 <그림 5-4>와 같은 그림을 그릴 수 있다.

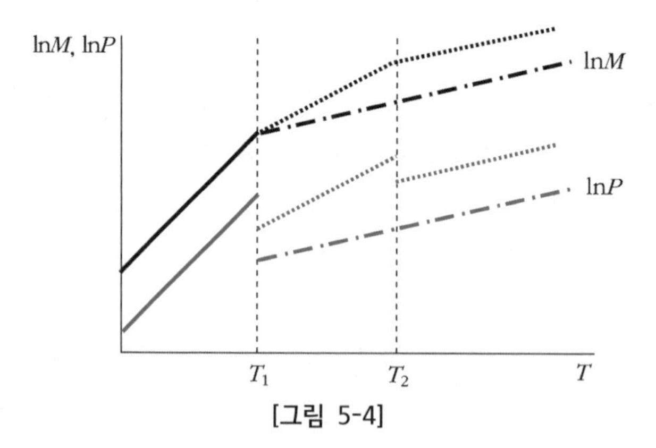

[그림 5-4]

<그림 5-4>에서 $\ln M$, $\ln P$는 로그값이므로 그 기울기가 증가율이다. 두 점 실선은 T_1시점에서 통화공급 증가율을 한 번에 감소시킨 것을 나타낸 것이고, 점선은 T_1과 T_2에서 두 번에 걸쳐 통화공급 증가율을 감소시킨 것을 나타낸 것이다. 그림에서 보다시피 후자의 물가변화가 전자의 물가변화보다 작다. 따라서 통화공급을 매우 점진적으로 변화시킬 경우 즉각적인 물가수준의 변화 없이 인플레이션율을 감소시킬 수 있다.

10. 1) $\left(\frac{M}{P}\right)^d = YL(i)$에 로그를 취하면 $\ln M - \ln P = \ln Y + \ln L(i)$가 되고 이를 시간에 대해 미분하면 $\frac{\dot{M}}{M} - \frac{\dot{P}}{P} = \frac{\dot{Y}}{Y} + \frac{\dot{L}}{L}$이 도출된다. 이때 Y는 완전고용수준에서 일정하고 명목이자율이 고정되어 있기 때문에 명목이자율의 함수인 $L(i)$도 시간에 따라 변화하는 변수가 아니다. 그러므로 $\frac{\dot{Y}}{Y}$와 $\frac{\dot{L}}{L}$은 0이다. 따라서 $\frac{\dot{M}}{M} = \frac{\dot{P}}{P}$이 되어 인플레이션율은 통화증가율에 의해서 결정된다. 이에 따라 통화증가율이 갑자기 상승하면 인플레이션율이 상승하게 된다. 이때, 명목이자율이 고정되어 있으므로 피셔방정식($\bar{i} = r + \pi$)에 따라 인플레이션율이 상승하면 실질이자율은 하락할 것이다.

2) 실질이자율이 고정되어 있다면 피셔방정식이 $i = \bar{r} + \pi$가 된다. 이때 통화증가율이 상승하면, 마찬가지로 인플레이션율이 상승하게 되고 물가수준이 상승하게 된다. 또한 실질이자율이 고정되어 있으므로 명목이자율은 상승할 것이다.

제 6 장 장기경제성장 I: 솔로우모형

01. 1) **옳지 않다.** 초기 일인당 자본량이 균제상태의 자본량보다 작은 국가는 자본축적에 의해 경제성장률이 높아질 수 있으나, 균제상태에 도달하면 결국 경제성장률은 기술진보율에 의해 결정된다.

2) **옳다.** 저축률을 높이면 더 높은 균제상태로 이동해 균제상태에서의 일인당 자본량과 일인당 생산량이 많아진다. 그러나 새로운 균제상태에서 일인당 생산량으로 계산한 경제성장률은 0으로 수렴한다.

3) **옳지 않다.** 저축률이 높고 인구증가율이 낮은 국가일수록 균제상태로 가는 과정에서 일인당 자본량과 일인당 생산량이 많아지는 것은 맞지만 균제상태에서의 일인당 소득의 성장률이 높아지는 것은 아니다. 균제상태에서 계산한 일인당 소득의 성장률은 똑같이 0이다.

4) **불확실하다.** 저소득 국가들이 선진국보다 빨리 성장하여 소득격차가 줄어 결국은 소득수준이 비슷해지는 현상을 수렴현상이라고 한다. 솔로우 모형에 의하면 일인당 자본이 축적되면서 균제상태로 다가갈수록 경제의 성장률이 점점 낮아진다. 또한 일인당 자본량이 낮을수록 한계생산성이 높아 경제성장률이 더 높다. 따라서 모든 나라가 동일한 균제상태를 갖는다면 시간이 갈수록 국가 간 일인당 소득의 격차는 줄어든다. 그러나 각 국가마다 주어진 성장여건(저축률, 인구증가율, 감가상각율)이 다르기 때문에 국가 간 균제상태가 다르다. 이 경우 시간이 가도 서로 다른 균제상태에 수렴하므로 국가 간에 반드시 일인당 자본량과 소득의 수렴이 발생하는

것은 아니다. 즉, 모든 국가들의 일인당 소득이 같아지는 절대적 수렴이 아니라 주어진 조건하에서 일인당 소득의 조건부 수렴이 발생한다.

5) **옳지 않다.** 솔로우 모형에서는 저축률(폐쇄경제에서는 저축율과 투자율이 동일)의 증가는 균제상태에서의 소득증가로 이어진다. 그러나 현실 데이터에서 투자율과 일인당 국민소득이 양의 상관관계를 갖는다는 것이 두 변수사이에 인과관계를 의미하는 것은 아니다. 왜냐하면 투자율과 일인당 소득간의 상관관계를 이끌어 낼 수 있는 다른 경우들이 있기 때문이다.

6) **옳지 않다.** 저축률을 높이면 더 높은 일인당 자본수준의 균제상태에 도달하지만 그렇다고 저축률을 높이기만 하는 정책이 바람직한 것은 아니다. 솔로우 모형에 따르면, 자본축적의 황금률이란 균제상태에서 일인당 소비를 극대화하는 상태로써 모든 사람이 만족하는 최적의 자본축적 상태이다. 저축률이 높아져 균제상태가 자본축적의 황금률에서 벗어난다면 이는 바람직하다고 볼 수 없다.

7) **옳지 않다.** 지난 30년간 한국의 경제성장은 주로 총요소생산성의 증가, 즉 기술진보에 의해서가 아니라 요소축적에 의해 이루어져 왔다. 그러나 그렇다고 앞으로도 한국의 장기적인 성장전망이 밝지 않다고 볼 수는 없다. 왜냐하면, 요소축적과 기술진보는 완전히 독립적인 것이 아니라 투자를 통한 자본축적이 먼저 어느 정도 이루어져야 이러한 경험을 통해 기술진보를 할 수 있는 역량이 생길 수 있기 때문이다.

8) **옳다.** 황금률의 조건은 균제상태에서 인구증가율=(자본의 한계생산물)−(감가상각률)=실질이자율인데 인구증가율보다 실질이자율이 크다는 말은 인구증가율<(자본의 한계생산물)−(감가상각률)=실질이자율>을 의미한다. 이는 인구증가율과 감가상각률이 일정하다고 볼 때, 자본의 한계생산성이 황금률 수준보다 높다는 것을 의미한다. 즉, 자본축적의 정도가 황금률 수준보다 적다는 것을 의미한다고 볼 수 있다.

02. 1) $k=\frac{K}{L}$ 이므로 자연로그를 취한 후 시간에 대해 미분하면 $\frac{\Delta k}{k}=\frac{\Delta K}{K}-\frac{\Delta L}{L}$ 이 도출된다. $\Delta K = sF(L,K)-\delta K$를 이용하여 식을 변형하면

$\frac{\Delta K}{K} - \frac{\Delta L}{L} = \frac{sF(L,K)}{K} - \delta - n = \frac{sf(k)}{k} - \delta - n$이다.
문제에서 인구증가율$(n) = 0$이므로,
$\frac{\Delta k}{k} = \frac{sf(k)}{k} - \delta$이고
$\Delta k = sf(k) - \delta k = sk^{\alpha} - \delta k$이다. <그림 6-1>에서 초기자본량이 k_0에 있다고 하면, $sf(k) > \delta k$이므로 $\Delta k > 0$이 되고 k는 k^*에 도달할 때까지 증가한다. 일인당 자본량이 축적되면서 k^{α}는 수확체감하기 때문에 δk와 만나는 점에서 균제상태가 존재한다. 그리고 균제상태에서의 자본축적량을 k^*로 표시한다. <그림 6-1>의 두 번째 그래프는 일인당 자본축적식 $\Delta k = sf(k) - \delta k$의 그래프로써 일인당 자본량의 변화에 따른 일인당 자본량의 증가분을 표현하였다. Δk는 첫 번째 그래프에서 sk^{α}와 δk의 차이이다. <그림 6-1>의 세 번째 그래프는 일인당 자본량의 성장률을 나타낸다. 초기에는 자본축적으로 인해 높은 성장률을 보이지만, 균제상태로 갈수록 성장률이 감소하고 균제상태에서의 성장률은 결국 0이 된다.

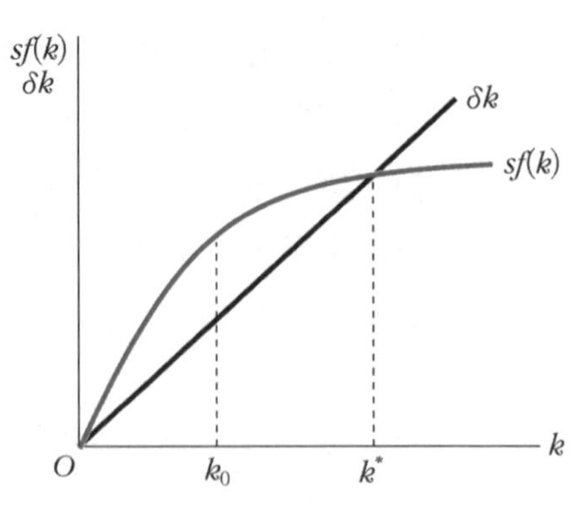

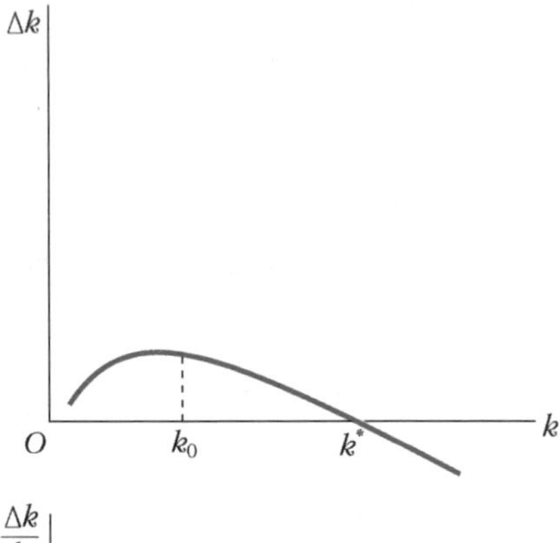

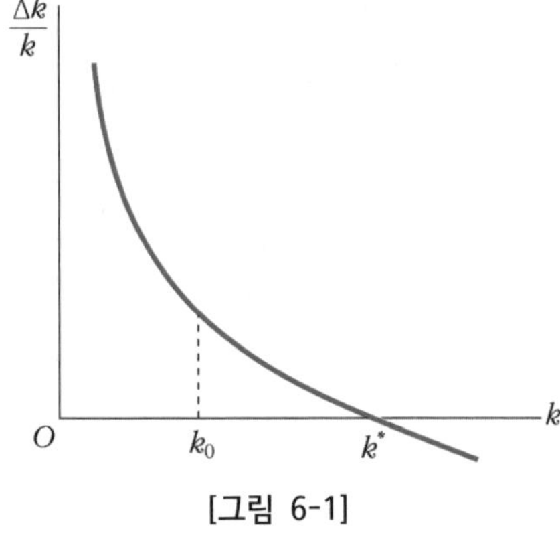

[그림 6-1]

2) $\frac{\Delta k}{k} = \frac{sf(k)}{k} - \delta - n$, $n = 0.02$, $s = 0.2$, $\delta = 0.03$, $\alpha = 0.5$, $k_0 = 1$이고 $Y = F(L,K) = K^{\alpha}L^{1-\alpha}$이므로 $y = f(k) = k^{\alpha}$이다. 주어진 값을 식에 대

입하면, $\frac{\Delta k}{k}=\frac{0.2\times k^{0.5}}{k}-0.03-0.02$이다. 이때 일인당 자본량 $k_0=1$을 대입하면 $\frac{\Delta k}{k}=0.15$이다. 저축($sf(k)$)이 감가상각 되는 자본량(δk)과 새로운 인구에게 배분해 주는 자본량(nk)보다 크기 때문에 경제성장률은 양(positive)이 된다. 하지만 경제가 성장하여 균제상태에 도달하는 동안 일인당 자본량의 성장률은 점차 하락하여 0이 되고 이에 따라 일인당 소득의 성장률은 점차 하락하여 0이 된다. 이를 수학적으로 확인해보면, $y=k^{\alpha}\Leftrightarrow$ $\frac{\Delta y}{y}=\alpha\frac{\Delta k}{k}=0.5\left(\frac{0.2k^{0.5}}{k}-0.05\right)=0.1k^{-0.5}-0.025$에서 k의 변화에 따른 일인당 소득의 성장률을 알아보기 위해 $\frac{\Delta y}{y}$를 k로 미분하면 $\frac{d\left(\frac{\Delta y}{y}\right)}{dk}=$ $-0.05k^{-1.5}<0$이므로 k가 증가하여 균제상태로 갈수록 일인당 소득의 증가율은 감소한다는 것을 알 수 있다.

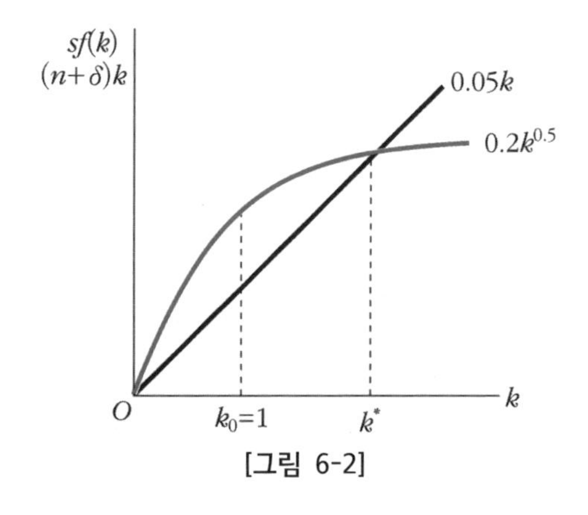

[그림 6-2]

3) 균제상태에서는 일인당 자본량의 성장률$\left(\frac{\Delta k}{k}\right)$이 0이므로 (2)번의 식 $\frac{\Delta k}{k}=\frac{0.2\times k^{0.5}}{k}-0.03-0.02$에 대입하여 균제상태의 일인당 자본량을 구하면, $0.05k=0.2\times k^{0.5}\Leftrightarrow\sqrt{k}=4\Leftrightarrow k^{*}=16$이 된다. 구해진 k^*를 생산함수 $y=k^{\alpha}=k^{0.5}$에 대입하면 $y^{*}=4$이다. 이때 저축률 s가 0.4로 증가하면, $\frac{\Delta k}{k}=\frac{0.4\times k^{0.5}}{k}-0.03-0.02$가 되고 $k^{*}=64$, $y^{*}=8$이 된다.

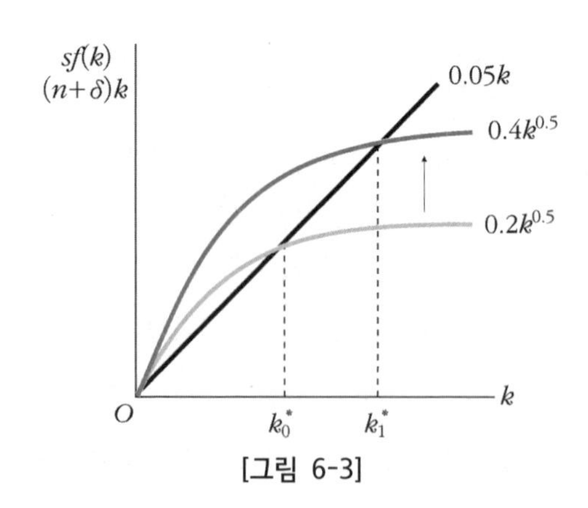

[그림 6-3]

03. 1) $Y = L^{0.7}K^{0.3}$이므로 지진 후의 자본량을 $0.9K$라 하면 지진 후의 생산량은 $Y_e = L^{0.7}(0.9K)^{0.3} = L^{0.7}K^{0.3}0.9^{0.3}$이다. 따라서 지진 후 자본의 파괴로 인한 생산량의 감소는 $\frac{Y - Y_e}{Y} \times 100 = \frac{L^{0.7}K^{0.3} - L^{0.7}K^{0.3}0.9^{0.3}}{L^{0.7}K^{0.3}} \times 100$ $\equiv (1 - 0.9^{0.3}) \times 100 \approx 3.1\,(\%)$만큼 일어난다.

2) 균제상태에서는 $sf(k) = (\delta + n)k$를 만족한다. 그런데 지진으로 자본이 감소한다. 이때 자본스톡(K)이 10% 감소하고 노동력(L)은 일정하다. 일인당 자본량(k)의 10% 감소로 인해 일인당 자본량이 k_0에서 k_1으로 10% 감소한다. 따라서 자본의 평균생산성이 증가함에 따라 $\frac{\Delta k}{k} = \frac{sf(k)}{k} - (\delta + n) > 0$이 되어서 $\frac{\Delta k}{k} > 0$이 된다. 즉, 지진 발생으로 자본과 생산량의 성장률은 증가하였다가 균제점을 향해 가면서 자본의 평균생산성이 감소함에 따라 성장률은 점차 감소하여 0으로 수렴한다.

3) 지진으로 인해 s, δ, n의 변화가 없다면 지진 전과 지진 후의 자본량은 $sf(k) = (\delta + n)k$을 만족하는 자본량으로 변함이 없다. 즉 새로운 균제상태는 기존의 균제상태와 동일하므로 GDP와 일인당 GDP의 크기는 지진 전과 동일하다.

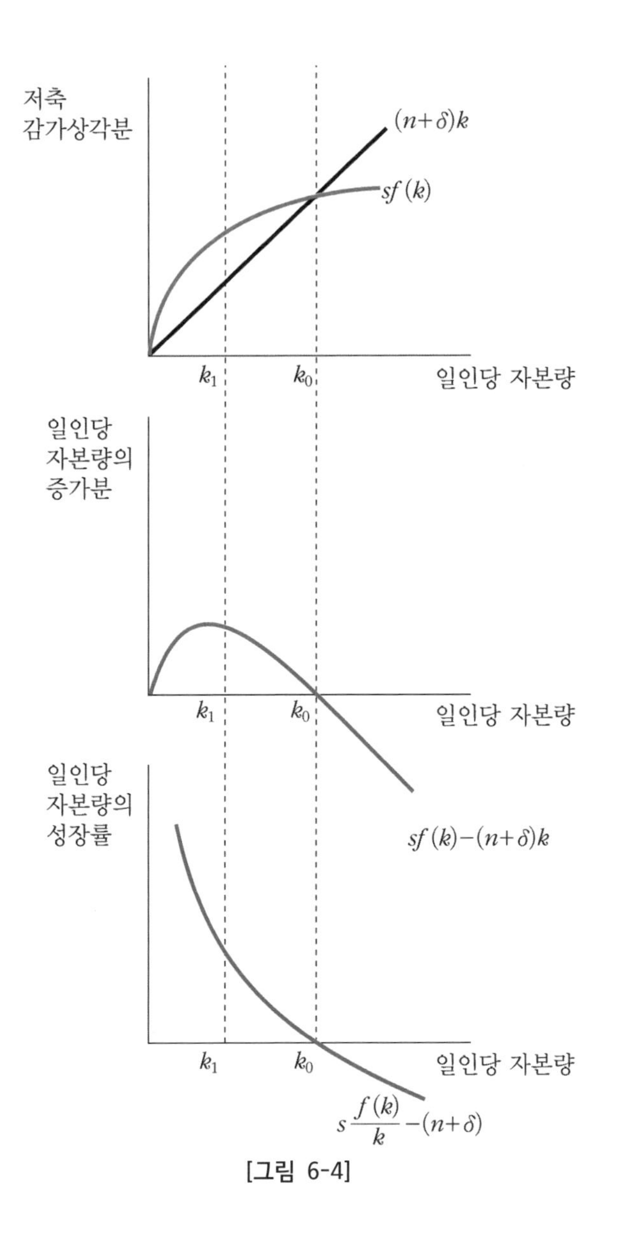

[그림 6-4]

04. 1) 문제에서 주어진 모형에서는 각 국가의 주어진 저축률(s), 인구증가율(n), 감가상각률(δ)에 의해 각각의 균제상태가 결정되고, 각 국가들의 경제변수 값이 같을 경우에만 같은 수준의 균제상태가 나타나는 조건부 수렴가설이 유도된다.

2) 다른 조건이 모두 동일하다 하더라도 인구증가율이 다르다면 경제 내의 자본을 배분하는 과정에서 개인에게 돌아가는 자본량이 다를 수밖에 없으므로 균제상태에서의 일인당 국민소득 또한 같지 않다. 즉, 인구증가율이 높은 국가는 인구증가율이 낮은 국가보다 낮은 수준의 균제상태에서 일인당 국민소득이 결정된다.

05.

1) A국의 일인당 자본량(K/L)은 L의 증가로 감소한다. 따라서 일인당 자본량이 감소하므로 일인당 자본량의 성장률은 높아지고 성장경로를 따라 균제상태로 감소하여 간다. 즉, A국의 1인당 GDP 성장률은 높아진 후 다시 균제상태로 도달해가면서 하락한다.

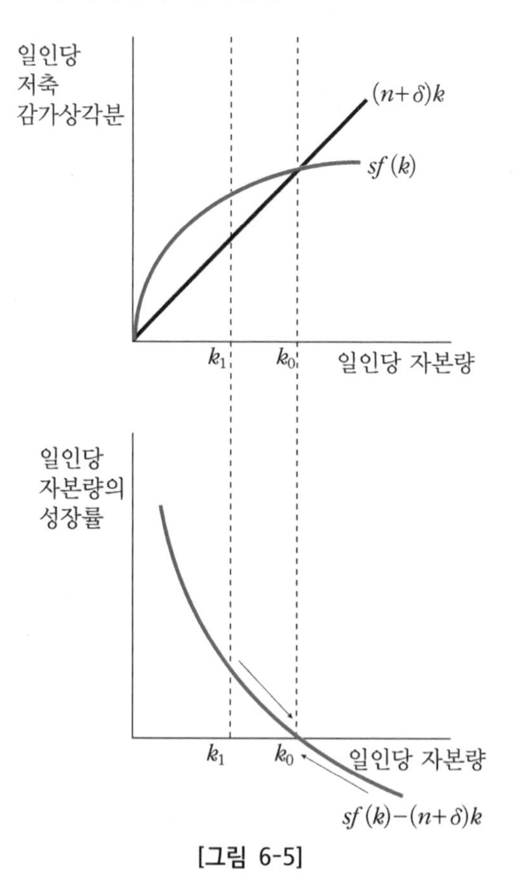

[그림 6-5]

2) 문제의 상황에 따르면 A국은 저축률이 감소하고 B국은 저축률이 증가한다. $\frac{\triangle k}{k}=\frac{sf(k)}{k}-(\delta+n)$에서 s가 하락한 A국은 성장률이 하락하고, s가 상승한 B국은 성장률이 상승한다. 그 후 일인당자본과 생산량은 새로운 균제상태로 가면서 일인당 자본과 생산량의 성장률은 0으로 수렴한다.

3) 두 국가의 저축률과 인구증가율이 같기 때문에 이 두 국가가 통합되어도 균제상태에는 변함이 없다. 그러므로 두 국가가 통합되었다고 해도 동일한 성장경로 상에서 벗어나지는 않고 다만 위치만 바뀔 뿐이다. 문제의 조건에 따르면 $LB=0.5LA$이고 $\frac{K_B}{L_B}=0.5\frac{K_A}{L_A}$로 $KB=0.5\times KA/LA\times 0.5LA=0.25KA$이다. 따라서 통합국가의 일인당 자본량은 $\frac{K_A+0.25K_A}{L_A+0.5L_A}<\frac{K_A}{L_A}$가 된다. 즉, 일인당 자본량이 감소하므로 $\frac{\triangle k}{k}=\frac{sf(k)}{k}-(\delta+n)$에 따라 통합국가의 성장률은 A국의 성장률보다 높게 된다.

06.

주어진 생산함수를 1인당으로 변환하면, $Y=F(K,L)=K^{0.5}L^{0.5}\Leftrightarrow y=f(k)=k^{0.5}$이다.

1) 자본축적의 황금률은 모든 사람이 만족하는 최적의 자본축적 상태가 존재하며 이는 균제상태에서 일인당 소비를 극대화하는 자본축적량을 말한다. 황금률이 성립하는 균제상태의 자본량을 수학적으로 구해보면 다음과 같다. 균제상태 조건은 $\triangle k=sf(k)-(n+\delta)k=0$이며 이때 도출된 k^*를 이용해 균제상태에서 일인당 소비수준을 구하면 $c^*=y^*-sy^*=f(k^*)-sf(k^*)$이다. 균제상태에서 $sf(k^*)=(n+\delta)k^*$이므로 대입하면 $c^*=f(k^*)-(n+\delta)k^*$이다. 이때 균제상태에서 일인당 소비를 극대화하는 자본량을 구하기 위한 극대화 조건은 $\frac{dc^*}{dk^*}=0$이며, 따라서 $\frac{dc^*}{dk^*}=f'(k^*)-(n+\delta)=0\Leftrightarrow f'(k^*)=n+\delta=0.01+0.04=0.05$가 된다. 황금률 수준의 일인당 자본량을 k_g라 정의하면 $f'(k_g^*)=0.5(k_g^*)^{-0.5}=0.05$이고 $k_g^*=100$이 된다. 황금률을 만족하는 자본수준을 $c^*=f(k^*)-(n+\delta)k^*$에 대입하면 $c_g^*=f(k_g^*)-(n+\delta)k_g^*=100^{0.5}-0.05\times 100=5$가 된다. 황금률 수준의 저축률은 $sf(k^*)=(n+\delta)k^*$에 구해진 값들을 대입하여 구하면 $s_g^*=\frac{(n+\delta)k_g^*}{f(k_g^*)}=\frac{0.05\times 100}{10}=0.5$이다(<그림 6-6> 참조).

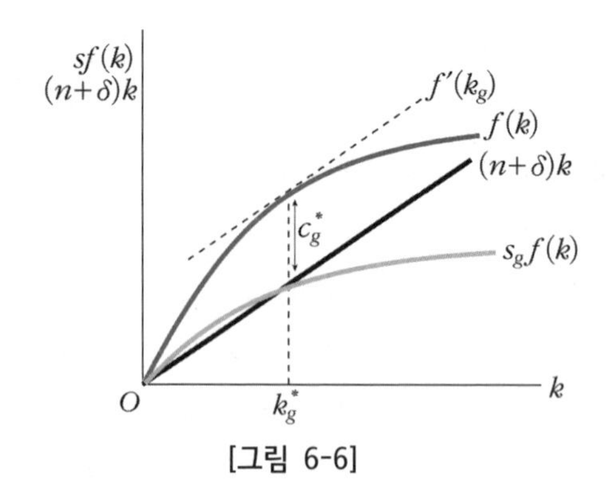

[그림 6-6]

2) (<그림 6－7> 참조)

$\frac{\triangle k}{k}=\frac{sf(k)}{k}-\delta-n=\frac{0.25\times k^{0.5}}{k}-0.01-0.04$이며 이는 균제상태에서는 $\frac{\triangle k}{k}=0$이므로, $0.05k=0.25\times k^{0.5}\Leftrightarrow k^{*}=25$이다. 이 식을 생산함수 $y=k^{0.5}$에 대입하여 균제상태에서의 일인당 생산량을 구하면 $y^{*}=5$이고 $c^{*}=y^{*}-sy*=5-0.25\times 5=3.75$이다.

또한 $s^{*}=\frac{(n+\delta)k^{*}}{f(k^{*})}=\frac{0.05\times 25}{5}=0.25$이다.

이상 1), 2)에서 구해진 값들을 정리해 보면, 황금률 수준의 값들은 $c_g^{*}=5$, $s_g^{*}=0.5$, $k_g^{*}=100$, $y_g^{*}=10$이며, 균제상태에서의 값들은 $c^{*}=3.75$, $s^{*}=0.25$, $k^{*}=25$, $y^{*}=5$이다.

수치를 보면 알 수 있듯이 균제상태의 값들은 황금률의 값보다 작으며, 이 경제에서 황금률을 달성하기 위해서는 저축률을 0.25만큼 늘려야 한다. 추가적으로 생각해본다면, 이 경제에서 황금률을 달성하기 위해서는 현재의 소비를 줄이고 저축을 늘려야 한다. 즉, 미래의 소비를 늘리기 위해서 현재의 소비를 희생해야 한다는 것인데, 이때 만약 경제주체들이 미래보다 현재를 중시한다고 하면 지금의 소비를 줄이는 것이 오히려 효용의 감소를 가져올 수도 있다. 따라서 저축률을 높여 황금률 수준의 최적 소비를 달성하는 것이 바람직한 것만은 아니라고 할 수 있다.

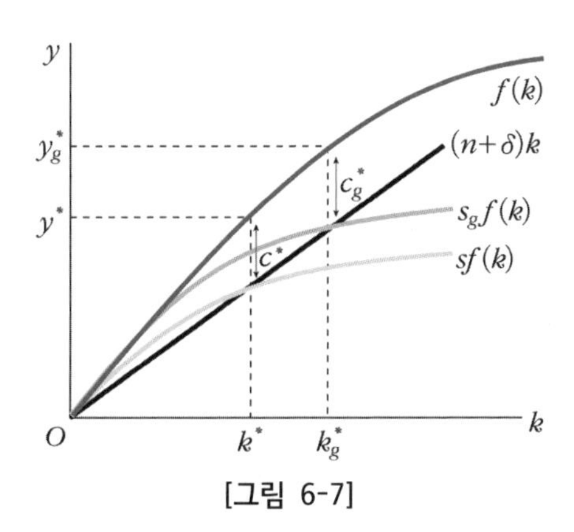

[그림 6-7]

07. 1) $y_1 = 3y_2,\ k_1 = 4k_2$이므로 이를 1국의 생산함수 $y_1 = A_1 k_1^{0.5}$에 대입하면 $3y_2 = A_1(4k_2)^{0.5}$이다. 이를 정리하면 $y_2 = \frac{2}{3}A_1(k_2)^{0.5}$이다. 2국의 생산함수는 $y_2 = A_2 k_2^{0.5}$ 이기 때문에 $A_2 = \frac{2}{3}A_1$이 되며, 2국의 생산성은 1국 생산성의 $\frac{2}{3}$가 된다.

2) 솔로우 성장회계를 이용하면 다음과 같다.

$$\frac{\triangle Y}{Y} = \alpha\left(\frac{\triangle K}{K}\right) + (1-\alpha)\frac{\triangle L}{L} + \frac{\triangle A}{A}$$

문제에서 일인당 자본량과 총요소생산성의 연평균증가율을 계산하라고 하였으므로 성장회계식을 일인당 변수로 바꿔주어야 한다.

$\frac{\triangle y}{y} = \frac{\triangle Y}{Y} - \frac{\triangle L}{L}$이므로(2장 부록참조) 성장회계식에 대입하면,

$\frac{\triangle y}{y} = \alpha\left(\frac{\triangle K}{K} - \frac{\triangle L}{L}\right) + \frac{\triangle A}{A} = \alpha\left(\frac{\triangle k}{k}\right) + \frac{\triangle A}{A}$가 된다. 따라서

- 일인당 자본량의 연평균 증가율: $\frac{\triangle k}{k} = \frac{\triangle K}{K} - \frac{\triangle L}{L}$

  $= 3\% - 1\% = 2\%$

- 총요소생산성의 연평균 증가율: $\frac{\triangle A}{A} = \frac{\triangle y}{y} - \alpha\frac{\triangle k}{k}$

  $= 3\% - \frac{1}{2} \times 2\% = 2\%$

08. 전통적으로 현재세대와 미래세대의 효용은 이해상반되는 것으로 여겨져 왔다. 현재세대가 황금률에서 요구하는 대로 저축률을 높이면, 미래세대가 소비할 수 있는 자본량이 많아지므로 미래세대의 효용이 높아지는 반면, 현재세대의 소비는 줄어들어 효용이 감소할 수밖에 없기 때문이다. 그러나 펠프스는 어떠한 조건 하에서는 저축률을 변화시키면 현재세대와 미래세대가 모두 이득을 볼 수 있다고 하였는데 이는 동태적 비효율성(dynamic inefficiency)이 존재하는 경우이다. 펠프스는 자본축적량이 충분히 크면 저축률을 줄이고도 모든 세대의 효용을 증가시킬 수 있다고 보았다. 즉, 기존의 저축률이 황금률의 수준을 상회하고 있다면 저축률을 감소시킴으로서 장기적으로 소비를 늘려 모든 세대의 효용을 증가시킬 수 있다.

09. 1) $\hat{y} = Y/AL$이라고 하자. 그러면 $\hat{y} = \hat{k}^{0.5}$이다.

$\hat{k} = \dfrac{K}{AL}$이므로 $\dfrac{\Delta \hat{k}}{\hat{k}} = \dfrac{\Delta K}{K} - \dfrac{\Delta A}{A} - \dfrac{\Delta L}{L}$

$$= \frac{(1-t)sY - dK}{K} - g - n$$

$$= \frac{(1-t)sY}{K} - (d+g+n)$$

$$= \frac{(1-t)s\hat{y}}{\hat{k}} - (d+g+n)$$

$$\therefore \ \Delta \hat{k} = (1-t)s\hat{y} - (d+g+n)\hat{k}$$

유효노동력당 일인당 자본량의 변화는 저축을 통해 축적되는 양($(1-t)s\hat{y}$)에서 감가상각되는 자본량과 새로운 인구에게 배분해 주는 자본량과 기술진보율에 해당하는 자본배분을 빼준 것과 같다. 유효노동력당 일인당 자본이 증가하면서 자본의 한계생산물이 감소함에 따라 유효노동력당 일인당 자본의 증가율은 0으로 수렴한다. 따라서 유효노동력당 일인당 생산량의 증가율도 0으로 수렴하고 일인당 생산량의 증가율은 g가 된다.

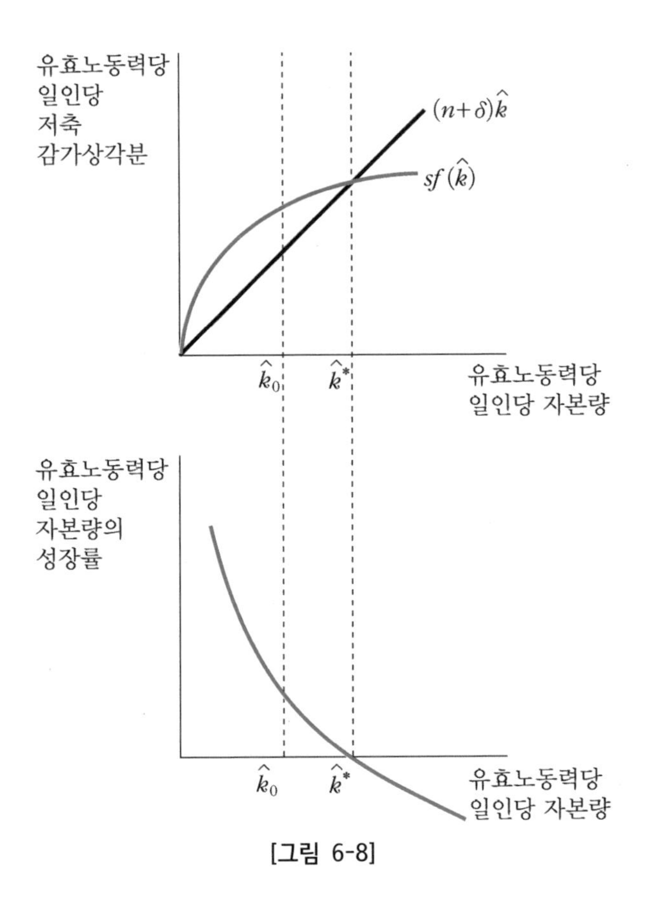

[그림 6-8]

2) $\dfrac{Y_t}{A_tL_t}=\left(\dfrac{K_t}{A_tL_t}\right)^{0.5} \Leftrightarrow \hat{y}=\hat{k}^{0.5}$

$\triangle \hat{k_t}=(1-t)s\hat{y}-(\delta+n+g)\hat{k}$

균제상태에서 더 이상 유효노동력당 자본의 변화가 없어야 하므로,

$\triangle \hat{k_t}=(1-t)s\hat{y}-(\delta+n+g)\hat{k}=0$ 에서 $(1-t)s\hat{y}=(\delta+n+g)\hat{k}$

$\therefore \ \widehat{k^*}=\left(\dfrac{(1-t)s}{n+g+\delta}\right)^2,\ \widehat{y^*}=\dfrac{(1-t)s}{n+g+\delta},\ \widehat{c^*}=\dfrac{(1-s)(1-t)s}{n+g+\delta}$

이런 균제상태에서의 $\widehat{c^*}$를 극대화하는 s를 찾아보면 균제상태에서 $\triangle k=0$ 이 되어야 하므로

$$(1-t)s\hat{y}=(\delta+n+g)\hat{k} \Rightarrow sf(\hat{k})=\frac{(n+g+\delta)}{(1-t)}\hat{k} \Rightarrow c=f(\hat{k})-\frac{(n+g+\delta)}{(1-t)}\hat{k}$$

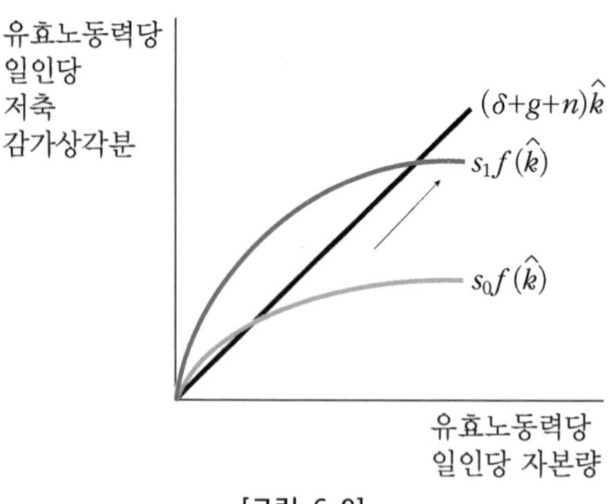

[그림 6-9]

저축률과 균제상태의 자본량은 일대일 대응이 되므로, 위의 c를 극대화하는 k를 찾는 것이나 c를 극대화하는 s를 찾는 것이나 동일하다.

$=> \dfrac{\partial c}{\partial k} = f'(\hat{k}) - \dfrac{n+g+\delta}{1-t} = 0$ 정리해보면 $MPK = \dfrac{n+g+\delta}{1-t}$

도출된 $MPK = \dfrac{n+g+\delta}{1-t}$를 이용해 황금률을 찾을 수 있는데 이 식을 이용할 경우, $0.5\hat{k}^{-0.5} = \dfrac{n+\delta+g}{1-t}$이고, k에 관해 정리하면 $\widehat{k_g} = \left(\dfrac{1-t}{2(n+g+\delta)}\right)^2$이다.

즉, 황금률을 달성시키는 균제상태의 유효노동력당 자본량은 $\widehat{k_g} = \left(\dfrac{1-t}{2(n+g+\delta)}\right)^2$ 이고, 균제상태에서의 자본량이 저렇게 될 수 있는 s를 찾으면 황금률을 만족하는 저축률이 된다.

$(1-t)s_g\hat{y}_g^* = (n+g+\delta)\hat{k}_g^*$ (균제상태 조건에 의하여)

여기에 황금률에서의 자본량 $\hat{k}_g = \left(\dfrac{1-t}{2(n+g+\delta)}\right)^2$이므로 $\hat{y}_g = \dfrac{1-t}{2(n+g+\delta)}$이다. 각각을 $(1-t)s_g\hat{y}_g^* = (n+g+\delta)\hat{k}_g^*$에 대입하여 정리하면, $s_g = 0.5$이다. 문제를 조금 다르게 접근해서, 균제상태일 때의 $\hat{c}^* = \dfrac{(1-s)(1-t)s}{n+g+\delta}$을 최대화하는 저축률 s를 찾아볼 수도 있는데 황금률에 정의에 의하면, 이때의 s가 s_g와 같게 되기 때문에 $\widehat{c^*}$를 s에 대해 미분함으로써 균제상태에서의 소비를 최대화하는 저축률을 찾을 수 있다.

$$\frac{\partial \widehat{c^*}}{\partial s}=0 \Leftrightarrow \frac{(1-t)}{n+g+\delta}(1-2s)=0 \quad \therefore \ (1-t)(1-2s)=0$$

그러나 t는 정부가 외생적으로 결정하는 값이고 조세율이 100%($t=1$)가 되는 상황은 일어날 수 없기 때문에 $1-2s$가 0이 되어야 한다. 따라서 $s_g=0.5$이다.

3) 정부가 저축에 대한 세율을 높이면 $(1-t)s$가 감소하므로 저축률이 감소한 효과가 발생한다. 이에 따라 소비는 황금률 수준에 가까워지므로 소비는 증가하게 된다. <그림 6-10>에서 저축률이 감소하면 $\hat{k}$와 $\hat{y}$는 감소한다. $\hat{c}$는 저축률이 감소한 후, 황금률 수준에 가까워질 수 있는데, 그렇다면 $\hat{c}$는 증가한다. 만약 소비수준이 증가할수록 사회전체적인 후생이 증가한다면 이 정책은 바람직하다고 할 수 있다.

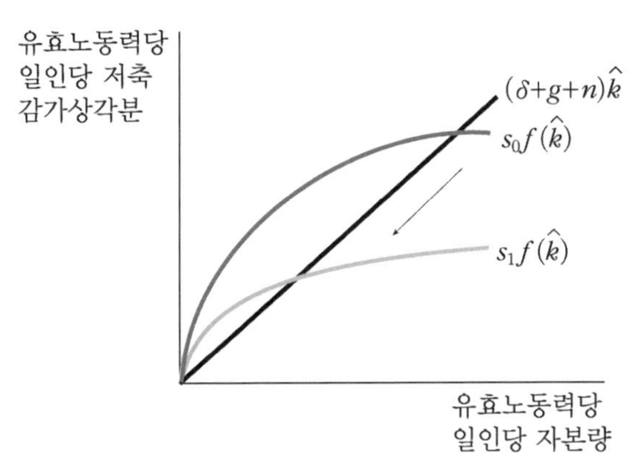

[그림 6-10]

10. 1) $\hat{k}=\frac{K}{AL}$이므로 $\frac{\Delta \hat{k}}{\hat{k}}=\frac{\Delta K}{K}-\frac{\Delta A}{A}-\frac{\Delta L}{L}$

$$=\frac{sY-\delta K}{K}-g-n \quad (\Delta K=sY-\delta K\text{이므로})$$

$$=\frac{sY/AL}{K/AL}-(n+g+\delta)$$

$$=\frac{s\hat{y}}{\hat{k}}-(n+g+\delta)$$

따라서 $\Delta \hat{k}=s\hat{y}-(n+g+\delta)\hat{k}$가 된다.

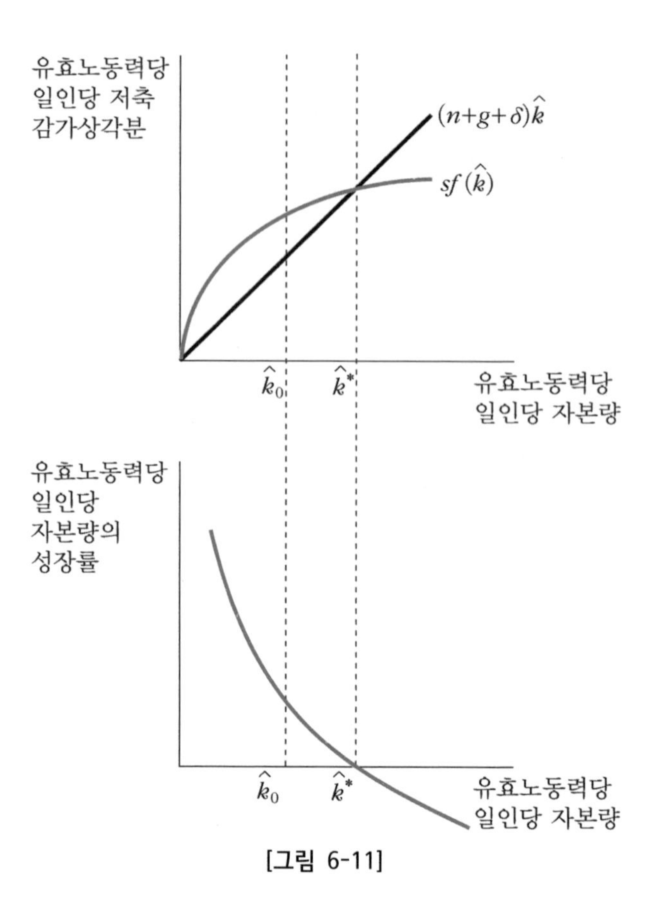

[그림 6-11]

유효노동력당 일인당 자본량의 변화는 저축을 통해 축적되는 양($s\hat{y}$)에서 감가상각되는 자본량과 새로운 인구에게 배분해 주는 자본량과 기술진보율에 해당하는 자본배분을 빼준 것과 같다. 유효노동력당 일인당 자본이 증가하면서 자본의 한계생산물이 감소함에 따라 유효노동력당 일인당 자본의 증가율은 0으로 수렴한다. 따라서 유효노동력당 일인당 생산량의 증가율도 0으로 수렴하고 일인당 생산량의 증가율은 g가 된다.

2) 균제상태에서 $\Delta\hat{k} = s\hat{y} - (n+g+\delta)\hat{k} = 0$이므로 $s\hat{k}^{1/3} = (n+g+\delta)\hat{k}$이 된다.

따라서 $\hat{k}^* = \left[\frac{s}{n+g+\delta}\right]^{3/2}$, $\hat{y}^* = (\hat{k}^*)^{1/3} = \left[\frac{s}{n+g+\delta}\right]^{1/2}$

3) <그림 6−12>에서 저축률이 증가하면 $\hat{k}$와 $\hat{y}$는 증가한다. $\hat{c}$는 저축률이 증가한 후, 황금률 수준에 가까워지면 $\hat{c}$는 증가하고, 황금률 수준에서 멀어지면 $\hat{c}$는 감소한다.

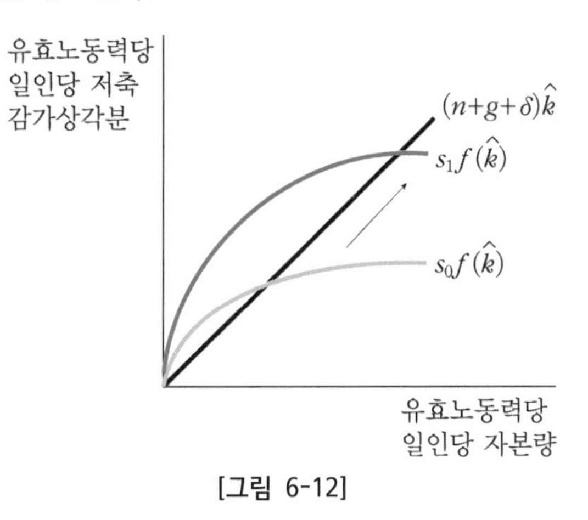

[그림 6-12]

4) g가 상승하면 균제상태에서의 유효노동력당 자본과 소득은 감소하게 된다. 그러나 일인당 자본량$\left(k \equiv \dfrac{K}{L}\right)$과 일인당 소득$\left(y \equiv \dfrac{Y}{L}\right)$은 증가하게 된다. 즉, 균제상태에서 유효노동력당 자본량과 소득의 성장률은 0으로 변함이 없지만 일인당 자본량과 소득의 성장률은 g_1이 되고 전체자본량(K)과 소득(Y)의 성장률은 $n+g_1$으로 예전에 비해 증가하게 된다(<그림 6−13> 참조).

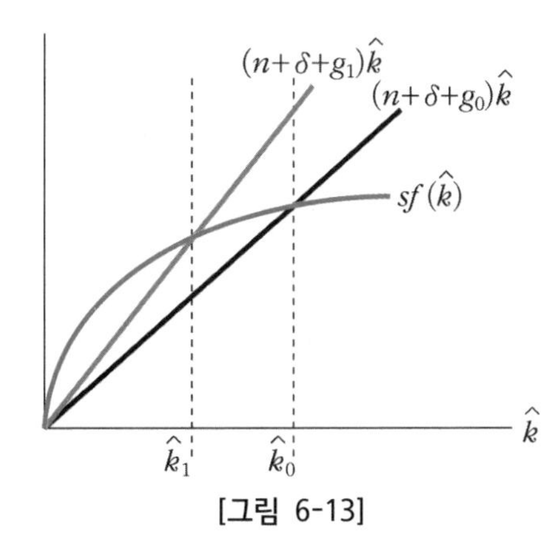

[그림 6-13]

시간에 따른 k, y의 움직임은 아래 그림과 같다. T_1 시점에서 총요소생산성의 증가율이 외생적으로 상승하였고 T_2 시점에 새로운 균제상태에 도달하였다고 하자.

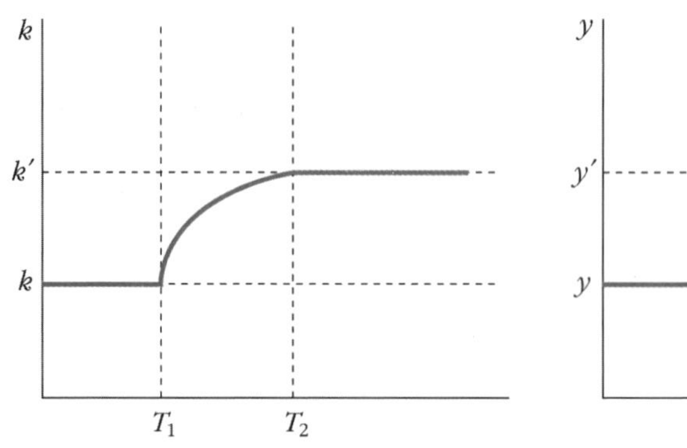

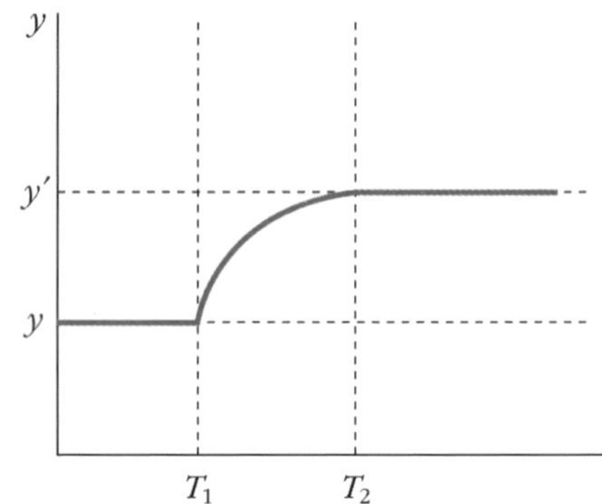

5) 자본축적의 황금률이란 모든 사람이 만족하는 최적의 자본축적 상태가 존재하며 이는 균제상태에서 일인당 소비를 극대화하는 상태를 의미한다.

황금률의 조건은 $MPK = \delta + n + g$이다.

따라서 $\frac{1}{3}\hat{k}^{-\frac{2}{3}} = \delta + n + g$이고 정리하면, $\hat{k_g} = \left(\frac{1}{3(\delta + n + g)}\right)^{3/2}$이다.

$s_g = \frac{(\delta + n + g)\hat{k_g^*}}{f(\hat{k_g^*})}$ 식에 $f\left(\hat{k_g^*}\right) = \left(\hat{k_g^*}\right)^{1/3} = \left(\frac{1}{3(\delta + n + g)}\right)^{1/3}$를 대입하면

$s_g = \frac{1}{3}$ 이다.

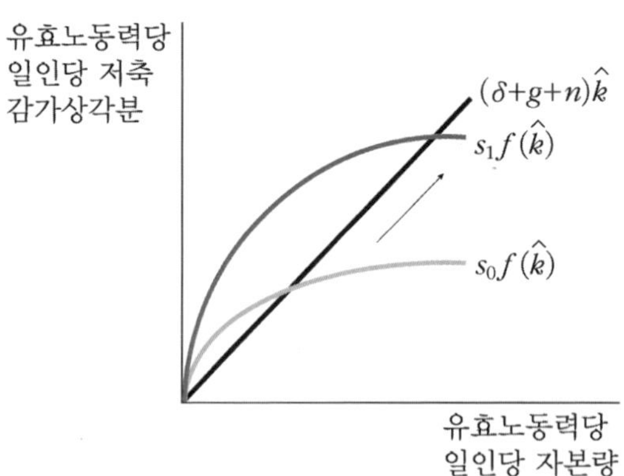

[그림 6-14]

6) 만약 정부가 소비에 대해 세금을 부과한다면, 소비가 감소하고 저축이 증가할 것이다. 현재 주어진 저축률은 황금률의 저축률보다 낮다고 하였으므로, 이러한 정책은 황금률수준의 저축률에 가까워지게 할 것이다. <그림 6−14>에서 저축률이 증가하면 $\hat{k}$와 $\hat{y}$는 증가한다. $\hat{c}$는 저축률이 증가한 후, 황금률 수준에 가까워질 수 있는데, 그렇다면 $\hat{c}$는 감소한다. 만약 소비수준이 감소할수록 사회전체적인 후생이 증가한다면 이 정책은 바람직하다고 할 수 있으나, 이때 만약 경제주체들이 미래보다 현재를 중시한다고 하면 지금의 소비를 줄이는 것이 오히려 효용의 감소를 가져올 수도 있다. 이 경우에는 바람직하지 못한 정책이라 평가할 수 있겠다.

11. 1) 생산함수는 $Y = K^{\frac{1}{2}} L^{\frac{1}{2}}$이며 전체 노동 가능인구($L$)는 일정하고, 차별에 의해 생산에 참여하지 못하는 그룹인 L_M과 생산에 참여하는 그룹인 L_F로 나뉜다. $\overline{L} = L_M + L_F$로 $L_M = \alpha L$이고 $L_F = (1-\alpha)L$이다(단, $0 < \alpha < 1$). 이 문제에서는 $\alpha = \frac{1}{2}$이므로 $L_M = L_F = \frac{1}{2}L$이다. 이 경제에서 경제활동 참여에 차별이 있는 경우의 총생산량(Y^d)을 구해보자.

$$Y^d = K^{\frac{1}{2}} L_F^{\frac{1}{2}} = K^{\frac{1}{2}}((1-\alpha)L)^{\frac{1}{2}}$$

따라서, 차별이 존재할 때 생산에 참여한 노동자 1인당 생산량(y^d)은 다음과 같다.

$$y^d \equiv \frac{Y^d}{L_F} = \left(\frac{K}{(1-\alpha)L}\right)^{\frac{1}{2}} \cdots ①$$

이 문제에서처럼 $\alpha = \frac{1}{2}$일 때 $y^d = \left(\frac{2K}{L}\right)^{\frac{1}{2}}$이고 문제에서 $y^d = 10$이므로

$$Y^d = y^d L_F = 10\,L_F = 10(1-\alpha)\overline{L} = 5\overline{L} \quad \left(\because\ \alpha = \frac{1}{2}\right)$$

$$Y^d = y^d L_F = 10L_F = 10(1-\alpha)\overline{L} = 5\overline{L} \quad \left(\because\ \alpha = \frac{1}{2}\right)$$

①식에서 $\left(\frac{K}{L}\right)^{\frac{1}{2}} = (1-\alpha)^{\frac{1}{2}} y^d = 5\sqrt{2} \quad \left(\because\ \alpha = \frac{1}{2}\right)$이다.

차별이 없을 때의 생산량을 구하면 다음과 같다.

$$Y=\left(\frac{K}{L}\right)^{\frac{1}{2}}L=(1-\alpha)^{\frac{1}{2}}y^d\,\overline{L}=5\sqrt{2}\,\overline{L}$$

이 경제의 차별로 인한 총생산의 손실을 구해보자.

$$Y-Y^d=\left[(1-\alpha)^{\frac{1}{2}}-(1-\alpha)\right]y^d\,\overline{L}$$

$$=\left[(1-\alpha)^{-\frac{1}{2}}-1\right]10\,(1-\alpha)\overline{L}=\left[(1-\alpha)^{-\frac{1}{2}}-1\right]Y^d$$

이때, 이 문제에서처럼 $\alpha=\frac{1}{2}$인 경우 총생산의 손실은 $(\sqrt{2}-1)5\,\overline{L}$이다. 또는 Y^d의 $(\sqrt{2}-1)\times100\%$ 만큼 손실이 발생한다고 말할 수 있다. 즉, 현재 생산량의 약 40%만큼 손실이 발생한다.

2) 솔로우 모형에 따라 성장하는 경제에서 M이 노동에 참여하지 못함으로써 생기는 총 손실을 구하는 방법을 생각해 보자. 우선, 솔로우 성장 모형에 따라 경제활동에 차별이 있는 경우 즉, F만 일을 하는 경우와 차별이 없이 M도 일을 하는 경우 각각의 자본 축적식을 이용해 각 경우의 균제상태를 구할 수 있다. 이 두 경우를 비교해 보면 차별이 없는 경우의 자본 축적이 더 빠르기 때문에 성장률 또한 빠르다. 따라서 <그림 6-15>의 위 패널과 같이 초기자본량(K_0)에서 각각의 경로를 따라 자본 축적이 일어나고 균제상태에서의 자본량은 차별이 없는 경우가 더 크다. 또한 차별의 존재 여부에 따른 생산량의 증가도 <그림 6-15>의 아래 패널에서와 같이 확인할 수 있다. 그러므로 이 경제에서 차별로 인한 총 손실은 차별이 없는 경우의 Y의 성장경로선과 차별이 있는 경우의 Y^d의 성장경로선 사이의 넓이를 적분함으로써 구할 수 있다. 이는 <그림 6-15>의 아래 패널에서 빗금 친 부분의 넓이(S)로 표현된다. 이를 현재가치로 계산하는 경우 미래의 생산은 '사회적 할인율'로 할인해서 합계한다. (주어진 생산함수를 가지고 솔로우 성장 모형에 따라 계산해 보면 균제상태에서 차별이 존재하는 경우의 자본량은 차별이 존재하지 않는 경우의 $\frac{1}{2}$ 즉, $K_{ss}^d=\frac{1}{2}K_{ss}$이고 차별이 존재하는 경우의 생산량은 차별이 존재하지 않는 경우의 $\frac{1}{\sqrt{2}}\approx0.70$ 즉, $Y_{ss}^d=\frac{1}{\sqrt{2}}Y_{ss}$이다.)

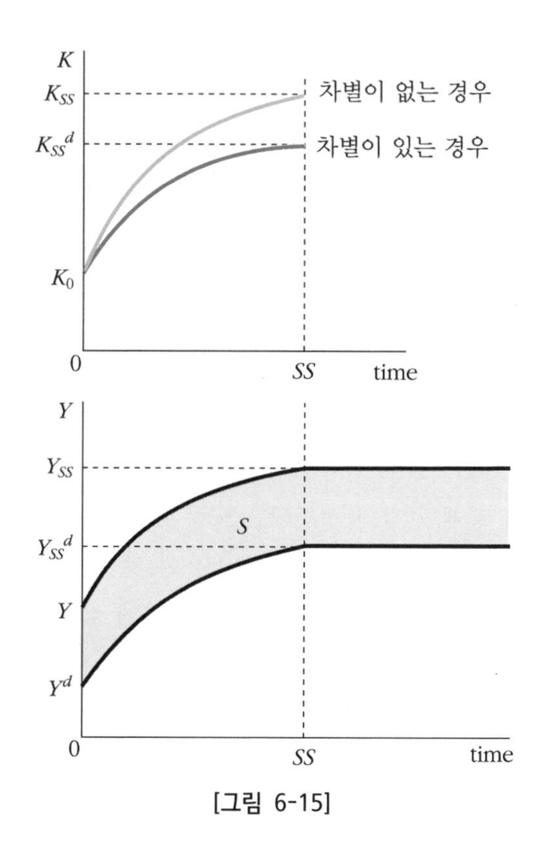

[그림 6-15]

12. 1)

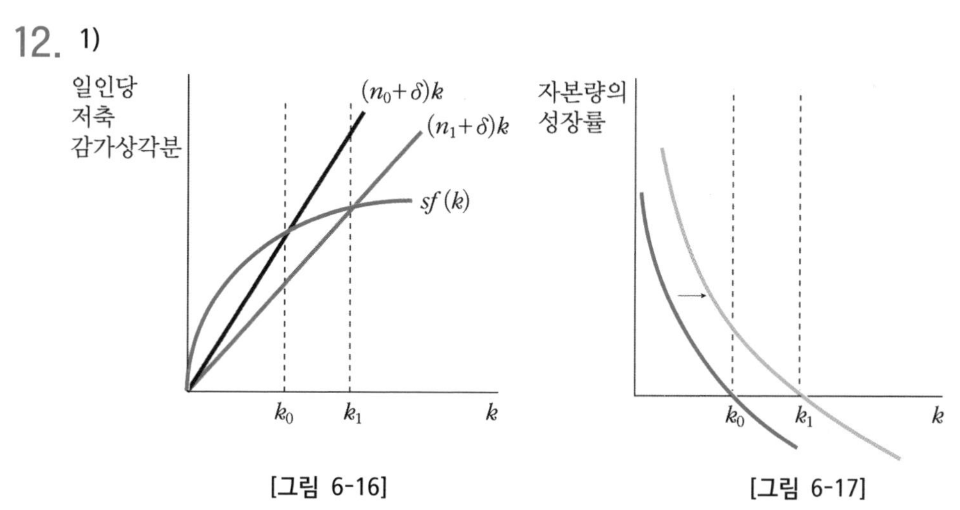

[그림 6-16]

[그림 6-17]

$\frac{\Delta k}{k} = \frac{sf(k)}{k} - (\delta + n)$ 에서 n이 감소하면 $\frac{\Delta k}{k}$이 증가하므로 일인당 자본의 성장률이 증가하였다 0으로 감소한다. 그리고 $\frac{\Delta Y}{Y} = \frac{\Delta y}{y} + \frac{\Delta L}{L} = \frac{\Delta y}{y} + n$ 이므로 경제전체의 성장률은 균제상태에서는 n이다. 따라서 균제상태에서 경제전체의 성장률은 감소한다. 하지만 이동경로에서는 $\frac{\Delta y}{y}$는 증가하고 n은 감소하므로 경제전체의 성장률이 어떻게 변할지는 모호하다.

2) 인구구조의 고령화는 경제 사회 전반에 걸쳐 지대한 영향을 불러 올 수 있다. 먼저 고령화는 그 자체로도 고령 인력의 비중 증가를 통해 평균노동생산성에 직접적으로 영향을 미칠 뿐만 아니라 저축 및 투자 행태의 변화를 통하여 경제의 장기 성장에도 영향을 미칠 것으로 예상된다. 일반적으로 고령화가 진전될 경우, 노년부양율의 증가로 인해 저축률이 낮아질 수 있다. 또한 고령 인구의 증가는 연금, 보건, 복지 등의 정부지출에 대한 압력을 상승시켜 대체로 정부 저축에도 음의 영향을 미칠 것으로 예상된다. 또한 노동인구의 증가율이 둔화되고 이에 따른 경제성장률 역시 침체될 것이다. 이렇듯 인구 고령화는 노동 투입의 감소와 함께 저축의 감소를 통해 성장동력을 저하시키는 방향으로 작용할 것으로 예상된다.

더 생각해볼 문제들

01. (2011 행정고등고시(재경) 기출문제)

신고전파 경제성장모형과 관련하여 다음 물음에 답하시오.

$Y_t = K_t^{\alpha}(A_t L_t)^{1-\alpha}$: t기의 생산함수

$\dot{K}_t = s\,Y_t - \delta K_t$: 자본축적함수

[단, Y: 산출량, A: 기술 수준, K: 자본 스톡, L: 노동, s: 저축률(상수), δ: 감가상각률, α: 자본계수, n: 인구증가율(상수), g_A: 기술증가율(상수)]

1) 균제상태(steady state)하에서 1인당 국민소득수준과 경제성장률(Y의 성장률)을 도출하시오.

2) M, N 두 나라는 저축률을 제외한 모든 조건이 동일하고, N국의 저축률(s_N)은 M국의 저축률(s_M)보다 높으며, M국은 황금률 균제상태에 도달해 있다. M국의 저축률(s_M)을 도출하고, 두 국가 간의 저축률 차이가 1인당 국민소득, 1인당 소비, 경제성장률(Y의 성장률)에 미치는 영향을 분석하시오.

02. (2009 외무고등고시 기출문제)

아래와 같은 Cobb-Douglas 생산함수를 가진 경제가 완전경쟁하에 있으며, 노동소득이 GDP(Y)의 60%를 차지한다고 가정한다.

$Y = AK^{\alpha}L^{1-\alpha}$

1) 이 경제의 한 해 GDP 성장률은 6%, 자본(K)과 노동(L)의 투입 증가율은 각각 5%를 기록하였다. 이 기간 중 이 경제의 총요소생산성(A)의 증가율을 계산하시오.

2) 이 경제의 감가상각률과 인구증가율이 각각 5%라고 할 때, Solow 성장모형에서 말하는 황금률(golden rule) 수준의 저축률을 구하시오.

3) 두 개의 폐쇄 경제 H와 F가 위와 같이 동일한 생산함수를 가지고 있고, 경제 H가 경제 F보다는 많은 양의 초기자본을 보유하고 있다는 것 이외에는 모든 면에서 두 경제가 동일하다고 할 때, Solow 성장모형 상의 두 경제의 장·단기 1인당 GDP 성장률은 어떤 차이를 보이는지 설명하시오. (단, 두 경제의 초기자본량은 균제상태의 자본량보다는 작다)

03. (2012 외무고등고시 기출문제)

인구규모, 인구증가율 및 인구구성(demographics)의 변화가 경제성장에 미치는 효과를 Solow 모형을 이용하여 분석하시오.

1) 남한과 북한이 통일되어 남한으로 대규모의 노동 유입이 이루어질 경우 남한의 1인당 소득 수준과 1인당 소득 증가율이 어떤 영향을 받는지 분석하시오.

2) 최근 인구 고령화 때문에 경제성장이 둔화될 것이라는 우려가 제기되고 있다. 이 우려가 타당한지를 분석하시오.

3) 출산율의 저하가 1인당 소득 수준과 국내총생산(GDP) 증가율에 미치는 영향을 분석하시오.

제 7 장 장기경제성장 Ⅱ: 내생적 성장이론

01. 1) **옳지 않다.** 솔로우 성장모형도 장기적으로는 기술진보율을 중요시한다. 내생적 성장이론과 솔로우 성장모형의 차이점은 기술진보율이 내생적이냐 혹은 외생적이냐의 차이이다.

2) **옳지 않다.** 기술은 부분적으로 배제가 가능하기 때문에 민간부문에서 생산이 가능하다. 배제가 가능하다면 그에 따라 돈을 받고 비용을 회수하여 이익을 누릴 수 있기 때문에 민간이 생산할 유인이 있다.

3) **옳지 않다.** 일반적으로 투자가 많을수록 한 경제의 생산에서 소비의 몫이 감소하므로 반드시 좋다고 할 수 없다. 그리고 연구개발 투자의 경우 중복투자를 초래하는 부작용을 가져 올 수 있다. 기술은 자본과 달리 공동소비되는 성격을 가지므로, 똑같은 기술이라면 가장 잘 할 수 있는 생산자가 개발하는 것이 경제적이다. 만약 같은 기술을 개발하기 위해 많은 연구기관들이 투자를 하는 경우 먼저 개발에 성공한 기관의 투자를 제외한 나머지의 투자는 낭비가 되는 셈이다.

4) **옳지 않다.** 특허권을 정지시킨다면 지금 당장은 사회적으로 이익이 증가할 수 있다. 하지만 대규모 투자가 필요한 경우 일정한 이윤을 보장해 주지 않는다면 투자비용의 회수가 어려워짐에 따라 장기적으로 기술 개발의 유인이 감소한다. 따라서 특허권의 정지가 바람직하다고 말할 수 없다.

02. 1) 비경합성이란 재화의 공동소비가 가능하다는 것을 의미한다. 지식은 비경합성을 갖는 대표적인 예라고 할 수 있다. 예를 들어 다른 사람이 수학공식이나 인터넷을 사용한다고 해서 동시에 내가 사용할 수 없는 것은 아니다. 이러한 지식을 통해 기술개발을 할 때에는, 고정비용이 매우 크기 때문에 그 비용을 감당할 기업이 많지 않다. 따라서 기술개발 시 자연독점이 나타나고 기업은 그 고정비용을 회수하기 위해 한계비용보다 높은 수준으로 가격을 설정하고 초과이윤을 얻는다. 이러한 독점상태에서도 독점기업이 규제되지 않는 이유는 개발자 보호를 위해 지식에 대한 독점권, 특허권을 설정해 주기 때문이다. 만약 이러한 권리를 보장해주지 않고 독점기업을 규제한다면, 다른 사람이 개발한 것을 베껴서 쓸 수 있고 이윤을 창출할 수 없기 때문에 아무도 지식을 통해 기술개발을 하려 하지 않을 것이다. 이러한 이유로 인해 지식의 생산이 주로 불완전경쟁시장에서 이루어진다.

2) 내생적 기술진보모형에 의하면, 기술을 발전시키는 사람은 기술이 주는 양의 외부효과를 염두에 두지 않기 때문에 사회적으로 과소 생산하게 된다. 기술개발을 통해 사회에 좋은 영향을 미치지만 그에 대한 대가를 받지 못하기 때문이다. 따라서 경제전체에 미치는 자본 축적의 외부효과를 고려하지 않는 개별기업의 경우 기술개발에 대한 투자를 최적보다 적게 할 가능성이 존재한다. 이때문에 정부는 기술개발을 위한 인센티브로 민간기업에 보조금을 줄 수 있다. 이는 민간의 기술 개발을 촉진할 유인이 될 수 있다. 하지만 현실에서 기술발전은 특성상 대규모 투자가 필요하여 많은 기업들 중 시장지배력을 행사하며 독점적 이익을 가진 주도자가 투자를 하여 기술개발을 하고 이로부터 이윤을 창출하는 불완전경쟁의 과정에서 이루어지는 경향이 있기 때문에, 독점기업으로 초과이윤을 누리고 있는 기업에게 보조금을 주는 것은 바람직하지 않을 수도 있다.

03. 1) 유효노동력당 자본과 유효노동력당 생산을 $\hat{k}=\frac{K}{AL}$, $\hat{y}=\frac{Y}{AL}=\hat{k}^{1-\alpha}$라 하고 자본축적식인 $\triangle K=sY-\delta K$을 이용하자.

균제상태는 $\frac{\Delta \hat{k}}{k} = \frac{\Delta K}{K} - \frac{\Delta A}{A} - \frac{\Delta L}{L} = \frac{s\hat{y}}{\hat{k}} - (\delta + g) = 0 \quad (\because n = 0)$인 상태이므로 $s\hat{y} = (\delta + g)\hat{k}$이다. 따라서 $\hat{k} = \left(\frac{s}{\delta + g}\right)^{\frac{1}{\alpha}}$이다.

따라서 균제상태에서의 일인당 자본량(k)과 일인당 생산량(y)은,

$k = A\hat{k} = A_0\left(\frac{s}{\delta + g}\right)^{\frac{1}{\alpha}}$, $y = A\hat{k}^{1-\alpha} = A_0\left(\frac{s}{\delta + g}\right)^{\frac{1-\alpha}{\alpha}}$ 이다.

또한 $\frac{\Delta \hat{k}}{\hat{k}} = \frac{\Delta K}{K} - \frac{\Delta A}{A} - \frac{\Delta L}{L} = \frac{s\hat{y}}{\hat{k}} - (\delta + g) = 0$이므로,

일인당 자본량과 일인당 생산량의 성장률은

$\frac{\Delta k}{k} = \frac{\Delta \hat{k}}{\hat{k}} + \frac{\Delta A}{A} = g$이고 $\frac{\Delta y}{y} = \frac{\Delta A}{A} + (1-\alpha)\frac{\Delta \hat{k}}{\hat{k}} = g$이다.

2) $\frac{\Delta \hat{k}}{\hat{k}} = \frac{s\hat{y}}{\hat{k}} - (\delta + g) = s\hat{k}^{-\alpha} - (\delta + g) = sA^{\alpha}k^{-\alpha} - (\delta + g)$에서 A가 증가하므로 $\frac{\Delta \hat{k}}{\hat{k}}$은 증가하였다가 0으로 수렴한다. 균제상태의 $\hat{k}$와 $\hat{y}$는 변화하지 않는다. 또한, $\frac{\Delta k}{k}$와 $\frac{\Delta y}{y}$는 여전히 g로 변화가 없고, 균제상태에서 k와 y는 증가한다.

3) $\Delta A = \phi A L_A$, 여기서 ϕ는 연구개발과정의 효율성지표를 L_A는 연구개발인력을 의미한다.

04. 1) 이 모형에서 자본의 평균생산성은 $\frac{Y}{K} = A$로 일정하므로 자본의 평균생산성의 증가율은 0이 된다. 이를 수식을 통해 살펴보면 $Y = AK$에 자연로그를 취한 뒤 시간에 대하여 미분하면, $\frac{\Delta Y}{Y} = \frac{\Delta A}{A} + \frac{\Delta K}{K}$이고, $\frac{\Delta Y}{Y} - \frac{\Delta K}{K} = \frac{\Delta Y}{Y} - \frac{\Delta K}{K} = \frac{\Delta A}{A} = 0$이다. 따라서 자본의 평균생산성의 증가율은 0이고 이는 $\frac{\Delta Y}{Y} = \frac{\Delta K}{K}$과 같이 쓸 수 있다. 이 경제의 자본축본축적식은 $\Delta K = sY - \delta K$이고 $\Delta K = sAK - \delta K$이므로 $\frac{\Delta K}{K} = sA - \delta$이다. 따라서 $\frac{\Delta Y}{Y} = sA - \delta$이다. 이때, s, A, δ가 일정 하기 때문에 Y의 성장률도 일정하지만 $sA > \delta$가 성립하는 한 이 경제는 지속적인 양의 성장률을 보이게 된다.

2) AK모형의 가장 큰 특징은 자본의 한계생산성이 A와 같고 이 경제에서 이는 일정하고 체감하지 않는다는 것이다. 따라서 두 국가의 s, A, δ가 동일하고 자본량의 크기는 1국이 2국보다 클 경우, 두 국가 간에 소득의 수렴현상은 발행하지 않는다.

05. 1) 저축률을 높이면 균제상태로 가는 이동경로에서의 경제성장률을 높일 수 있다. 그러나 저축률의 증가로는 균제상태에서의 경제성장률을 변화시킬 수 없기 때문에 SoccerOnly의 장기성장률을 높일 수 없다.

2) 노동생산성(Y/L)은 노동자 한 명 당 혹은 노동시간 한 시간 당 생산량을 의미하며 생산요소로서의 노동은 한계생산이 체감하기 때문에 결국 노동생산성도 감소한다. 하지만 총요소생산성은 생산함수 $Y=F(K, AL)$의 A를 의미하며 이는 기술수준, 경제의 효율성 등을 포함하는 개념으로 경제 전체의 생산성을 의미한다. 경제성장 모형에 따르면 총요소생산성은 장기 성장률을 결정하므로 이 두 가지를 구별하는 것은 중요하다.

3) 한국에서 유학하며 한국의 선진기술을 습득한 SoccerOnly의 학생들이 귀국하여 Socceronly의 기술수준을 높이며 기술진보율을 향상시키면 경제성장률을 높일 수 있다.

4) 나쁜 기후로 인해 국민들의 영양상태가 좋지 않다면 노동자의 건강(health)이 좋지 않아 노동의 질(quality)이 낮아 경제성장을 저해할 수 있다. 이는 인적 자본의 육성에 소홀할 수 있음을 시사한다. 또한 나쁜 지리적 여건으로 태풍과 같은 자연 재해가 많다면 장기적인 투자 및 기술 개발 투자에 소극적이고 이로 인해 경제성장률이 낮아질 수 있다.

06. 1) 콥-더글라스 생산함수를 가정하므로 $Y_t = A_t L_t^{\alpha} K_t^{\beta}$, α, β는 상수라 하자. 국민소득 삼면 등가의 법칙을 생각해 보면 생산은 소득과 같고 이는 투입된 생산요소의 몫으로 분배된다. 따라서 다음의 식이 성립한다.

$A_t L_t^{\alpha} K_t^{\beta} = Y_t = w_t L_t + r_t K_t$ (여기서 w_t는 임금, r_t는 자본임대료임)

균형에서 임금은 노동의 한계생산물과 같고, 자본임대료는 자본의 한계생산물과 같기 때문에 다음의 조건을 이용한다.

$w_t = MPL = \alpha A_t L_t^{\alpha-1} K_t^{\beta}$, $r_t = MPK = \beta A_t L_t^{\alpha} K_t^{\beta-1}$ 정의에 따라,

$$\text{노동소득분배율} = \frac{w_t L_t}{Y_t} = \frac{\alpha A_t L_t^{\alpha-1} K_t^{\beta} L_t}{Y_t} = \frac{\alpha A_t L_t^{\alpha} K_t^{\beta}}{Y_t} = \alpha \ (\text{상수})$$

2) 노동과 자본의 대체탄력성이 1보다 크다는 말은 노동과 자본의 생산요소 가격비율(w/r)의 변화율 보다 요소투입비율(K/L)이 변화율이 더 크다는 뜻이다. 따라서 w이 상승하여 $\frac{w}{r}$이 증가할수록 $\frac{K}{L}$이 더 큰 비율로 증가하며, 이는 L에서 K로의 대체가 더 크게 일어난다는 의미이다. 그러므로 이 경우 노동소득분배율이 감소할 수 있다.

3) 생산함수가 콥-더글라스 생산함수인 경우, 1)에서 보듯이 노동소득분배율이 항상 일정하다. 하지만 노동과 자본의 대체탄력성이 1보다 작은 경우, 노동증대형 기술진보에서는 기술의 진보로 인하여 유효노동력이 증가하면 노동과 자본의 가격비율의 하락폭이 더 크다. 이 경우 노동증대형 기술진보로 인해 노동의 몫이 작아짐을 설명할 수 있다.

4) 숙련노동자의 공급이 많아지고 숙련 편향적 기술진보가 일어나게 되면 숙련노동자를 더 많이 사용하게 되므로 상대적으로 비숙련노동자의 고용이 감소하고 이에 따라 비숙련노동자 임금이 하락하게 된다.

더 생각해 볼 문제들

01. (2008 입법고등고시 기출문제)

다음과 같은 생산함수를 상정한 성장모형을 고려하자.

$Y = AK + BL$

여기서 Y는 총생산, K는 자본, L은 노동이다. 그리고 A와 B는 양의 상수이다. 자본의 변화는 $\Delta K = I - \delta K$로 주어지고, I는 투자로서 $I = sY$로 주어진다. 여기서 δ는 감가상각률, s는 저축률이다. 인구 증가율은 n, 즉 $\frac{\Delta L}{L} = n$이다.

1) 일인당 소득과 자본을 각각 y, k라 할 경우, 일인당 생산함수와 일인당 자본의 변화를 수식으로 나타내시오.

2) 저축률에 따라 장기의 일인당 소득이 정체될 수 있고, 지속적 증가가 일어날 수도 있음을 설명하시오. (그래프를 활용하여 설명하는 것이 좋다.)

02. (2013 행정고등고시(재경) 기출문제)

국가 i와 국가 j의 1인당 GDP의 성장률을 비교하려고 한다. 두 국가 모두 아직 정상상태(steady state)에 진입하지 못한 상태이며, 국가 i와 국가 j의 1인당 자본량(k)은 다음과 같이 축적된다.

> ○ 국가 i: $k_i' - k_i = s_i A k_i^{\alpha} h_i^{1-\alpha} - (n_i + \delta) k_i$
>
> ○ 국가 j: $k_j' - k_j = s_j A k_j^{\alpha} h_j^{1-\alpha} - (n_j + \delta) k_j$
>
> (k는 올해 초의 1인당 자본량, k'는 내년 초의 1인당 자본량, s는 저축률, A는 생산성, h는 1인당 평균 교육수준, n은 인구증가율, δ는 자본의 감가상각률, $0 < \alpha < 1$)

국가 i와 국가 j의 1인당 GDP은 다음과 같이 결정된다.

> ○ 국가 i: $y_i = A k_i^{\alpha} h_i^{1-\alpha}$
>
> ○ 국가 j: $y_j = A k_j^{\alpha} h_j^{1-\alpha}$

두 국가의 1인당 평균 교육수준은 올해 초와 내년 초가 동일하다는 가정하에 위와 같이 제시된 모형을 사용하여 다음 물음에 답하시오.

1) 두 국가의 인구증가율, 1인당 평균 교육수준 및 올해 초의 1인당 GDP가 동일하지만, 국가 i의 저축률이 국가 j보다 높다고 한다. 두 국가의 올해 1인당 GDP 성장률을 비교하여 설명하시오.

2) 두 국가의 저축률, 1인당 평균 교육수준 및 올해 초의 1인당 GDP가 동일하지만, 국가 i의 인구증가율이 국가 j보다 높다고 한다. 두 국가의 올해 1인당 GDP 성장률을 비교하여 설명하시오.

3) 두 국가의 저축률, 인구증가율 및 올해 초의 1인당 자본량이 동일하지만, 국가 i의 1인당 평균 교육수준이 국가 j보다 높다고 한다. 두 국가의 올해 1인당 GDP 성장률을 비교하여 설명하시오.

제 8 장 경기변동현상과 장 · 단기균형

01. 1) **불확실하다.** 케인즈학파의 입장에서는 참이다. 하지만 경기변동을 각 충격에 대응한 경제주체들의 합리적 의사결정의 결과로 보는 실물경기변동론자들의 입장에 따르면 거짓이다.

2) **옳지 않다.** 케인즈학파에 따르면 기술충격에 의해서만 경기변동이 이루어져도 경기변동을 안정화하면 경제주체들의 후생이 증가할 수 있다.

02. 1) 소비 – 경기순행

2) 투자 – 경기순행

3) 화폐량 – 경기순행

4) 실업률 – 경기역행

5) 인플레이션율 – 경기순행

6) 명목이자율 – 경기순행

03. 1) 투자 – 경기선행변수

2) 수입 – 경기동행변수

3) 주가 – 경기선행변수

4) 화폐량 – 경기선행변수

5) 건설수주량 – 경기선행변수

6) 인플레이션율 – 경기후행변수

7) 이자율 – 경기후행변수

04. 1) 〈그림 8-1〉을 보면 충격이 오기 전 경제의 단기 및 장기균형은 A점에 위치하고 있으며 총생산은 $\overline{Y}$수준이다. 소비 심리의 위축으로 총수요가 감소하면, 주어진 가격수준 하에서 총수요가 감소하여 총수요곡선이 좌측 이동하며 균형이 B점으로 이동한다. 가격이 변하지 않는 단기에서의 균형은 B점에서 형성된다. 하지만 B점은 단기에서만 성립하며 가격이 조정되는 장기에는 더 이상 유지될 수 없다. B점에서 경제의 총수요는 장기균형에서 공급가능한 생산수준($\overline{Y}$)보다 작기 때문에 가격하락 압력이 작용한다. 장기에서는 가격 하락 압력이 실제 가격하락으로 이어지기 때문에, 새로운 총수요곡선 AD_1과 장기총공급곡선이 만나는 C점에서 장기균형이 달성된다.

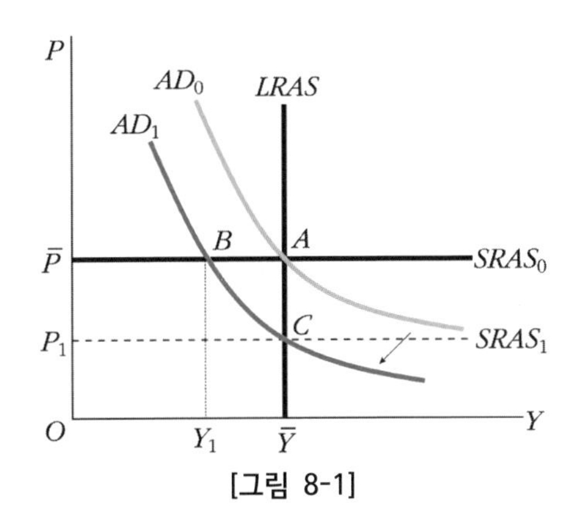

[그림 8-1]

2) 〈그림 8-2〉를 보자. 원유가격의 상승은 재화와 서비스의 생산비용을 상승시켜 주어진 총생산하에서 가격이 상승하고 단기총공급곡선이 위로 이동하며 이에 따라 단기 균형점이 B에서 결정된다. 하지만 B점은 단기에서만 성립하며, 장기에는 가격의 완전한 조정이 이루어져 생산자들은 가격을 낮출 수 있게 되고, 총공급곡선은 하락하여 장기균형 A점을 회복한다.

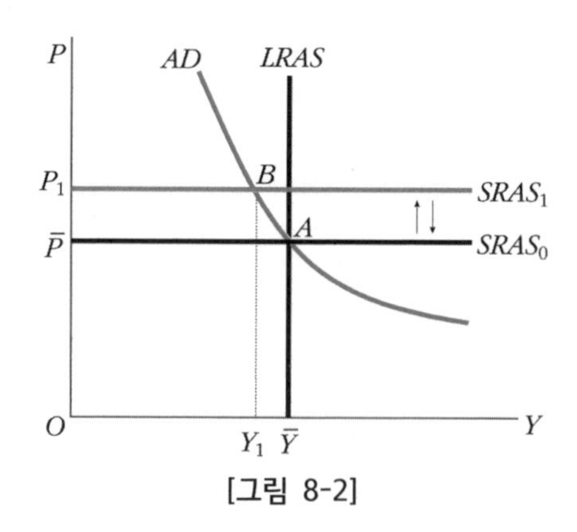

[그림 8-2]

3) 단기적인 충격을 완화하기 위해 정부가 정부지출을 증가하는 정책을 펼쳤다고 하자. <그림 8-3>을 보면 1)에서 정부지출을 증가시킬 경우 좌측이동 하였던 AD가 다시 우측이동하여 A점을 회복할 수 있다. 하지만 2)에서 정부지출을 증가시킬 경우 AD가 우측이동하여 C점에서 균형이 달성된다. 1)의 A점과 2)의 C점을 비교해 보면 총생산은 회복되었지만 물가는 원래 A점보다 상승하였다. 1)과 달리 2)는 정부지출을 증가시키는 정책이 물가를 상승시키기 때문에 1)의 경우에 정부의 개입정책이 더 바람직하다고 볼 수 있다.

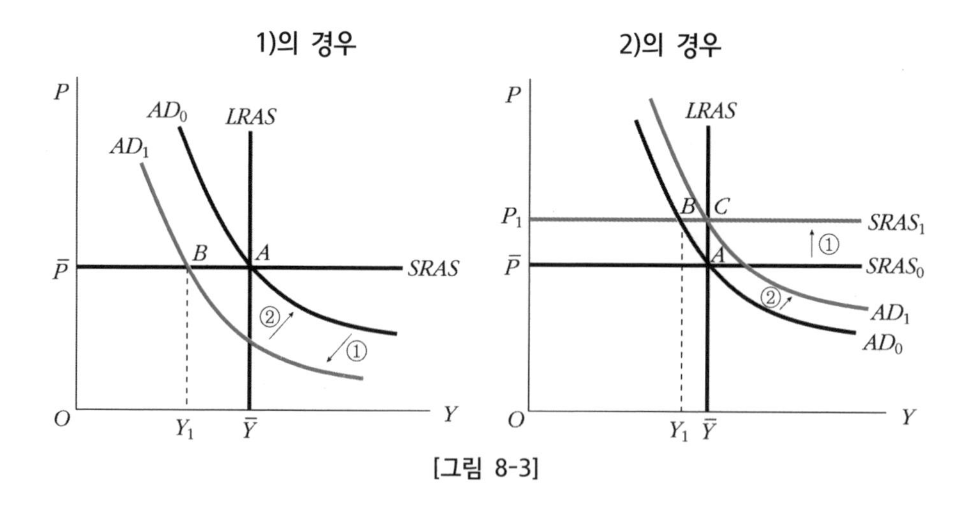

[그림 8-3]

05. 대공황은 전 세계적 경기침체로서, 자산가격의 폭락, 생산의 급격한 감소, 실업률의 증가, 물가와 명목이자율의 급격한 하락 등 디플레이션을 특징으로 하였다. 이러한 예상된 디플레이션으로 인해 기대인플레이션율이 하락하여 주어진 명목이자율 수준에서 실질이자율이 상승하고 투자가 감소하여 AD곡선이 좌측이동하면서 불황이 더욱 심화되었다.

최근 금융기관의 부실로 발생한 경제위기는 가계 실질 소득의 감소 및 부채 조정에 따른 소비 감소와 불확실성 증가에 따른 투자 감소 등의 실물 부문 충격은 물론, 화폐수요증가 및 통화승수의 감소에 따른 화폐공급 감소라는 화폐부문의 충격도 유발한다. 이때 통화당국이 유동성 확대정책을 시행하면 유동성 함정에 빠진 경제 내에서 기대인플레이션율을 증가시켜 피셔방정식에 따라 실질이자율을 낮추는 효과를 가진다. 이로 인해 투자가 증가하고 총수요가 증가하여 대공황 때와는 달리 심각한 불황의 확산을 막고 불황의 극복을 기대할 수 있다.

〈그림 8-4〉를 보자. 현재의 경기침체 상황은 유동성함정 상황으로 볼 수 있다. 따라서 $SRAS$곡선은 수평선의 형태로 나타난다. 이때의 유동성 확대정책은 위에서 언급한 것처럼 투자를 증가시켜 AD곡선의 우측이동을 통하여 현재의 불황에서 탈출할 수 있다.

대공황과 현재의 불황, 경기침체는 총산출량의 급격한 감소와 금리 하락, 물가의 하락 현상을 나타내는 공통점이 있다. 이러한 상황에서의 확장적 재정지출정책은 AD곡선의 우측이동을 통하여 경기침체의 상황을 탈출하는 중요한 정책수단이 된다.

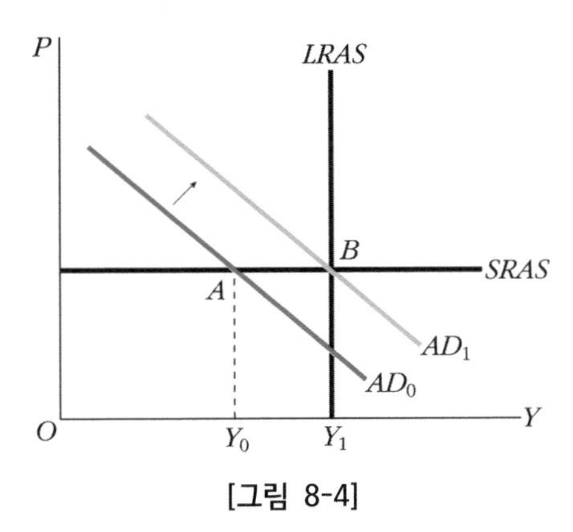

[그림 8-4]

제 9 장 거시경제의 총수요 결정

01. 1) 케인즈 기본모형에서 총수요는 $Y = c_0 + c_1 Y - c_1 \overline{T} + \overline{I} + \overline{G}$이고 이는 다시 $Y = \overline{A} + c_1 Y$(단, $\overline{A} \equiv c_0 - c_1 \overline{T} + \overline{I} + \overline{G}$)로 나타낼 수 있다. Y에 대해 정리하면 $Y = \frac{1}{1-c_1}\overline{A}$이고 이를 변화량으로 표시하면, $\Delta Y \equiv \frac{1}{1-c_1}\Delta \overline{A}$이다. 이때, 독립지출 중에서 오직 G만 변한다는 가정하에 정부지출승수를 구할 수 있다. 따라서 정부지출승수는 독립지출에서 다른 요인의 변함이 없이 정부지출(G)만 변했을 때 생산량이 얼마나 변하는지 나타내므로 $\frac{1}{1-c_1} = \frac{1}{1-0.6} = 2.5$이다.

2) IS곡선은 생산물시장의 균형을 달성시키는 총생산과 이자율의 관계를 나타내는 곡선이므로 $Y = C + I + G$로 표현할 수 있다.

$C = 0.8(1-t)Y - 2,000r + 40$이고 $I = -3,000r + 900$이므로,

$Y = 0.8(1-t)Y - 5000r + 940 + G$

$0.2Y = 0.8 \times t \times Y + 940 + G - 5000r$

$Y = 2350 + \frac{5}{2}G - 12500r$이다.

$G = 800,\ t = 0.25$를 대입하면 IS곡선 $Y = 4350 - 12500r$이 도출된다.

3) LM곡선은 화폐시장의 균형을 가져오는 총생산과 이자율의 관계를 나타내는 곡선이다. $M^s = 500,\ P = \$1$이고, LM곡선 상에서는 화폐수요와 화폐공급이 일치하므로, $m^s = m^d = 0.25Y - 6250r$이고 정리하면, $Y = 4m^s + 25000r$이다. $m^s = 500$을 대입하면 LM곡선 $Y = 2000 + 25000r$이 도출된다.

4) 균형에서 IS곡선과 LM곡선이 만나므로 $4350-12500r=2000+25000r$

이를 풀면,

$r=\frac{47}{750}$, $Y=\frac{10700}{3}$, $C=\frac{6164}{3}$, $I=712$

5) IS곡선에 $t=0.2$를 대입하면

$Y=0.64Y-5,000r+1,740$

$Y=-\frac{12500}{9}r+\frac{14500}{3}$

균형에서 IS곡선과 LM곡선이 만나므로 $-\frac{12500}{9}r+\frac{14500}{3}=25000r+2000$

이를 풀면,

$r=\frac{51}{475}$, $Y=\frac{89000}{19}$, $I=\frac{10980}{19}$

즉, 조세감소는 IS곡선을 오른쪽으로 이동시켜 균형에서 총생산량과 이자율 모두 상승한다. 이자율이 상승했으므로 투자는 감소한다.

6) 1)식의 소비함수는 케인즈의 소비함수이다. 케인즈 소비함수에서 현재소비를 결정하는 가장 중요한 변수는 현재소득이다. 케인즈의 이러한 소비함수는 소비의 '최적화' 과정에 의해 도출된 것이 아니라 케인즈의 통찰력에 의존하여 만들어져 "왜 합리적인 소비자들이 그러한 행태를 하는가"에 대한 설명이 결여되어 있다.

7) 프리드만의 항상소득가설에 따르면 소비는 전 생애에 걸친 예산제약과 밀접한 관계를 갖으며 항상소득에 의해 결정된다. 즉, 조세율인하로 인한 가처분소득의 증가가 영구적인 충격인 경우에만 소비가 증가하고 이에 따른 총수요 증대효과가 있어 생산량이 증가하고 이자율이 상승해 투자량이 감소하는 5)와 같은 결과가 나타날 것이다. 만약, 조세율인하가 일시적인 충격이고 다시 조세율인상이 예상된다면, 이는 항상소득의 증가가 아닌 일시소득의 증가일 뿐이므로 소비는 증가하지 않을 것이고 이에 따른 총수요 증대효과는 기대할 수 없을 것이다. 정부지출이 일정한 상태에서 조세율만 낮아진 경우라면, 공채발행을 통한 지출을 의미하며 이는 미래 세율의 상승을 의미한다. 따라서 세율인하로 인한 가처분소득의 증가는 항상소득의 증가로 볼 수 없으며 소비는 증가하지 않을 것이고 이에 따른 총

수요 증대효과 또한 기대할 수 없을 것이다. 이를 리카르도 등가정리라고 한다. 이때 필요한 가정은 항상소비는 항상소득의 함수이며, 일시소비와 일시소득 간, 항상소득과 일시소득 간, 항상소비와 일시소비 간에 상호독립적인 관계가 성립한다는 것이다.

02. 1) $Y = C + I + G$이므로

$Y = 0.8(Y - 500) + 100 - 1000r + 200 + 500 = 0.8Y - 1000r + 400$

IS곡선: $Y = -5000r + 2000$

2) $M^s = 500, P = 1$이므로 $\frac{M^s}{P} = 500$이다. LM곡선에서는 화폐수요와 화폐공급이 같으므로 $\frac{M^d}{P} = \frac{M^s}{P}$가 되어 $Y - 10000r = 500$이 된다.

LM곡선: $Y = 10000r + 500$

3) 균형에서는 $IS = LM$이므로 $-5000r + 2000 = 10000r + 500$이 되어,

$r_1 = 0.1$, $Y_1 = 1500$, $C_1 = 900$, $I_1 = 100$

4) 이러한 상황에서 독립투자의 크기가 90만큼 감소한다면 $I = -1000r + 110$이 되어 IS곡선에만 영향을 주고 LM곡선에는 영향을 주지 않는다.

IS곡선: $Y = 0.8Y - 1000r + 310 \Leftrightarrow Y = -5000r + 1550$

LM곡선: $Y = 10000r + 500$

균형에서 $IS = LM$이므로 $10000r + 500 = -5000r + 1550$이 되어,

$r_2 = 0.07$, $Y_2 = 1200$, $C_2 = 660$, $I_2 = 40$이 된다.

⇒ 3)과 비교하였을 때 단기에 있어 생산량은 300, 소비는 240, 투자는 60만큼 감소하였다.

5) 화폐공급을 x만큼 증가시킨다면 LM곡선은 $Y = 10000r + 500 + x$가 된다. 이때 총생산량을 처음으로 회복시키려고 하므로 IS곡선은 $Y = -5000r + 1550 = 1500$일 때 $r_2 = 0.01$이 된다. 구해진 값들을 균형조건 $IS = LM$식 $-5000r + 1550 = 10000r + 500 + x$에 대입하면 $x = 900$이 된다. 따라서 화폐공급을 900만큼 증가시키면 이전 수준의 총생산을 달성할 수 있게 된다.

6) A: 3)의 균형점, B: 4)의 균형점, C: 5)의 균형점

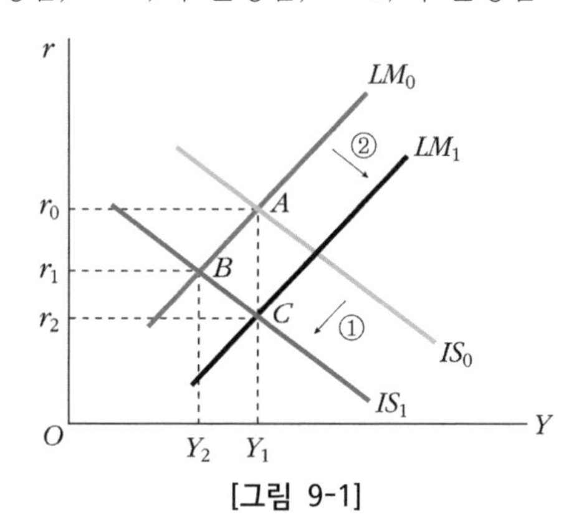

[그림 9-1]

7) AD곡선은 물가의 변화에 따라 총수요의 변화를 나타내는 곡선이다. AD곡선은 IS곡선과 LM곡선을 결합함으로써 도출할 수 있다.

IS곡선: $Y = -5000r + 2000 \Leftrightarrow r = \frac{2}{5} - \frac{Y}{5000}$

LM곡선: $\frac{M}{P} = \frac{500}{P} = Y - 10000r \Leftrightarrow r = \frac{Y}{10000} - \frac{1}{20P}$

$IS = LM$ 조건을 이용하여 AD곡선을 도출하면,

$\frac{2}{5} - \frac{Y}{5000} = \frac{Y}{10000} - \frac{1}{20P} \Leftrightarrow Y = \frac{4000}{3} + \frac{500}{3P}$

AD곡선: $Y = \frac{4000}{3} + \frac{500}{3P}$

8) 자연율수준의 생산량 Y_n이 2000이라면, 이때 물가는 $P = \frac{1}{4}$이 된다. 이 경제의 단기균형은 $P = 1$, $Y = 1500$이므로 생산량은 자연율수준의 생산량보다 작고 물가는 높은 상태이다. 단기균형에서의 총수요는 자연율수준의 생산량수준보다 작으므로 가격하락 압력을 받게 되고 물가가 $\frac{1}{4}$수준까지 하락하여 장기균형(자연율총생산 수준)으로 돌아가게 된다.

03. 완전고용상태에 있으므로 총생산이 일정하다면 지출승수는 0이다. 하지만 채권 발행을 통한 정부지출의 증가로 노동의욕 위축으로 노동 공급이 감소, 민간의 생산의욕 저하 등으로 총공급곡선이 좌측 이동하면 정부지출승수가 음의 값을 가질 수 있다.

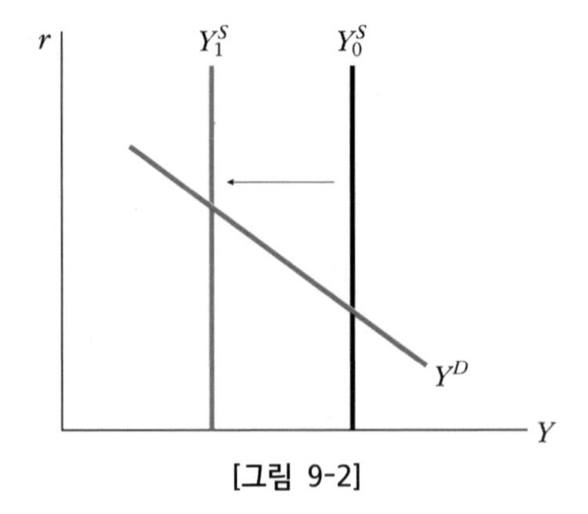

[그림 9-2]

제10장 *IS-LM* 모형과 정부의 총수요관리정책

01. 1) IS곡선: $Y=0.8Y-6r+420$

$0.2Y=-6r+420$

LM곡선: $160=0.2Y-4r$ 단, $P=\$1$

$0.2Y=4r+160$

2) 균형에서 IS곡선과 LM곡선이 만나므로

$-6r+420=4r+160$ $r=26$, $Y=1,320$

3) 통화공급이 증가할 경우 IS곡선은 변함없고 LM곡선만 $0.2Y=4r+180$으로 변한다. 균형에서 IS곡선과 LM곡선이 만나므로 $-6r+420=4r+180$ 이를 풀면 $r=24$, $Y=1,380$이다.

투자함수의 이자율탄력성이 클수록 IS곡선의 기울기가 완만해져 동일한 LM곡선의 이동이 총생산에 미치는 효과는 커지며 이자율 하락 폭은 적다. 즉 통화정책의 효과가 커진다. 반면, 화폐수요함수의 이자율탄력성이 클수록 LM곡선의 기울기는 완만해져 동일한 양의 화폐공급이 증가하는 경우 기울기가 가파를 때보다 총생산이 작게 증가하고 이자율하락 폭도 작다.

4) LM식에 $\frac{160}{P}=0.2Y-4r$에 IS식에 $r=-\frac{1}{30}Y+70$을 대입해 정리하면 AD곡선은 $Y=840+\frac{480}{P}$이 된다.

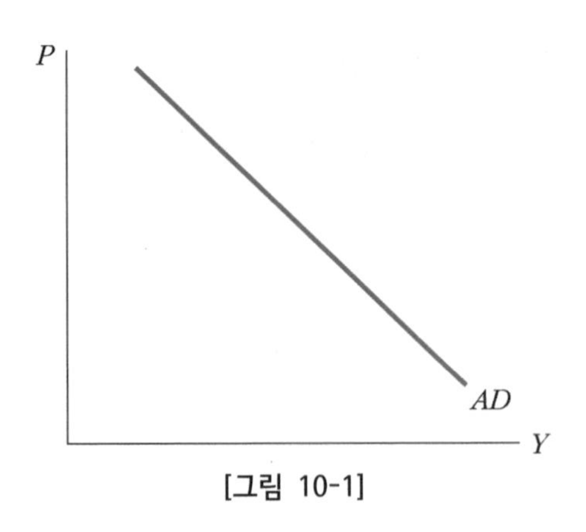

[그림 10-1]

02. 기대인플레이션율을 반영하는 새로운 IS곡선은 다음과 같다.

$$Y = C(Y_d) + I(i - \pi^e) + \overline{G}$$

따라서 기대인플레이션율(π^e)이 갑자기 하락하면, 단기에 명목이자율은 변함이 없으므로 실질이자율($i - \pi^e$)이 상승하게 된다. 실질이자율이 상승함에 따라 기업들이 투자를 줄임으로써 투자(I)가 감소하게 된다. 이에 따라 총수요가 감소하여 IS곡선은 왼쪽으로 이동한다. 결과적으로 총생산(Y) 또한 감소하여 소득이 감소하게 되고, 가처분소득(Y_d)의 감소에 따라 소비(C)가 감소한다. 이를 그림으로 나타내면 <그림 10-2>와 같다. 0기에 명목이자율은 i_0이며, 갑작스러운 기대인플레이션율(π^e)의 하락을 그대로 반영한다면 명목이자율은 i'의 수준에서 결정되어야 한다. 하지만 이는 총생산을 감소시키지 못하므로 명목이자율은 i_1의 수준에서 결정된다. 정리하면, 기대인플레이션율(π^e)의 하락으로 인해 명목이자율 또한 하락하지만, 기대인플레이션의 하락 정도를 모두 반영한 수치는 아니다. 한편 소비의 감소는 다른 측면에서도 설명할 수 있는데, 기대인플레이션율이 하락한다는 것은 미래 소비의 할인율이 증가한다고도 볼 수 있다. 따라서 소비자들이 현재에 소비를 해야 할 유인이 감소하므로 소비가 감소한다.

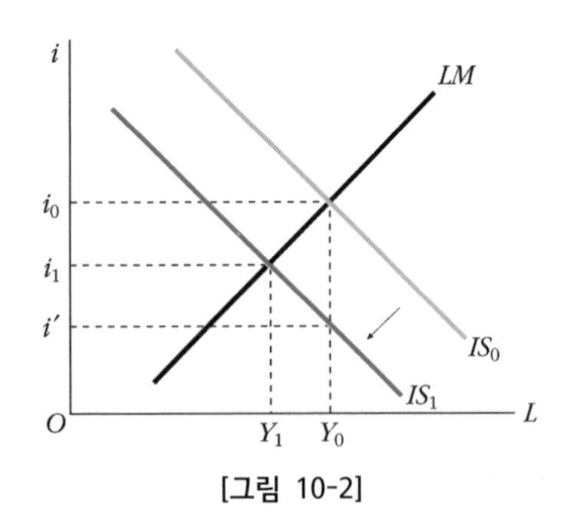

[그림 10-2]

03. 디플레이션이 기대된다는 것은 기업가들이 미래를 비관적으로 보게 되어 투자가 감소함을 의미함으로 *IS*곡선이 왼쪽으로 이동해 균형총생산량과 이자율이 감소한다.

1) 목표 인플레이션율을 정해 놓고 통화량을 계속 증가시키는 정책의 효과

통화량이 증가하면 *LM*곡선이 오른쪽으로 이동해 이자율이 하락하고 이는 투자의 증가를 가져와 단기총생산을 증가시킨다. 이 정책의 문제점은 불황기에는 화폐수요의 이자율탄력성이 클 수 있다는 것이다. 극단적인 경우로 *LM*곡선이 수평인 경우에는 통화량의 증가는 전혀 이자율을 변화시키지 못해 총수요에 미치는 영향력이 없는 유동성 함정에 빠진 경우를 들 수 있다. 또한 케인즈의 주장처럼 투자가 이자율에 좌우된다기보다 기업가의 동물적 본능에 좌우되어 투자의 이자율탄력성이 낮은 경우에는 이자율이 내려가도 투자가 증가하기 어렵다는 문제점이 있다.

2) 재정지출을 증가시키는 정책의 효과

정부지출의 증가는 *IS*곡선을 다시 오른쪽으로 이동해 이자율은 상승하고 단기총생산은 증가시킨다. 이 정책의 문제점은 이는 민간투자를 감소시키는 구축효과를 야기해 총수요 중 정부부문의 비중이 비대해지게 된다는 점이다. 정부지출은 한번 증가하면 감소시키기 쉽지 않은 경향이 있다. 또한 재정정책은 집행하기까지 시차가 존재한다는 문제점이 있다.

04. 1) 불황기에는 화폐수요의 이자율탄력성이 클 수 있다. 불황기에는 대부분 이자율이 이미 낮은 수준이기 때문에 화폐공급이 늘어나더라도 이자율을 더욱 낮추기는 힘들고 화폐수요의 증가로 흡수될 수 있다. 즉 *LM*곡선의 기울기가 불황기에 매우 완만할 수 있는데, 이러한 상황을 유동성 함정이라 부른다. 극단적인 경우로 *LM*곡선이 수평선인 경우를 생각해볼 수 있다. 이때 정부가 부채를 늘려서 정부조세를 삭감한다면 조세감소에 따라 가처분소득이 증가하여 소비가 증가할 것이다. 이에 따라 *IS*곡선이 우측 이동하여 총수요가 증가한다. 하지만 <그림 10−3>과 같이 경제가 현재 Y_0에 있다고 할 때, 이자율을 변화시키기 위해서는 조세를 크게 삭감하여 소비를 매우 크게 증가시켜야 이자율을 변화시킬 수 있는 한계가 있

다. 또한 정부의 부채는 미래 세대의 부담으로 작용할 수 있으며 부채를 무한정 늘릴 수 없다는 점에서 한계가 있다.

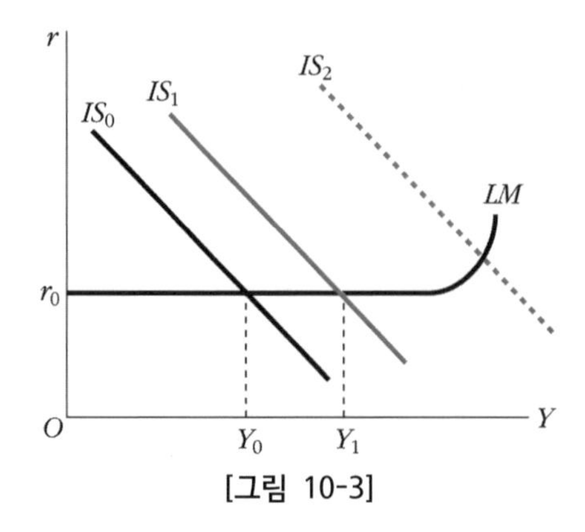

[그림 10-3]

2) 〈그림 10−4〉를 보자. 한계소비성향이 1보다 작다면 정부지출을 줄여서 조세를 삭감하는 경우 소비의 증가분보다 정부지출의 감소분이 크므로, *IS*곡선이 좌측 이동하여 총수요가 감소하게 되고, 한계소비성향이 1이고 정부지출감소분만큼 조세를 삭감하였다면 *IS*곡선은 이동하지 않게 된다. 이 정책 또한 경제가 Y_0에 있다면 이자율을 변화시킬 수 없다는 한계가 있다.

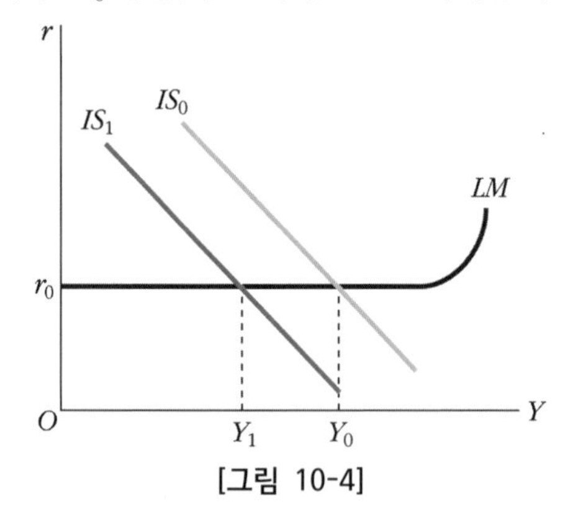

[그림 10-4]

3) 〈그림 10−5〉와 같이 정부가 통화량을 증가시키면 유동성함정이 존재하는 경제에서는 통화량의 증가가 화폐수요의 증가로 모두 흡수되어 이자율과 총수요는 변하지 않는다. 따라서 이자율에 영향을 미칠 수가 없게 되고 장기적으로 물가만 높이게 된다.

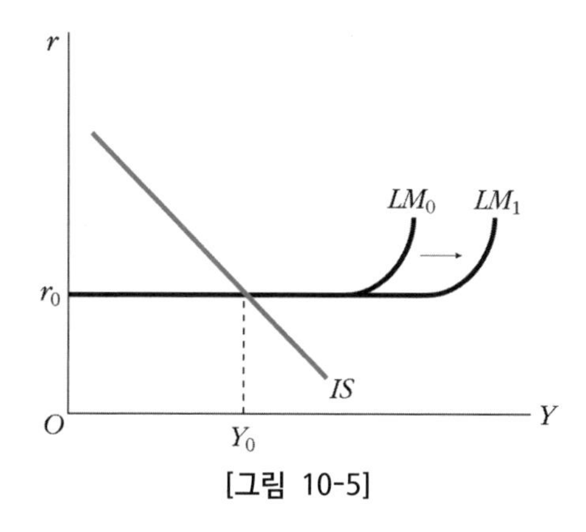

[그림 10-5]

4) 3)과 마찬가지로 통화량을 증가시키면 이자율과 총수요는 변하지 않는다. 통화량 조절을 통해 환율에 영향을 주려고 할 경우, 통화량 조절로 이자율이 조정되어 해외로 자본이 유출 혹은 유입이 되며 외화의 가치(환율)가 상승 혹은 하락하게 된다. 그러나 유동성 함정 존재할 때 이자율은 변화하지 않으므로 자본의 유출입이 발생하지 않고, 환율에 영향을 미칠 수 없게 된다. 따라서 이러한 상황에서 통화량을 늘리면 인플레이션이 가속화될 가능성이 있다.

05. **1)** 피셔방정식 $i = r + \pi^e$에 의해 실질이자율은 8－6＝2%이다.

2) 3) 기대인플레이션율이 갑자기 하락하면 *IS*곡선은 기대인플레이션율의 하락분만큼 아래쪽으로 이동한다. 그 결과 총생산은 감소하고 명목이자율은 하락한다. *IS*곡선이 하방 이동함에 따라 명목이자율도 하락하는데, 최종적인 균형에서의 명목이자율 하락과 처음 기대인플레이션율의 하락은 동일하지 않다. 총생산이 감소하기 위해서는 실질이자율이 높아져야 하는데, 실질이자율이 높아지기 위해서는 피셔방정식($i = r + \pi^e$)에 의해 명목이자율이 기대인플레이션율보다 낮게 하락하여야 한다. <그림 10－6>에서 명목이자율의 하락($i_0 - i_1$)이 기대인플레이션율의 하락($i_0 - i_2$)에 비해 작다는 것을 알 수 있다. 이는 실질이자율이 상승함을 의미한다.

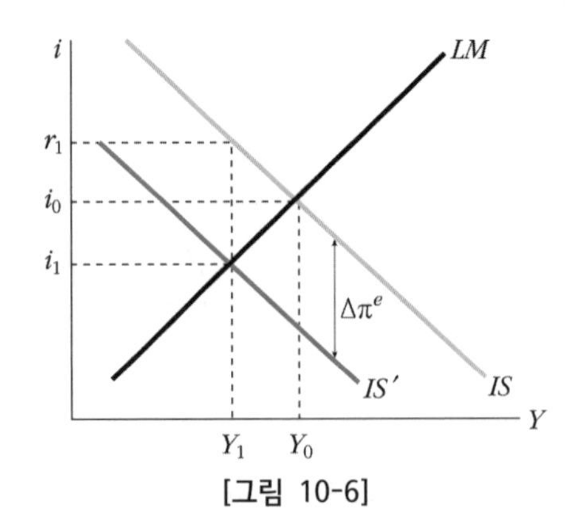

[그림 10-6]

06. 1) 현재와 미래 2시간이 있으므로, 미래 세금이 인상되면 상대적으로 미래의 수익률이 하락하므로, 수익률곡선은 하락하는 형태를 취할 것이다.

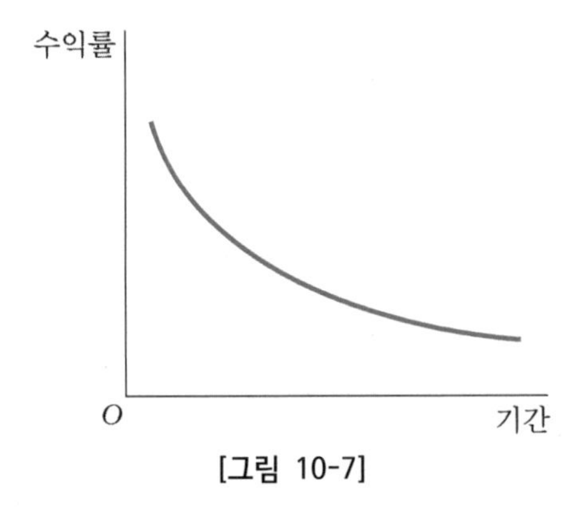

[그림 10-7]

2) 미래 세금이 인상되면 미래가처분소득의 감소로 소비가 감소하여 미래의 *IS* 곡선이 좌측 이동할 것이다. 따라서 미래총생산이 감소할 것으로 예상된다.

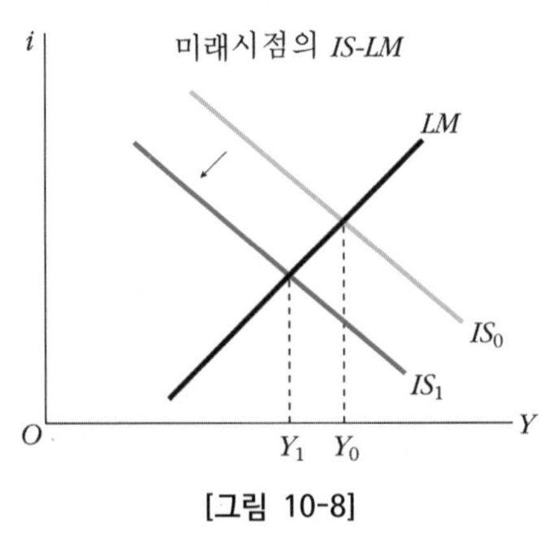

[그림 10-8]

3) 미래에 세금이 인상될 것이라는 것이 알려지지 않으면 민간은 소비를 변화시키지 않을 것이다. 이에 따라 현재시점의 $IS-LM$에는 이동이 없으며 총생산에 아무 영향을 미치지 못할 것이다.

4) 미래에 세금이 인상될 것이라는 것이 공표되고 알려지면 상대적으로 비용이 작아진 현재의 소비가 증가하여 현재시점의 IS곡선이 우측이동하고 현재시점의 총생산이 증가할 것이다.

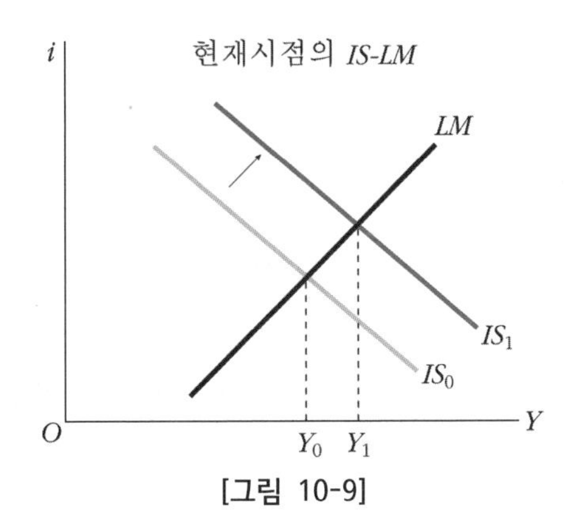

[그림 10-9]

07. 1) $Y=C+I+G$이므로 $Y=0.6Y-2{,}000r+500$

IS곡선: $Y=-5{,}000r+1{,}250$

2) $M^s=1500,\ P=\$1\ \ m^s=1{,}500,\ m^d=2Y-10{,}000r$

LM곡선 상에서는 화폐수요와 화폐공급이 같으므로 $1{,}500=2Y-10{,}000r$이고, 정리하면 LM곡선: $Y=5{,}000r+750$

3) 균형에서 IS곡선과 LM곡선이 만나므로 $-5{,}000r+1{,}250=5{,}000r+750$

이를 풀면, $r=0.05,\ Y=1{,}000,\ C=500,\ I=100$

4) 정부지출을 늘릴 경우 IS곡선만 변하고, LM곡선은 변화하지 않는다. 정부지출이 200 증가했으므로 총 700이 된다.

IS곡선: $Y=0.6Y-2{,}000r+700$, 정리하면 $Y=-5{,}000r+1{,}750$

LM곡선: $Y=5{,}000r+750$

균형에서 IS곡선과 LM곡선이 만나므로 $5{,}000r+750=-5{,}000r+1{,}750$

이를 풀면, $r=0.1,\ Y=1{,}250,\ I=25$

5) 정부지출이 200만큼 증가하여 IS곡선이 오른쪽으로 이동하였다. 세금 증가를 통해 원래 산출량 수준으로 복귀시키려면 정부지출 증가에 의해 IS 곡선이 오른쪽으로 얼마나 이동했는지 구해야 한다. 이를 위해서는 정부지출에 의한 승수효과를 이해해야 한다. 그런데 이 문제의 모형에서는 투자 결정식에도 산출량(Y)이 변수로 들어가 있기 때문에 9장에서 배운 승수와는 조금 다른 형태이다. 이를 반영한 IS곡선의 이동폭(승수효과와 같음)은 다음과 같다.

$$\frac{1}{1-0.5-0.1} \times \Delta G = \frac{1}{1-0.5-0.1} \times 200 = 500$$

이는 정부지출 변화 전과 후의 IS곡선의 절편의 크기를 통해서도 확인할 수 있다. 따라서 세금을 통해 원래의 산출량 수준으로 복귀하기 위해서는 IS곡선이 원래의 위치로 복귀해야 하는 것을 의미하며 이는 조세증가에 의한 승수효과의 크기가 위에서 구한 정부지출 증가에 의한 승수효과의 크기와 일치(부호는 반대임에 유의)해야 함을 의미한다. 이때에도 투자 결정식에 산출량(Y)이 변수로 포함되어 있음을 반영한 승수를 사용해야 한다. 우리가 구하고자 하는 조세의 증가는 다음과 같다.

$$-\frac{0.5}{1-0.5-0.1} \Delta T = -500 \qquad \therefore \Delta T = 400$$

따라서 세금은 400만큼 증가해야 한다.

6) AD곡선은 물가의 변화에 따라 총수요가 어떻게 변화하는지를 나타내는 곡선이다. AD곡선은 IS곡선과 LM곡선을 결합함으로써 도출할 수 있다.

IS곡선: $0.4Y = -2{,}000r + 500$

$$2{,}000r = 500 - 0.4Y$$

$$r = \frac{1}{4} - \frac{1}{5{,}000} Y$$

LM곡선: $2Y = 10{,}000r + \frac{1{,}500}{P}$

$$10{,}000r = 2Y - \frac{1500}{P}$$

$$r = \frac{1}{5{,}000} Y - \frac{3}{20P}$$

정의상 AD곡선 상에서는 $IS=LM$이므로 $\frac{1}{4}-\frac{1}{5,000}Y=\frac{1}{5,000}Y-\frac{3}{20P}$

이고 정리하면 AD곡선: $Y=625+375\frac{1}{P}$

7) 위에서 구한 AD곡선식에 $Y=1,375$를 대입하면 $P=0.5$

8) 3)의 균형은 <그림 10−10>과 <그림 10−11>에서 각각 A점으로 나타나고 있다. 그런데 A점에서는 <그림 10−11>에서 나타나듯이 경제 전체적으로 초과공급이 발생하고 있다. 초과공급이 발생한다면 물가수준이 하락하게 되고 이에 따라 실질통화공급이 늘어 LM곡선이 우측이동하게 된다. 이러한 변화는 <그림 10−11>에서 총수요와 총공급이 같아지는 B점에 다다를 때까지 계속된다.

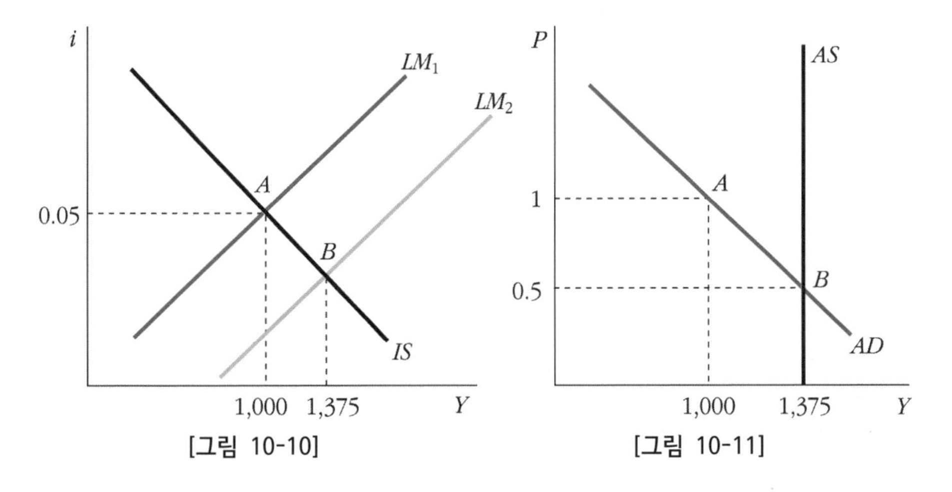

[그림 10-10] [그림 10-11]

08.

1) $Y=C+I+G$이므로

$Y=0.7Y-2,000r+560$

IS곡선: $Y=\frac{5,600}{3}-\frac{20,000r}{3}$

2) $m^s=m^d=1,100$, $P=100$이므로

LM곡선: $Y=2,000r+1,000$

3) 균형에서 IS곡선과 LM곡선이 만나므로 $\frac{5,600-20,000r}{3}=2,000r+1,000$

이를 풀면, $r=0.1$, $Y=1,200$, $C=900$, $I=200$

4) i) 정부가 조세를 100 감소시키면 소비가 증가하여 IS곡선이 우측이동하게 된다. 이때 이자율과 물가수준이 변하지 않는다면 총수요는 Y_1까지 증가하여 <그림 10-12>의 형태가 될 것이다. 조세를 100 감소시키면 IS 곡선이 $Y = 2{,}100 - \frac{20{,}000}{3}r$가 되므로, 3)에서 구한 r=0.1을 대입하면 총수요 $Y_1 = \frac{4{,}300}{3}$가 되고 총수요증가량은 $Y_1 - Y_0 = \frac{700}{3}$이 된다.

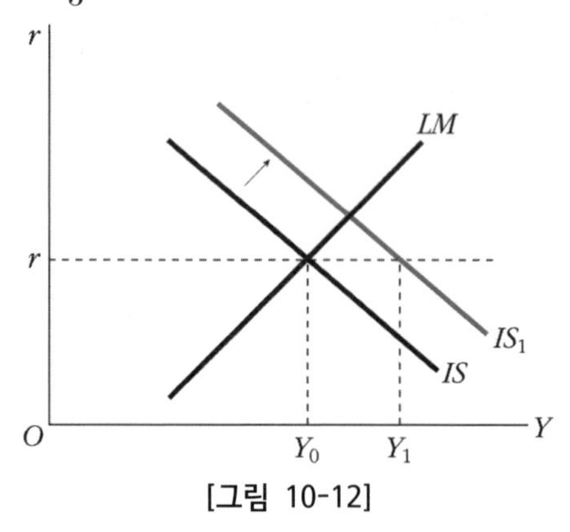

[그림 10-12]

ii) 정부가 조세를 100 감소시키고 이자율은 변하지만 물가수준이 변하지 않는다면 이자율이 변동하여 균형으로 이동하게 된다.

IS곡선: $Y = 2{,}100 - \frac{20{,}000r}{3}$

LM곡선: $Y = 2{,}000r + 1{,}000$

균형에서 IS곡선과 LM곡선이 만난다는 것을 이용하면

$2{,}100 - \frac{20{,}000r}{3} = 2{,}000r + 1{,}000$이 되어, $r = \frac{33}{260}$, $Y = \frac{16{,}300}{13}$

이때 총수요증가분은 $\frac{16{,}300}{13} - 1{,}200 = \frac{700}{13}$이 된다.

더 생각해 볼 문제들

01. (2013 행정고등고시(행정) 기출문제)

A국의 거시경제모형이 아래와 같이 주어진 경우 다음 질문에 답하시오.

> $C = 200 + 0.75(Y - T)$ $I = 200 - 5r$ $G = T = 100$
> $(M/P)^d = Y - 100r$ $M = 1{,}000$

(단, C, T, Y, I, r, G, P, $(M.P)^d$, M은 각각 소비, 조세, 소득, 투자, 이자율, 재정지출, 가격, 화폐수요 그리고 화폐공급을 나타낸다)

1) $P = 2$일 때 균형소득과 균형이자율은?
2) $P = 2$이고 재정지출(G)이 100에서 150으로 증가했을 때, 승수효과와 구축효과의 결과로 나타나는 소득의 변화분은 각각 얼마인가?
3) 2)의 상황에서 구축효과의 크기가 커지기 위해서는 현재의 화폐수요로부터 어떠한 변화가 선행되어야 하는가? 이를 화폐시장의 균형방정식을 이용하여 설명하시오.

제11장 총수요·총공급모형 Ⅰ: 기본개념

01. 1) ① 공급측면: 균형상태의 경제에선 노동수요=노동공급이므로 $N^s = N^d$

$\Rightarrow 50 + 50\dfrac{W}{P} = 175 - \dfrac{25}{2}\dfrac{W}{P}$ 이를 풀면, $\left(\dfrac{W}{P}\right)^* = 2$, $N^* = 150$

여기서 구한 노동공급량을 단기생산함수에 대입하면 $Y^S = 1200$

② 수요측면: IS곡선과 LM곡선이 만나는 곳에서 Y^d가 결정된다. 이 경제는 균형이므로 Y^d는 Y^S와 동일한 1,200이어야 한다. IS곡선상에서는 상품시장의 균형이 달성되므로 $Y = C + I + G$이다.

$Y = 170 + 0.8Y - 2r + 150 - 4r + 100 \Rightarrow 0.2Y = 420 - 6r$

$Y = 1{,}200$을 대입하면 $r^* = 30$이다. LM곡선상에서는 화폐시장의 균형이 달성되므로 $\dfrac{M^s}{P} = \dfrac{M^d}{P} \Rightarrow \dfrac{160}{P} = 0.2Y - 4r$이다.

IS곡선과 LM곡선을 결합하면 AD곡선이 도출된다.

AD곡선: $Y = \dfrac{480}{P} + 840$에서 $Y = 1{,}200$이므로 $P^* = \dfrac{4}{3}$

③ 균형 물가, 고용량, 소득, 이자율은 각각 $P^* = \dfrac{4}{3}$, $N^* = 150$, $Y^* = 1{,}200$, $r^* = 30$이다.

2) 통화량이 증가해도 노동수요나 노동공급은 변함이 없으므로 고용량 N은 150으로 동일하다. 따라서 Y^S도 동일하게 1,200이다. 총생산이 고정인 상태에서 통화량이 증가해 Y^d가 증가해도 Y^S가 불변이므로 균형생산량인 Y 또한 1,200으로 일정하다. 이자율은 통화량이 증가해 LM곡선이

오른쪽으로 이동하면서 감소하지만, 물가가 상승하면서 다시 같은 폭만큼 LM곡선이 왼쪽으로 이동하게 되어 원래 수준인 $r^* = 30$으로 회복된다. 물가는 $\frac{180}{P} = 0.2Y - 4r$에 $Y^* = 1200$과 $r^* = 30$을 대입하면 $P^* = \frac{3}{2}$이 도출된다.

통화량이 증가하면 <그림 11-1>에서 LM곡선이 우측으로 이동하여 일시적으로 이자율이 하락하고 국민소득이 증가한다. 이는 <그림 11-2>에서 AD곡선이 우측으로 이동한 것으로 나타난다. 그런데 $\frac{4}{3}$의 물가수준에서는 총수요가 경제의 장기 총공급인 1200을 넘어서고 있으므로 경제 전체적으로 초과수요가 발생하고 있다. 초과수요로 인해 물가수준이 상승하고 이로 인해 LM곡선이 다시 좌측으로 이동한다. 이러한 움직임은 물가수준이 $\frac{3}{2}$에 다다를 때까지 계속된다. 이자율과 국민소득은 원래 수준인 $r^* = 30$, $Y^* = 1200$을 회복한다.

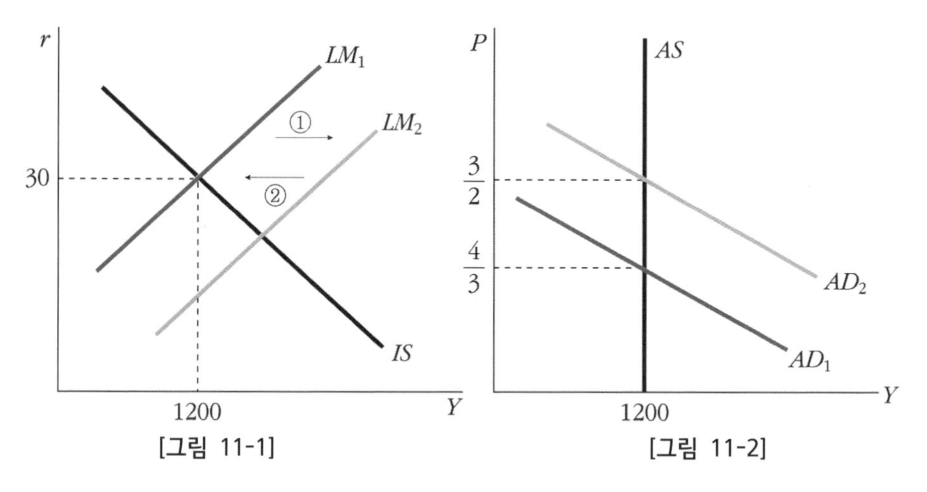

[그림 11-1] [그림 11-2]

3) 노동공급이 주어진 임금에서 무한대로 주어지는 경우 AS곡선은 <그림 11-3>과 같이 우상향하는 형태로 나타나므로 통화량이 증가했을 때 2)의 경우와 달리 소득이 증가(Y_3)하고 물가는 더 적은 폭으로 상승(P_3)하여 이자율 감소가 나타나게 된다.

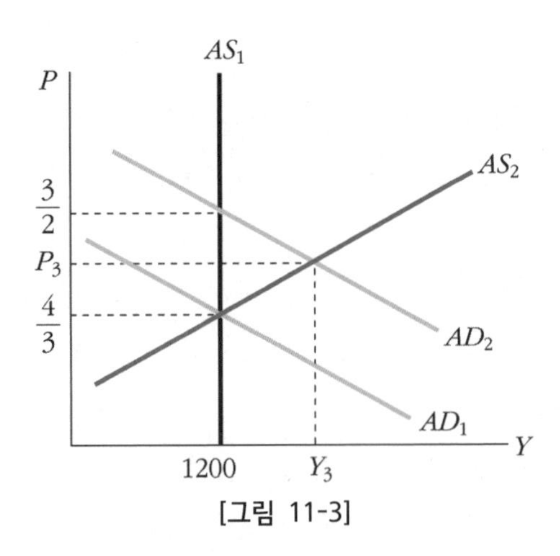

[그림 11-3]

02. 1) <그림 11−4>를 통해 알 수 있듯이 불황으로 인해 수출 수요가 감소하면 총수요 곡선이 하방 이동한다.(①) 이에 따라 단기균형은 *B*점에서 결정이 되며 총생산이 감소하고 물가가 하락한다. *B*점의 총생산량은 자연율 총생산량에 비해 작은 값이 되며, 이에 따라 실업률이 자연실업률보다 높게 결정된다. 높은 실업률은 명목임금의 하락으로 이어져, 단기에서 물가가 경직적이기 때문에 실질임금 또한 하락한다. 실질임금이 하락하면 노동고용이 증가하고 총생산도 증가하기 시작한다.(②) 총공급의 증가로 인해 물가는 더욱 하락하고 이러한 변화는 단기균형에서 총생산이 자연율총생산과 같아지는 지점(*C*점)까지 계속된다. 결국 단기균형은 장기균형으로 수렴하여 수직의 장기총공급곡선이 된다.

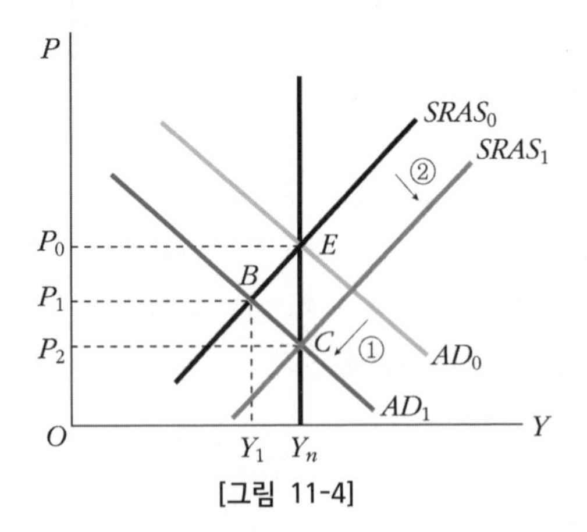

[그림 11-4]

2) 불황으로 인한 수출수요가 감소하여 현재 <그림 11－5>의 B점에 있다고 하자. 이는 <그림 11－4>의 B점과 동일하다. 이때 정부의 단기 대응정책인 소득세 감면으로 인해 가처분 소득이 증가한다. 이는 총수요의 증가를 의미하며 총수요곡선이 상방이동(①)한다. 이 경우 물가, 고용량, 총생산량은 불황이 생기기 전인 E점으로 복귀할 수 있다. 따라서 단기적인 고용감소로 실업이 증가했던 노동시장에서 다시 고용이 증가하며 자연실업률 수준으로 복귀할 수 있다. 즉, 단기 총공급곡선의 이동 없이 장기균형점인 E점으로 회복할 수 있다. 그런데 이는 정부가 정책의 효과를 정확하게 알고 있다고 가정한 것이다. 다시 말해서, 소득세 감면으로 정확하게 경제를 E점으로 보낼 수 있다고 가정한 것이다. 하지만 현실에서는 소득세 감면 정책으로 총수요곡선이 과소대응 혹은 과잉대응하여 파란색 점선과 같은 위치로 옮겨갈 수 있다. 이 경우 단기적으로 총생산량과 고용량을 원하는 수준으로 달성시키지 못하고 물가만 상승시킬 가능성이 존재한다. 특히 우측 파란색 점선처럼 총수요가 지나치게 반응한 경우 장기에 물가상승이 더 심해질 수 있다.

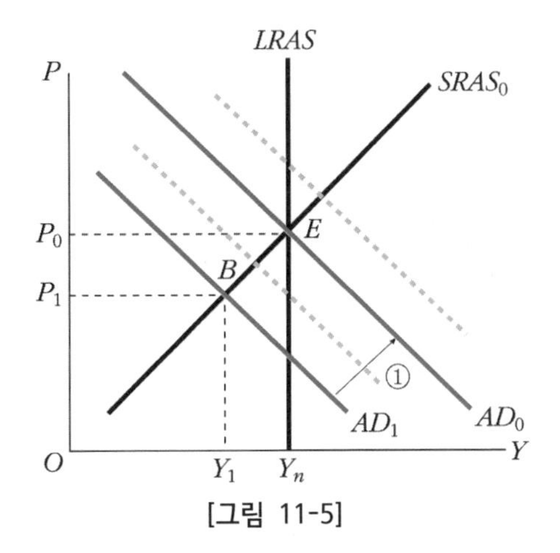

[그림 11-5]

03. 1) <그림 11－6>을 통해 알 수 있듯이 통화공급이 증가할 때 LM곡선이 우측으로 이동하고 그 결과 화폐시장의 균형 회복을 위해 이자율이 크게 하락하게 된다(B점). 이후 시간이 지나면서 낮아진 이자율로 인해 투자가 증가하고, 이는 곧 소득의 증가로 이어지면서 화폐수요를 증가시키므로

결국 화폐시장의 균형을 위해 이자율은 상승하여 균형점 C점으로 이동한다. 결국 통화공급을 증대시키는 정책은 균형이자율을 하락시키고 투자를 증가시키며 균형소득도 증가시킨다. 따라서 총공급충격에 따른 경기 침체를 예상하는 경우 확장적 통화정책은 유효할 수 있다.

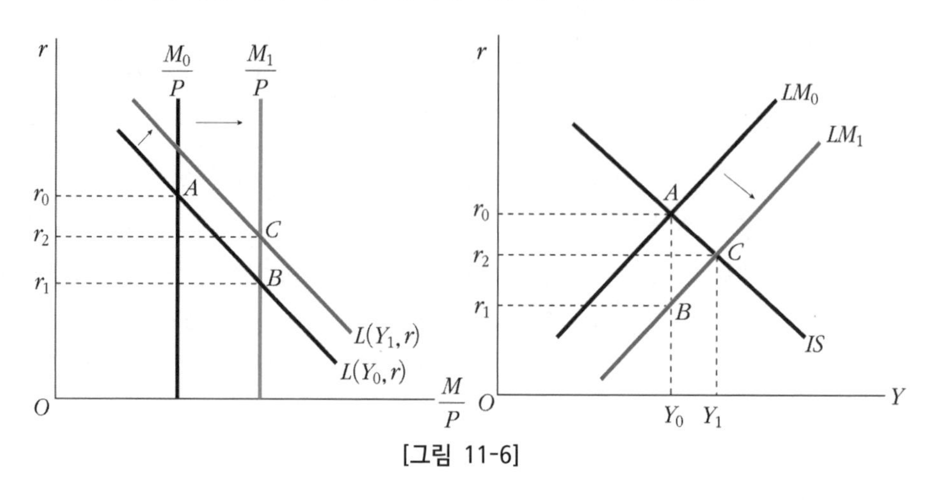

[그림 11-6]

2) 통화공급 증대시 소득증가의 정도가 상대적으로 크게 나타나는 경제상황은 가파른 LM곡선과 완만한 IS곡선으로 나타낼 수 있다. 〈그림 11－7〉과 같이 IS곡선이 완만한 경우 통화공급 증대에 따른 LM곡선의 우측이동에 따라 나타나는 소득의 증가가 매우 크다. 그렇다면 LM곡선의 기울기와 IS곡선의 기울기는 결정하는 요인은 무엇인가? 교과서에 쓰여 있는 바와 같이 LM곡선의 기울기는 화폐수요의 소득탄력성(k)가 클수록, 화폐수요의 이자율탄력성(l)이 작을수록 커지고 IS곡선의 기울기는 소비의 한계소비성향 c가 클수록, 투자의 이자율탄력성 b가 클수록 작아진다. 따라서 이 경제는 화폐수요의 소득탄력성이 크고 이자율탄력성이 작으며, 한계소비성향이 크고 투자의 이자율탄력성이 큰 경제라 할 수 있다.

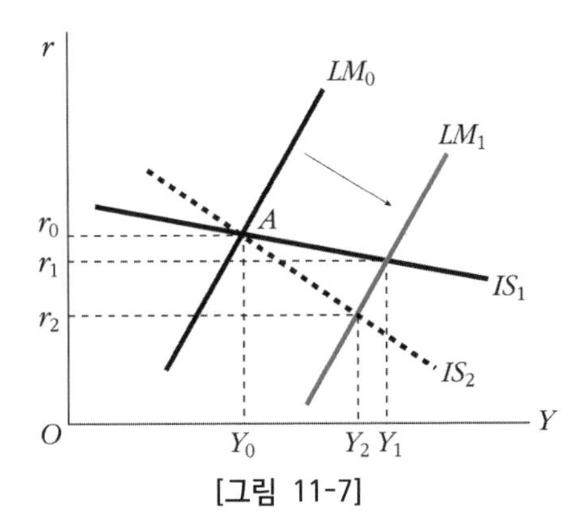

[그림 11-7]

3) 통화공급을 증대시키면 LM곡선이 우측으로 이동하고, 투자, 소비가 증가하여 총수요가 증가한다. 따라서 AD곡선이 우측으로 이동한다. 이는 <그림 11−8>을 통해 알 수 있다.

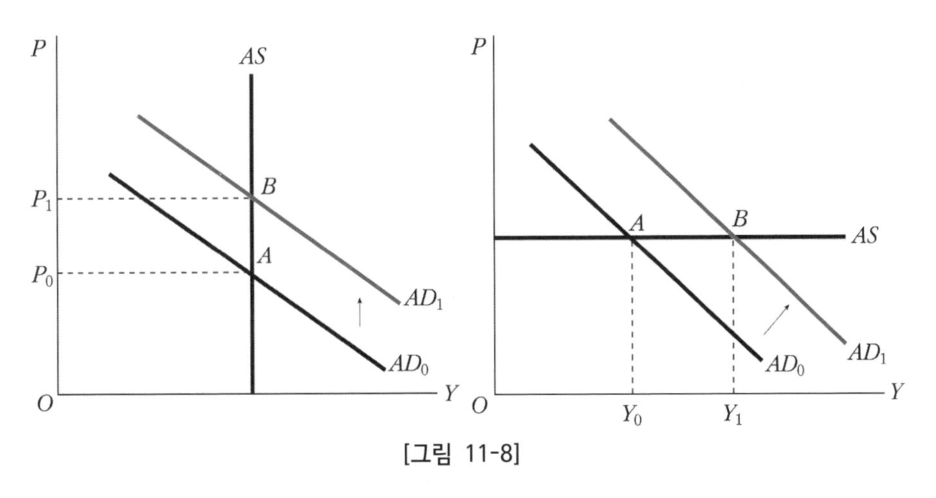

[그림 11-8]

두 가지 경우를 보자. 왼쪽과 같이 AS곡선이 매우 가파르다면, 통화 공급 증대에 따라 AD곡선이 우측으로 이동한다 하더라도 소득의 증가는 거의 나타나지 않고 물가만 급격히 상승한다. 반면 우측의 경우와 같이 AS곡선이 매우 완만하다면 통화공급 증대로 AD곡선이 우측이동함에 따라 물가는 거의 상승하지 않고 소득만 큰 폭으로 증가하게 된다. 따라서 통화공급의 증대가 소득증가로 나타날지 물가상승으로 나타날지는 AS곡선의 기울기에 따라 달라진다.

4) AS곡선은 총생산량이 잠재생산량에 비해 많이 작은 경우 우상향하는 모습을 취하지만 잠재생산량에 도달하면서 AS곡선은 수직에 가까워진다. 현 시점의 경제가 잠재생산량에 가까운 상태라면 통화공급을 증가시켜 총수요를 확대시키는 정책은 국민소득을 증가시키는 효과는 미미하고 물가만 큰 폭으로 상승시킬 가능성이 크다. 따라서 적절하지 못하다고 판단할 수 있다.

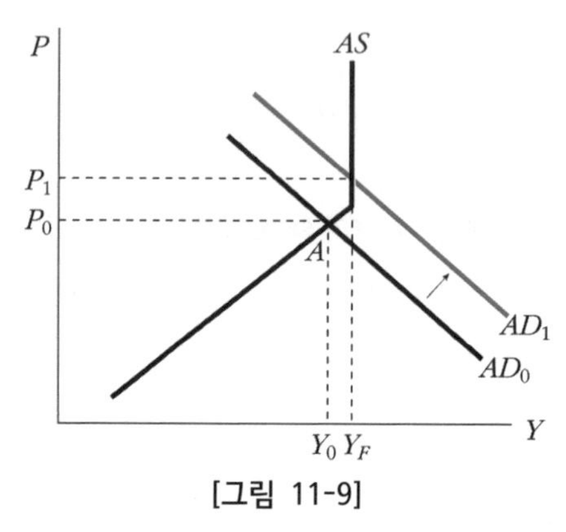

[그림 11-9]

04.

1) 고전학파의 가정처럼 가격이 완전신축적이라면 가격의 완전한 조정이 일어나 경제의 총생산량은 자연산출량 수준에서 수직이 된다. 그러므로 가격이 충분히 조정될 수 있는 장기에는 총공급곡선이 수직이 된다. 반면에 케인즈가 주목한 임금과 가격의 경직성으로 인해 단기에는 총공급곡선이 수직이 아니라 우상향할 수 있다. 만일 고전학파의 가정대로 단기에도 임금과 가격이 완전신축적이라면 단기 총공급곡선도 수직이 될 수 있다.

2) 총공급충격의 예로는 원자재 및 석유 가격 상승으로 인한 인플레이션 충격이 있을 수 있으며 신기술의 개발과 같은 충격도 총공급충격의 하나이다. 총수요충격의 예로는 주요 수출대상국에서의 경제위기로 인해 외생적 수출수요가 급감하는 경우에 음의 총수요충격으로 볼 수 있다. 또한 금융위기와 같은 시기에는 정보의 비대칭성이 커져 금융시장에서 금융마찰이 커질 수 있는데 이로 인해 투자지출이 감소하여 총수요가 감소한다.

 더 생각해 볼 문제]

01. (2013 입법고등고시 기출문제)

총수요를 관리하는 재정정책과 통화정책의 상대적인 유효성은 *IS*곡선과 *LM*곡선의 기울기에 따라 달라질 수 있다. 이 점을 고려하여 아래 질문에 답하시오.

1) 투자수요의 이자율 탄력성이 작고, 화폐수요의 이자율 탄력성이 클 때의 *IS*곡선과 *LM*곡선을 그리시오(두 곡선의 기울기의 차이를 구체적으로 표시하기 바람).

2) 1)의 상황에서 동일한 규모의 확장적 재정정책과 통화정책이 시행될 때, 실질 국민소득을 증가시키는데 더 효율적인 것은 어느 정책인지 $IS-LM$ 곡선을 이용하여 설명하시오.

3) 1)의 상황에서 확장적인 두 경제정책의 실질 국민소득 증대 효과에 차이가 나는 이유를 경제주체들의 행위를 토대로 설명하시오.

제12장 총수요·총공급모형 Ⅱ: 기대의 도입과 필립스곡선

01\. 1) **참**. 장기에는 실업률이 자연실업률 수준이 되므로 필립스 곡선은 수직의 형태로 나타난다.

2) **참**. 기대인플레이션이 변하면 필립스곡선 자체가 변하게 된다. 즉 같은 실업률에서도 실제인플레이션이 낮아진다. 정부정책의 신뢰가 높아 인플레이션을 낮추려는 정책이 사람들의 기대를 변화시킬 수 있다면 실업률의 상승 없이 실제 인플레이션이 낮아진다. 이때 희생되는 *GDP*감소분도 없으므로 희생비율은 0이 된다. 이와 같이 정부정책의 신뢰도는 경제주체의 기대 형성에 매우 중요한 영향을 주게 되고 이에 따라 정부정책의 효과가 달라진다(Lucas critique).

3) **거짓**. 사람들이 합리적 기대를 통해 미래의 물가상승을 예측하는 경우 이는 기대인플레이션을 변화시켜 현재 물가에도 영향을 미친다.

4) **참**. 필립스곡선은 인플레이션율이나 실업률 중 한 변수가 낮아지면 다른 한 변수는 높아지는 상충관계(trade-off)를 나타낸 곡선이다. 따라서 기대인플레이션율이 일정하다고 볼 때, 필립스곡선에 따르면 실업률을 낮추는 정책은 반드시 인플레이션율을 높일 수밖에 없다.

5) **거짓**. 합리적 기대를 하더라도 예상치 못한 통화정책의 시행이 있는 경우 실질변수인 실업률이 변화할 수 있으므로 화폐의 중립성이 성립하지 않는 경우가 있을 수 있다.

6) **거짓**. 합리적 기대 하에서도 예상치 못한 정책 시행으로 인해 실업률에 영향을 미칠 수 있으므로 단기적으로는 수직이 아닐 수 있다.

02. 1) 현재 완전고용국민소득(Y^F)이 50, 인플레이션율이 4%에서 균형상태이므로 총수요=총공급을 이용하여 $m=4\%$를 도출할 수 있다.

t기에 통화증가율이 10%로 증가하였다고 하자. $t-1$기는 균형상태이므로 $\pi_t^e=\pi_{t-1}=0.04$, $y_{t-1}=y_F=50$이다. t기에 통화증가율이 증가하였다면 총수요는 $y_t=y_{t-1}+2(m_t-\pi_t)$이고, $\pi_t^e=\pi_{t-1}$이므로 총공급은 $y_t=y_F+6(\pi_t-\pi_{t-1})$가 된다.

단기균형상태에서 총수요=총공급이므로 $\pi_t=\dfrac{y_{t-1}-y_F+2m_t+6\pi_{t-1}}{8}$의 식이 도출된다. $m_t=0.1$, $y_{t-1}=y_F=50$, $\pi_{t-1}=0.04$이므로 대입하면 $\pi_t=0.055$, $y_t=50.09$가 된다. 연쇄적으로 적용하여 구하면 $\pi_{t+1}=0.0775$, $\pi_{t+2}=0.1$, $\pi_{t+3}=0.116875$, $y_{t+1}=50.135$, $y_{t+2}=50.135$, $y_{t+3}=50.1014$가 된다.

장기적인 균형에서 화폐는 중립적이므로 통화증가율은 실질변수인 국민소득에 영향을 미치지 않는다. 따라서 y는 y_F로 수렴하므로 50이 된다. 또한 '총수요=총공급'이라는 사실과 장기균형에서 인플레이션율과 기대인플레이션율이 같다는 사실을 이용하면 인플레이션율은 통화증가율인 10%가 된다. 기대인플레이션율이 상승하면 단기총공급곡선은 상방으로 이동하고, 예측오차가 지속됨에 따라 단기총공급곡선의 이동은 더 이상의 예측오차가 생기지 않을 때까지 지속되어 $Y=Y_n$이 될 때까지 이동할 것이다(<그림 12-1> 참조).

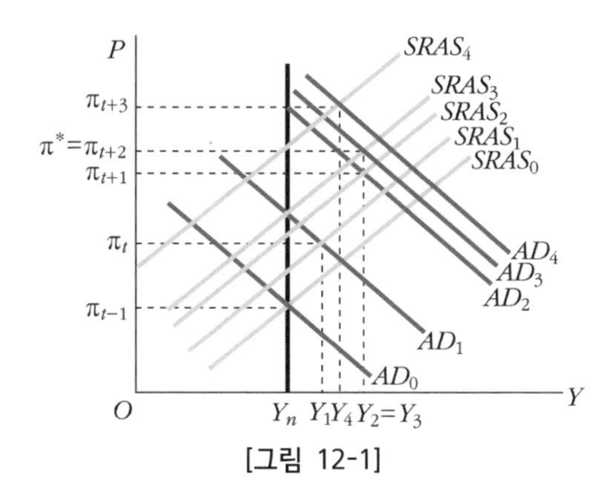

[그림 12-1]

2) 기대인플레이션율이 항상 실제인플레이션율과 같을 경우 총공급은 항상 $Y^F = 50$이 된다. 따라서 총수요=총공급에 의해 모든 시점(t)에서 $m_t = \pi_t$이다. 즉 통화증가율이 연간 4%에서 10%로 증가할 경우 기대인플레이션율이 실제인플레이션율과 항상 같다면 장기균형에서 변화하지 않는다(<그림 12-2> 참조).

인플레이션율이 상승하여 AD곡선이 상승하면 $\pi_t^e = \pi_t$이기 때문에 단기총공급곡선이 같은 크기만큼 상승하여 Y_n수준에서 변화가 없게 된다. 1)과 비교하여 보았을 때 1)의 경우와 같이 기대인플레이션율이 전기의 실제인플레이션율과 같을 경우($\pi_t^e = \pi_{t-1}$) 통화증가율의 상승은 점진적인 물가와 생산량의 상승을 가져다주지만, 민간의 기대인플레이션이 즉각 반응($\pi_t^e = \pi_t$)하면 인플레이션율을 증가시켜 총생산량을 증가시키기 위한 정책은 효과가 없고 인플레이션만 상승시키는 결과를 낳게 된다.

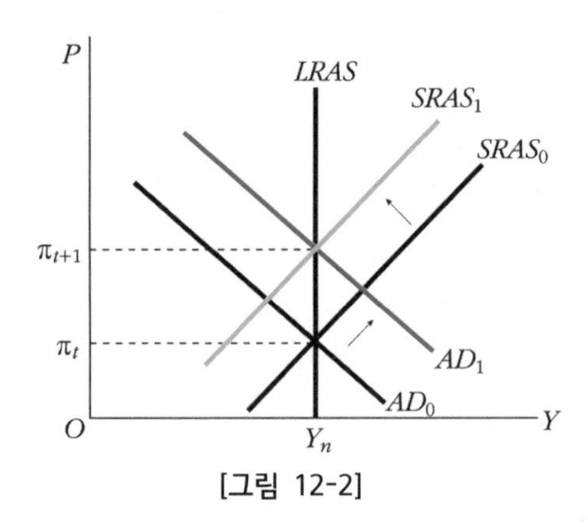

[그림 12-2]

03.

1) 두 경제에서 통화량이 증가했다면 LM곡선이 오른쪽으로 이동함에 따라 AD곡선이 오른쪽으로 이동하므로 물가가 상승한다. 이때 A국에서는 정보의 불완전성으로 인해 경제주체들은 명목충격과 실물충격을 정확히 구분하지 못하는데, 실물충격일 확률이 높다고 생각하는 만큼 고용과 소득을 늘린다. B국에서는 물가가 상승함에 따라 실제 물가가 기대 물가보다 높아지고 실질임금이 하락한다. 실질임금이 하락함에 따라 노동수요가 증가하고 고용과 소득이 증가한다. 이는 <그림 12-3>을 통해서 확인할 수 있다.

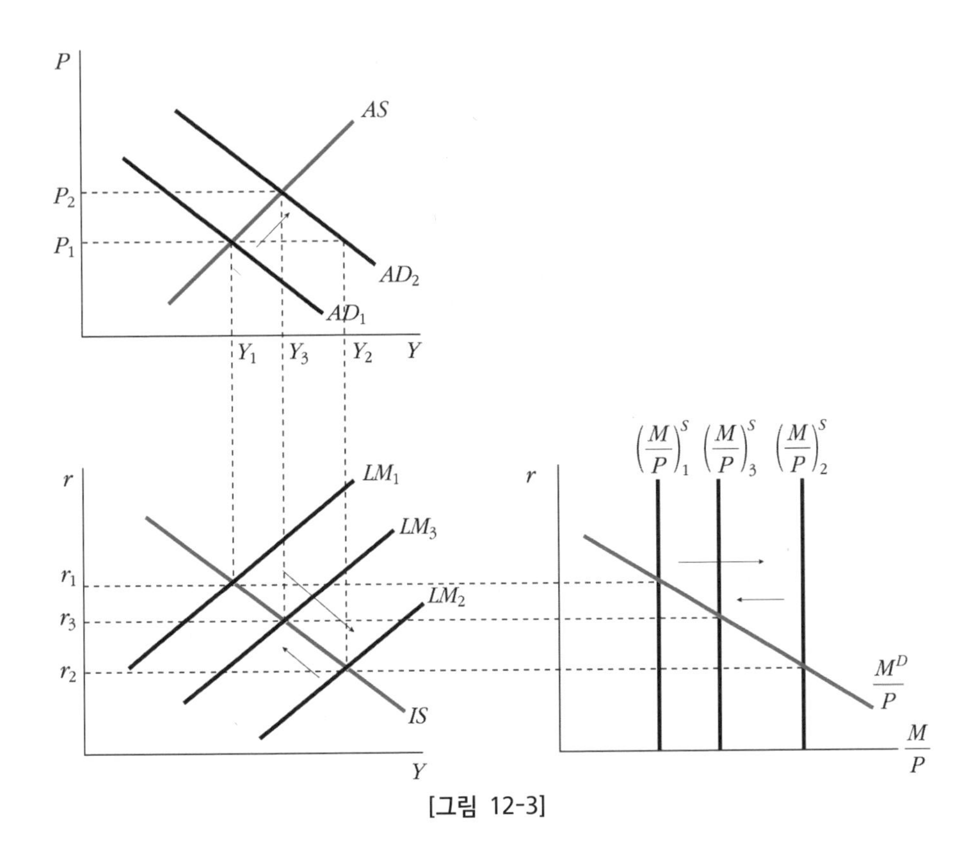

[그림 12-3]

통화량의 변동이 A, B 두 국가의 소득을 변화시킨 것은 두 국가의 AS곡선이 우상향하기 때문이다. 통화량의 예측치 못한 증가는 LM곡선과 AD곡선을 우측으로 이동시킨다. 이때 AS곡선이 우상향하기 때문에 소득과 물가수준이 상승하는데, 물가의 상승은 실질통화공급을 줄이고 LM곡선을 약간 좌측으로 이동시켜 최종적인 균형에 이르게 한다.

2) 원유 국제가격의 급격한 변동이 있을 때 이에 맞게 정부는 통화량 조절을 통해 충격에 반응할 수 있다. 예를 들어 원유가격의 상승으로 총공급곡선이 AS_1에서 AS_2로 이동했다고 가정하자. 이때 통화공급을 M_1^S에서 M_2^S로 늘린다면 LM곡선이 오른쪽으로 이동하고 이에 따라 총수요곡선이 오른쪽으로 이동하여 산출량의 감소를 줄일 수 있다. 그러나 실물충격에 대해 경제주체들이 합리적인 반응을 하면 정부가 꼭 개입할 필요가 없다. 〈그림 12−4〉에서 이를 설명하고 있다.

원유 국제가격이 급격하게 상승했다고 가정한다면 AS곡선이 좌측으로 이동한다. 정부가 급격한 산출량 감소를 막기 위해 통화 공급을 증가시킨다면 LM곡선이 우측으로 이동한다. 이에 따라 AD곡선이 우측으로 이동하여 산출량은 Y_1에서 큰 변화가 없게 된다. 하지만 물가가 크게 상승하게 되는데 이에 따라 실질통화공급이 다시 감소하고 LM곡선이 좌측으로 이동한다. 총공급충격에 대하여 급격한 산출량 변동을 막기 위해 통화공급을 증가시킬 수 있다. 그러나 실물충격에 대하여 경제주체들이 합리적인 반응을 하고 있는 상황이라면 정부개입이 반드시 바람직하다고 할 수는 없다.

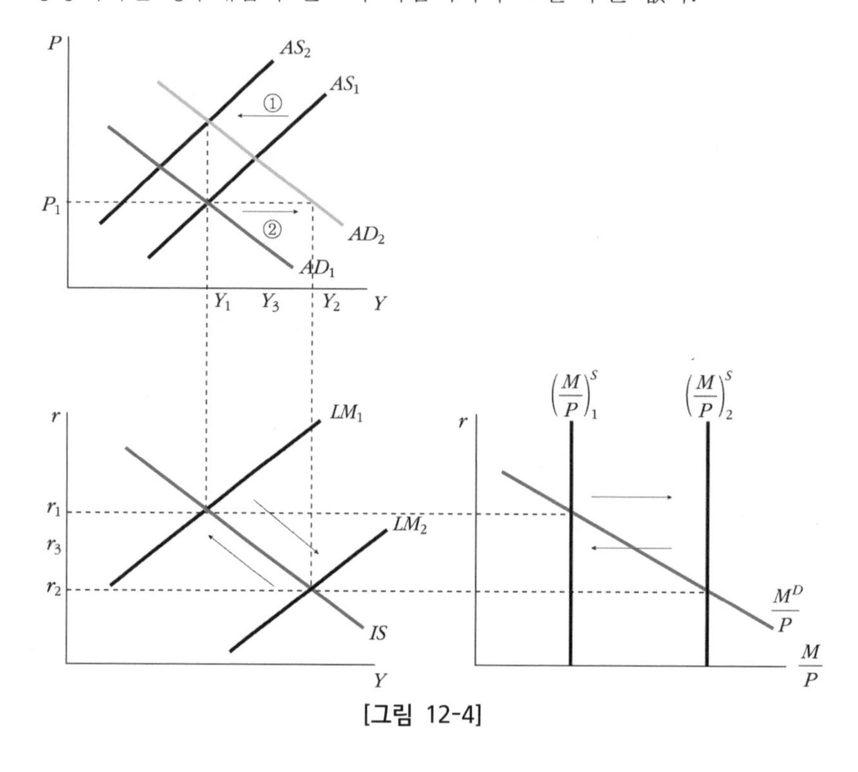

[그림 12-4]

04. 1) 확장적 통화정책과 같은 명목충격이 발생하면 모든 상품의 가격이 상승한다. 하지만 각 생산자는 자신이 생산하는 상품의 가격이 올라간다는 사실만 알 수 있다. 이러한 정보의 불완전성은 생산자로 하여금 충격을 구분할 수 없게 하며, 만일 조금이라도 실물충격이라고 생각한다면 각 생산자는 생산량을 늘리게 된다. 이에 따라 단기에서 우상향하는 총공급곡선으로 표현할 수 있다. 이때 한국은행이 기준금리를 낮추어 확장적 통화정책을 시

행하면 <그림 12-5>에서 보듯이 총수요가 증가하여 총수요곡선이 오른쪽으로 이동한다. 이에 따라 단기에서 B점으로 이동하며 물가와 총생산량이 증가한다. 하지만 정보가 완벽해지는 장기로 가면서 물가상승을 인지한 경제주체는 기대물가를 상승시키고 생산을 원래 상태로 되돌리게 된다. 이에 따라 단기총공급곡선이 위로 이동하고, 이러한 이동은 예측오차가 생기지 않는 점(C점), $P=P^e$, $Y=Y_n$이 될 때까지 계속된다. 각 거시경제 변수들의 시간에 따른 움직임은 아래의 그래프를 통해 확인할 수 있다.

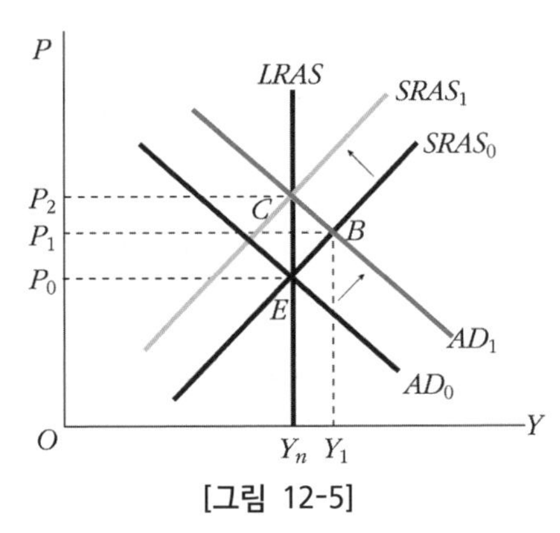

[그림 12-5]

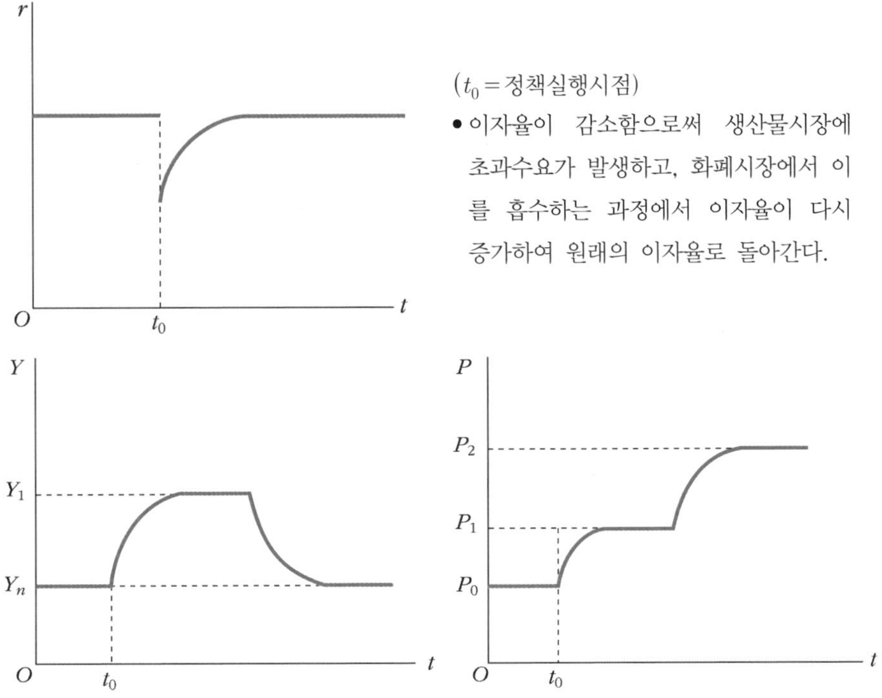

2) 중앙은행이 다음 기에 기준금리를 올릴 것으로 공언하면서, 민간주체는 기준금리가 상승하면서 투자감소로 총수요가 감소하여 물가가 하락하고 총생산이 감소할 것이라 기대하고 기대물가를 낮출 것이다. 이에 따라 단기총공급곡선이 하방이동하여 생산량이 증가하고 물가가 하락하여 실질임금이 상승한다. 하지만 중앙은행이 실제로는 이자율을 올리지 않으면서 총수요곡선은 이동하지 않았고, 이에 따라 초과공급이 발생하고 시간이 지나면서 정책을 시행하지 않는다는 것을 안 경제주체들은 다시 기대물가를 상승시키고 총공급곡선이 원래 자리로 이동할 것이다. 따라서 생산량이 감소하고 물가가 상승하여 실질임금이 하락한다(<그림 12-6> 참조).

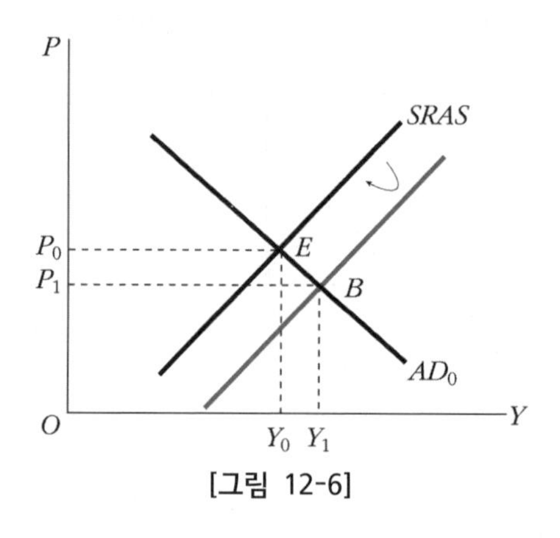

[그림 12-6]

3) 예상치 못한 통화정책을 자주 사용하면 경제주체는 이러한 충격이 실물충격이 아니라 명목충격일 확률이 높다고 합리적으로 판단하게 되고, 물가가 상승함에도 이를 전반적인 물가상승으로 인지하고 생산을 거의 증가시키지 않게 되어 단기총공급곡선의 기울기가 수직에 가까워진다. 이에 따라 정부가 예상하지 못한 총수요 정책을 빈번하게 사용할수록 총생산에 미칠 수 있는 영향의 크기가 작아지게 된다. 이는 정부에 대한 경제주체의 신뢰의 문제로, 너무 많은 자유재량을 가지고 있다는 것을 민간이 인식하게 되면 그 정책에 대한 신뢰성이 낮아지고 사회후생이 감소하는 것을 의미한다(<그림 12-7> 참조).

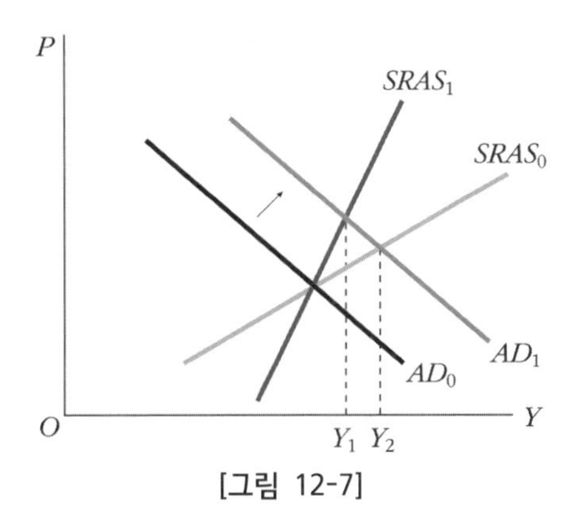

[그림 12-7]

05. 1) 통화증가율을 상승시키는 정책을 사용하면 단기에는 경기부양의 효과가 있다. 하지만 이 정책을 지속적으로 사용하면 경제주체들은 명목충격일 확률이 높다고 합리적으로 판단하게 되므로, 자신의 생산하는 상품의 가격이 상승함에도 불구하고 이를 전반적인 물가상승으로 판단하여 생산을 거의 증가시키지 않게 된다. 즉 경제주체들의 기대가 변함에 따라 총공급곡선의 기울기가 가팔라지고 정책의 효과가 약화된다.

2) 통화충격이 발생했을 때 불완전 정보로 인해 경제주체들이 명목충격과 실물충격을 구분하지 못한다. 이때 경제주체들이 할 수 있는 일은 오직 과거의 경험과 주어진 정보를 토대로 합리적으로 사태를 파악하는 것뿐이다. 특히 경제주체들은 주어진 정보를 바탕으로 이러한 가격 변화가 명목충격에서 왔을 확률과 실물충격에서 왔을 확률을 계산한다. 만약 조금이라도 실물충격일 가능성이 존재한다면 각 생산자는 생산량을 늘리게 된다. 이때 실물충격일 확률이 높다고 생각할수록 생산량을 더 많이 변화시키고 총공급곡선이 완만해진다.

06. 1) $\pi_t - \pi_t^e = 15 - 3u_t$이므로 $t-1$기에는 $\pi_{t-1} - \pi_{t-1}^e = 15 - 3u_n$이다.
$t-1$기에 균형을 이루고 있으므로 $\pi_{t-1} = \pi_{t-1}^e$가 되어 $u_n = 5$이다.

2) t기에 정부가 실업률을 3%로 유지하려고 하므로,

$\pi_t = 15 - 3u_t + \pi_{t-1} = 10 \ (\pi^{e_t} = \pi_{t-1},\ u_t = 3)$

$\pi_{t+1} = 15 - 3u_t + \pi_t = 16$

$\pi_{t+2} = 15 - 3u_t + \pi_{t+1} = 22$이다.

$\pi_t^e = \pi_{t-1}$이므로 기대인플레이션율은 전기의 인플레이션율로 결정되며, $t+1$기에는 t기의 인플레이션율 10%로 기대인플레이션율이 형성되어 그래프가 상승하고, $t+2$기에는 $t+1$기의 인플레이션율 16%로 기대인플레이션율이 형성되어 그래프가 재상승한다. 이로 보았을 때 3%의 실업율을 유지하기 위해서 정책을 시행할시 계속적인 인플레이션율의 증가를 감수하여야 함을 알 수 있다.

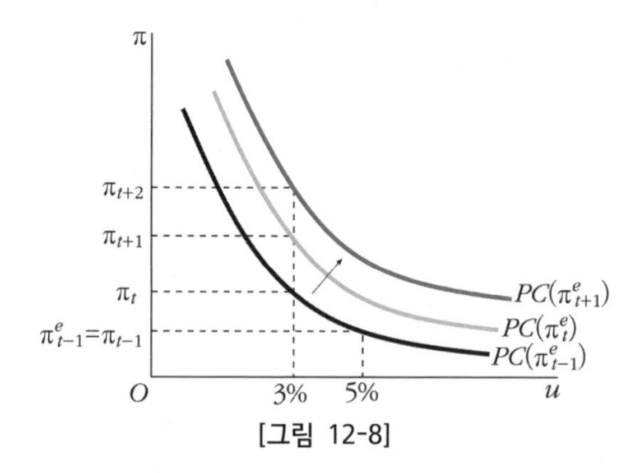

[그림 12-8]

3) $\pi_t = \pi_t^e + 15 - 3u_t$이므로 $u_t = -\frac{1}{3}\pi_t + \frac{1}{3}\pi_t^e + 5$가 되고, 인플레이션을 1% 낮추려 할 때 $\frac{1}{3}$의 실업률 증가를 감수하여야 한다. 이에 따라 인플레이션 1%를 낮추기 위해서는 $\frac{2}{3}$%의 GDP 희생이 필요하다.

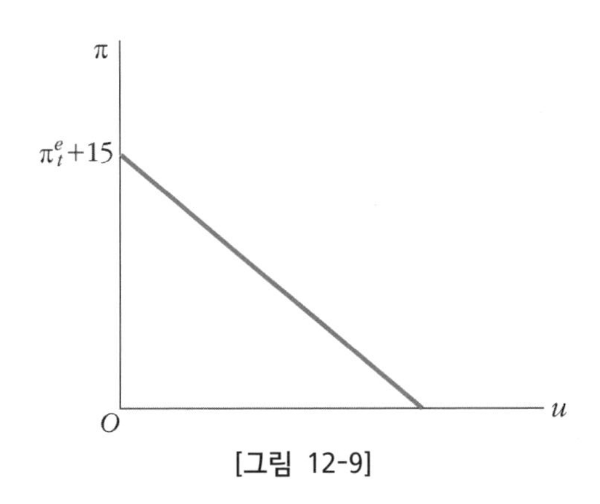

[그림 12-9]

07. 1) 합리적 기대하에서 경제주체가 정책에 대해 알고 있다면 즉각적으로 기대를 조정하기 때문에 정책시행 후 <그림 12-10>에서 보듯이 A점에서 C점으로 가지 않고 곧장 B점으로 이동해 총수요정책의 효과가 사라진다.

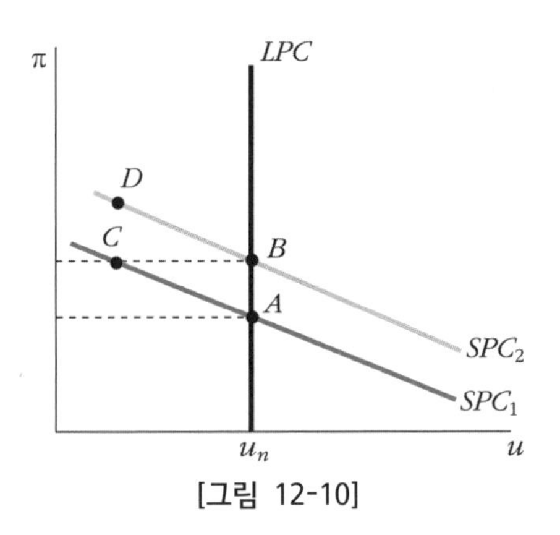

[그림 12-10]

2) 정부가 공표한 것보다 두 배 규모의 정책을 시행한다고 가정하면, 정책시행 후 필립스곡선이 상향 이동하더라도 균형을 <그림 12-10>의 D점에서 형성시킬 수 있어 정책의 효과를 얻을 수 있다. 하지만 이러한 일이 반복되면 합리적 기대하의 경제주체들은 이에 맞추어 기대를 조정할 것이므로 결국 기대하는 정책효과를 얻을 수 없을 것이다.

3) 정책에 있어서 자유재량에 따라 수행하는 경우, 민간 경제주체들은 정책의 비일관성을 합리적으로 예상하게 되고 이 상황에서 정부는 최적정책시행을 통해 기대를 조정하려고 해도 원하는 효과를 거둘 수 없게 된다. 즉

정부는 준칙에 따라 정책을 시행하도록 함으로써 신뢰를 얻을 수 있고 정책의 효과를 얻을 수 있다.

08. 1)

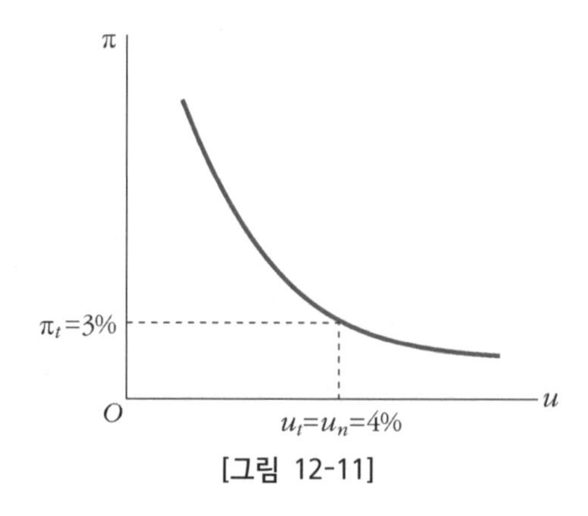

[그림 12-11]

2) 기대인플레이션율이 적응적 기대를 따를 경우, 정부가 실업률을 3%로 낮추더라도 해당 기의 기대인플레이션율은 영향을 받지 않는다.

$\pi_{t+1} = \pi_t - 2(u_{t+1} - u_{t+1}) = \pi_t + 2$이므로 인플레이션율은 전기의 인플레이션율보다 2% 상승하므로 정부는 실업률을 낮추는 정책을 시행할 것이다(<그림 12−12> 참조).

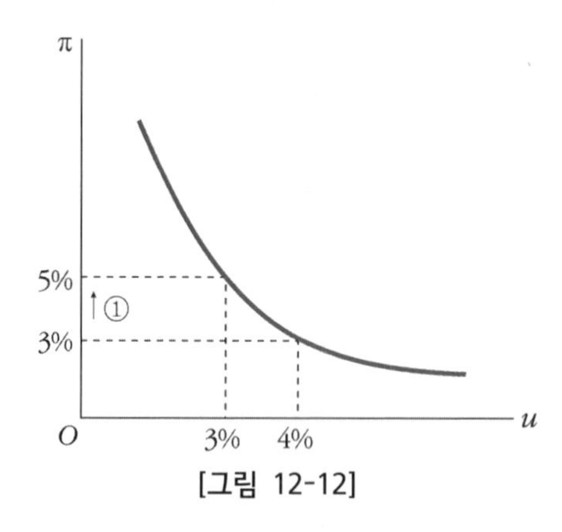

[그림 12-12]

3) 기대인플레이션율이 적응적 기대를 할 경우, 정책 시행 후 다음 기에는 실업률을 3%로 유지할 수 있으나 그 이후 장기적으로는 실업률을 3%로 유지할 수 없다.

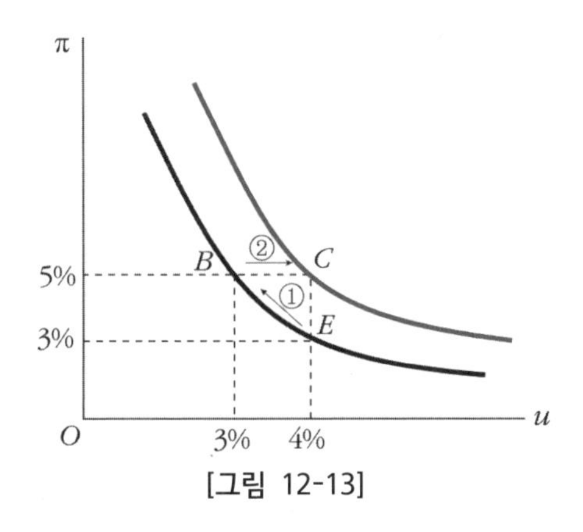

[그림 12-13]

4) 정부가 자신의 선호에도 불구하고 인플레이션율을 3%로 유지하겠다고 준칙을 발표하고 민간이 이를 신뢰할 경우 기대인플레이션율은 3%로 유지될 수 있다. 이 경제는 10년간 인플레이션율을 유지해왔기 때문에 정부에 대한 신뢰가 커 기대인플레이션율을 유지할 수 있을 것으로 생각된다.

5) 정부의 선언은 준칙에 해당한다. 정부가 3%로 유지하겠다는 준칙을 발표하고 이를 민간이 신뢰할 경우 기대인플레이션율은 준칙에 따라 기대가 형성되어 결정된다. 민간이 정부를 신뢰하지 않는다면 기대인플레이션율은 정부의 준칙과 무관하게 결정된다. 이는 정부가 민간의 신뢰를 얻는 것이 정책시행 성공에 큰 역할을 함을 의미한다.

6) 필립스곡선을 이용하면 실업률 감축에 따른 비용을 인플레이션 형태로 나타낼 수 있다. 정부가 어떠한 희생을 무릅쓰더라도 실업률을 3%로 유지하려고 한다면 인플레이션율이 2% 증가하게 된다. 하지만 정부가 자유재량을 통해 실업률을 3%로 유지할 경우 기대인플레이션율은 정부의 준칙과 무관하게 결정되기 때문에 실제인플레이션율이 계속 상승하는 현상이 일어나게 된다.

09. 1) ① IS곡선은 다음과 같이 구할 수 있다.

$Y=C+I+G$이므로

$Y=(0.7Y-0.7T+200)-2{,}000r+400+G$

$0.3Y=600+G-0.7T-2{,}000r$

$Y=2{,}000+\frac{10}{3}G-\frac{7}{3}T-\frac{20{,}000}{3}r$ 이므로

$G=100$, $T=200$을 대입하면, $Y=\frac{5{,}600}{3}-\frac{20{,}000}{3}r$

② 현재의 물가수준이 100이라고 할 때 LM곡선은 다음과 같다.

$m^s=m^d=Y-2{,}000r+p$, $Y=m^s-p+2{,}000r$이므로

$m^s=1{,}100$, $p=100$을 대입하면, $Y=1{,}000+2{,}000r$

③ 위 IS곡선과 LM곡선에 따른 단기균형 생산량(Y), 이자율(r)을 구하면, 균형에서 $IS=LM$이므로

$$\frac{5{,}600}{3}-\frac{20{,}000}{3}r=1{,}000+2{,}000r$$
$$5{,}600-20{,}000r=3{,}000+6{,}000r$$
$$2{,}600=26{,}000r$$

$\Rightarrow r=0.1$, $Y=1200$

2) $p^e=100$, p를 상수가 아니라고 가정하면 조세가 100 감소했을 때,

IS' : $Y=\frac{6{,}300}{3}-\frac{20{,}000}{3}r$, LM: $Y=1{,}100-p+2{,}000r$이다.

AD곡선과 AS곡선을 구하기 위해 Y와 p에 대해 두 식을 정리하면

AD: $13Y=17{,}300-10p$ AS : $Y=1{,}200+10(p-p^e)$이고,

균형에서는 $AS=AD$이므로 AD와 AS 두 식을 더하면

$14Y=17{,}100-10p^e$, $p^e=100$이므로 $Y=\frac{17{,}500}{14}=1{,}250$

3) 2)에서 $Y=1{,}250$이므로 $p=105$이고, 적응적 기대에 따르면,

$p^e_{t+1}=100+0.5\times5=102.5$

AD: $13Y=17{,}300-10p$

AS : $Y=1{,}200+10p-1{,}025=175+10p$

두 식을 더하면 $14Y=17{,}475$ $\therefore Y=\frac{17{,}475}{14}$

4) 현재 물가가 p_1이고 예상물가수준가 $p_1^e = p_1$라고 가정하면 총생산이 1,200에서 경제가 균형이 되어있을 것이다. 이때 조세정책의 결과로 총수요가 AD'로 증가하게 되면 궁극적으로 물가가 p_2수준으로 증가하게 되므로 사람들은 이를 합리적으로 예상하여 조세정책이 실시된 직후 기대물가수준을 $p_2^e = p_2$로 바로 조정하게 된다. 따라서 생산량은 1,200에서 변화가 없고 물가만 즉각적으로 상승하게 된다(<그림 12-14> 참조).

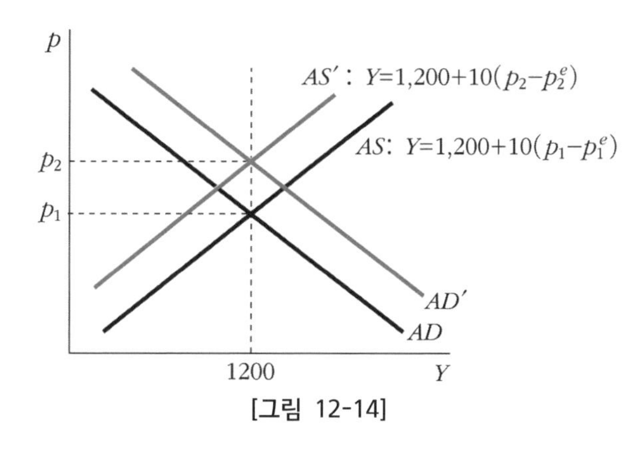

[그림 12-14]

5) 이 경제에서 조세는 소비에만 영향을 주게 되는데 그 효과를 두 가지 경로로 나누어 생각해 볼 수 있다.

① 현재 조세의 감소분만큼 미래 조세가 증가할 것이 예상되는 경우
이 경우 항상소득에 변화가 없기 때문에 소비에 변화가 없다. 따라서 총수요의 변화가 없고 경제에 아무런 변화가 없다.

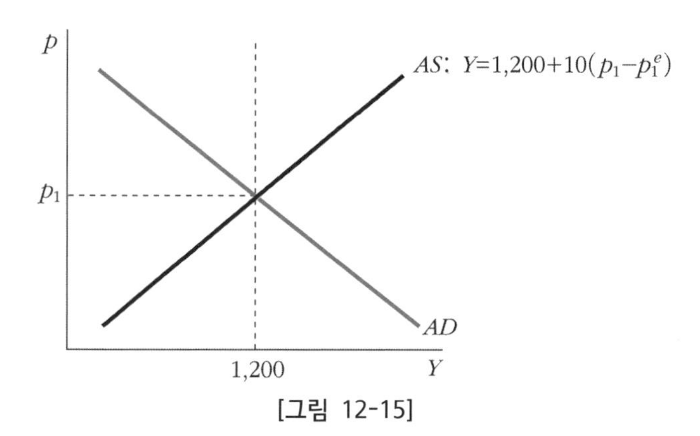

[그림 12-15]

② 조세의 감소가 앞으로도 이어질 것으로 예상되는 경우
이 경우 항상소득이 늘어나는 효과가 있기 때문에 소비가 늘어나게 된다. 그 이후에 발생하는 현상은 3)과 같다.

10. 1) 예상치 못한 인플레이션을 유도하여 실업률을 낮추려고 하면 단기필립스곡선(PC_1) 상에서 A점에서 B점으로 이동하여 균형 인플레이션율이 0보다 높아질 수 있다. 그러나 장기적으로 통화당국이 예상하지 못한 정책을 시행하면 경제주체는 통화당국이 자유재량을 가지고 있다는 것을 알게 되고 이에 맞추어 기대를 형성하게 될 것이다. 통화당국이 실업률을 낮추기 위해 갑자기 인플레이션율을 증가시키면 민간은 다음기에 가서는 통화당국이 예상하지 못한 인플레이션을 발생시킬 수 있음을 알고 이에 맞추어 합리적 기대에 따라 즉각적으로 기대를 변화시켜 기대인플레이션율을 높이 형성하게 될 것이다. 따라서 단기필립스곡선이 PC_2로 이동하게 되고 경제는 A점에서 C점으로 이동하게 된다. 이때문에 장기적으로 균형인플레이션율의 값이 0보다 커질 수 있다(<그림 12-16> 참조).

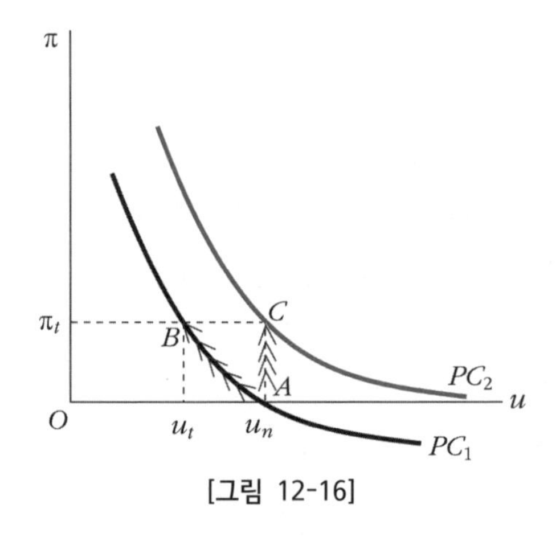

[그림 12-16]

2) 통화당국이 고정된 준칙을 사용하는 경우 민간의 기대인플레이션율은 통화당국의 준칙에 따라 결정된다. 이때문에 통화당국이 예상하지 못한 인플레이션율을 유도하였더라도 준칙에 따라 형성된 민간의 기대인플레이션율은 0이므로 <그림 12-17>에서 B점으로 이동하였다가 다시 E점으로 돌아오

게 될 것이다. 그러나 만약 통화당국이 자유재량으로 통화정책을 시행하면 민간은 통화당국이 자유재량권을 가지고 있음을 알고 이에 맞추어 기대인플레이션율을 높이 형성하게 될 것이다. 이에 따라 필립스곡선이 상방이동하고, 민간의 기대인플레이션율은 C점에서 결정될 수 있다. 이때 균형인플레이션율 C점은 고정된 준칙을 사용할 때의 E점보다 높아진다.

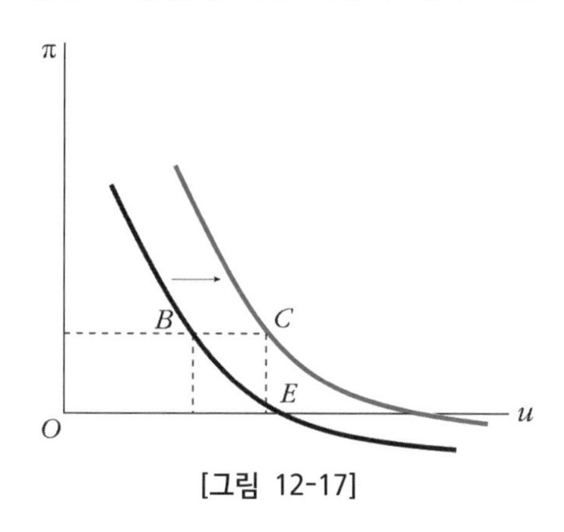

[그림 12-17]

3) 정치권의 영향으로부터 독립적인 국가는 통화정책 시행시 정치권으로부터 영향을 받지 않고 독립적으로 나라의 경제변수 안정을 위해서만 준칙에 따라 시행이 가능하여, 정책의 신뢰성이 유지되기 때문에 민간의 기대인플레이션율도 준칙에 따라 형성될 것이다. 반면 중앙은행이 정치권으로부터 독립적이지 않은 국가에서는 정치권에서 중앙은행에 국제관계나 여러 요인들을 고려하여 시행토록 영향을 줄 것이므로, 통화정책의 운용방침이 고정된 준칙으로 시행되고 있었더라도 자유재량으로 시행될 가능성이 존재한다. 이에 따라 고정된 준칙을 운영하겠다는 통화정책의 신뢰성이 무너질 수 있고 민간의 기대인플레이션율은 준칙에 따라 형성되지 않을 수 있다. 따라서 독립적인 국가의 인플레이션율이 낮을 수 있다.

11. 1) 통화증가율이 장기간 30%로 유지되어 왔고 앞으로도 계속 30%로 유지된다는 것은 결국 $\pi_t = \pi_t^e$이 유지될 것이라는 것과 같다. 이를 총공급곡선에 대입하면, $Y_t = Y^* = 500$이다. 이를 총수요곡선에 대입하면, $500 = 300 + 10(30\% - \pi_t)$이므로 $\pi_t = \pi_t^e = 10\%$이다. 또한 오쿤의 법칙에 의해 $500 - 500 = -2.5(u_t - 4\%)$이므로 $u_t = 4\%$이다.

2) 예상치 못한 통화증가율의 상승은 $m_t = 35.5\%$이지만 민간은 이에 따른 기대 인플레이션을 조정하지 못한다. 따라서 기대 인플레이션은 여전히 $\pi_t^e = 10\%$이다. 따라서 예상치 못한 통화증가율의 상승으로 총수요곡선은 오른쪽으로 이동하지만 단기 총공급곡선은 움직이지 않는다. 그 결과, 균형 인플레이션율과 균형 산출량은 증가하게 된다. 즉, 총수요곡선과 총공급곡선을 연립하여 풀면, $300 + 10(35.5\% - \pi_t) = Y_t = 500 + (\pi_t - 10\%)$이므로 $\pi_t^{'} = 15\%$이다. 이를 총공급곡선에 대입하면 $Y_t^{'} = 505$이다. 또한 이를 오쿤의 법칙에 대입하면 $505 - 500 = -2.5(u_t - 4\%)$이므로 $u_t^{'} = 2\%$이다. 요약하면, 민간이 예상하지 못한 통화증가율의 상승은 인플레이션율과 총생산을 증가시키고 실업율을 낮춘다. 이를 이자율 경로를 통해 설명할 수 있는데, 통화증가는 실질이자율을 하락시켜서 투자를 자극하여 총수요를 증가시킨다. 이것은 총수요곡선의 우측 이동으로 나타나게 된다.

3) 필립스곡선은 총공급곡선과 오쿤의 법칙을 결합하여 구할 수 있다. 총공급곡선에서 $Y_t - Y^* = \pi_t - \pi_t^e$이므로 이를 오쿤의 법칙에 대입하면, $\pi_t - \pi_t^e = -2.5(u_t - u_n)$을 구할 수 있으며, 이것이 필립스곡선이다. 민간은 단기에 기대 인플레이션(π_t^e)을 조정하지 못하기 때문에 실업률(u_t)이 자연실업율(u_n)보다 낮아질 때 인플레이션율(π_t)이 상승하게 된다. 따라서 단기 필립스곡선은 실업율과 인플레이션의 상충관계로 인해 우하향하게 된다. 그러나 장기에는 민간이 기대 인플레이션을 조정할 수 있기 때문에 $\pi_t = \pi_t^e$가 성립하게 되어 총생산은 자연실업률 수준과 같아진다. 즉, $Y_t = Y^*$가 성립하므로 오쿤의 법칙에 따라 $u_t = u_n$도 항상 성립하게 된다. 따라서 장기 필립스곡선은 $u_t = u_n$에서 수직이 된다.

12. **1)** 필립스 곡선이 $\pi_t = \pi_t^e - \frac{1}{2}(u_t - u_t^n)$이고 $\pi_t^e = \pi_{t-1}$이므로 $\pi_t = -\frac{1}{2}u_t + 0.05$이다. 물가상승률을 2%로 낮추고자 한다면, 필립스 곡선에 의해 실업률은 0.06이 된다. 이를 그래프로 표시하면 <그림 12-18>과 같다.

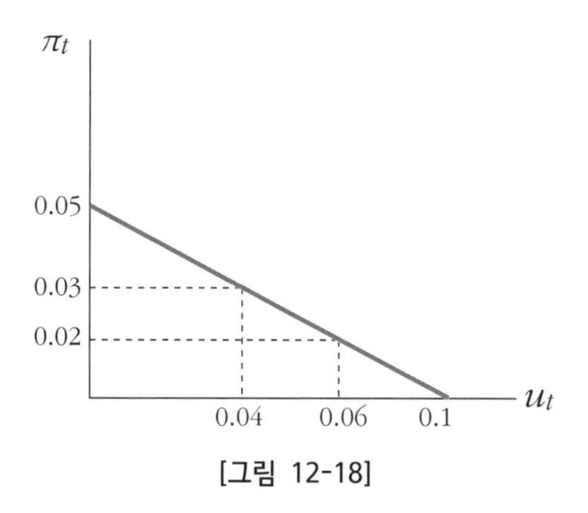

[그림 12-18]

2) 1)에 따르면 물가상승률을 1% 감소시키면 실업률이 2% 증가하고, 문제에 주어진 대로 GDP는 4% 하락하게 된다. 따라서 인플레이션 1% 감소를 위해 희생해야 하는 GDP의 감소분은 4%이기 때문에 희생비율은 4가 된다.

3) 이제 인플레이션도 2%로 변하고 기대인플레이션도 2%로 변하였고 경기침체로 실업률이 10%로 상승하였다.

$\beta = -\frac{1}{2}$인 경우에는 $\pi_t = -\frac{1}{2}u_t + 0.04$이므로 $u_t = 0.1$일 때,

$\pi_t = -0.01$

$\beta = -\frac{1}{10}$인 경우에는 $\pi_t = -\frac{1}{10}u_t + 0.04$이므로 $u_t = 0.1$일 때,

$\pi_t = 0.03$

4) 실업률 상승으로 인플레이션 변동을 초래한다. 그런데 3)의 결과를 보면 $\beta = -\frac{1}{2}$인 경우보다 $\beta = -\frac{1}{10}$인 경우에 인플레이션 변동 폭이 훨씬 작다. 따라서 $\beta = -\frac{1}{10}$인 경우에 중앙은행이 보다 적극적인 통화정책으로 경기침체에 대응하려 할 것이다.

13. 1) 중앙은행이 필립스 곡선을 제약조건으로 인식하고 사회후생함수를 극대화 하는 인플레이션을 선택하기 때문에 필립스 곡선을 사회후생함수에 대입한 후 극대화 조건을 구해보자.

$W = -0.5(\bar{u} - \pi + \pi^e - u^*)^2 - 0.5(\pi - \pi^*)^2$이므로 극대화 일계조건을 구하면, F.O.C.: $\frac{\partial W}{\partial \pi} = (\bar{u} - u^*) - (\pi - \pi^e) - (\pi - \pi^*) = 0 \Rightarrow$ $\pi = \frac{1}{2}\{(\bar{u} - u^*) + (\pi^e + \pi^*)\}$

민간이 중앙은행이 항상 인플레이션율을 사회적으로 바람직한 수준으로 유지할 것이라고 기대한다면, $\pi^e = \pi^*$이다. 이 때, 문제의 가정에 따라 $\bar{u} > u^*$이므로 사회후생함수 극대화를 통해 구한 π는 항상 π^e보다 높다. 이는 $\bar{u} > u^*$이기 때문에 중앙은행에게 민간의 기대인플레이션율 보다 높은 인플레이션율을 추구하는 확장적 통화정책의 유인이 있음을 의미한다.

2) 균형에서는 $\pi = \pi^e$가 성립하므로 필립스 곡선에서 $u = \bar{u}$가 성립한다. 즉, 필립스 곡선은 $u = \bar{u}$에서 수직으로 나타나며, 인플레이션과 실업의 상충관계를 이용할 수 없다. 따라서 이 경우 실업율을 낮추고자 하는 확장적 통화정책은 인플레이션만 높일 뿐 효과를 볼 수 없다.

14. 동태적 비일관성이란 시간이 지나면서 최적계획의 내용이 달라지는 것을 의미하는데 정책입안자들이 자유재량의 권한을 가지고 있기 때문에 발생한다. 위의 사회후생함수를 이용하여 사회후생을 극대화하는 인플레이션율(π^S)을 구하면 다음과 같다.

$\Omega = \alpha(\pi - \pi^e) - \frac{1}{2}\beta\pi^2$을 이용하여 일계미분조건을 구하면,

F.O.C.: $\frac{\partial \Omega}{\partial \pi} = \alpha - \beta\pi = 0 \Rightarrow \pi^S = \frac{\alpha}{\beta}(>0)$

이 때, 극대화된 사회후생은 $\Omega^S = \alpha\left(\frac{\alpha}{\beta} - \pi^e\right) - \frac{1}{2}\beta\frac{\alpha^2}{\beta^2} = \frac{1}{2}\frac{\alpha^2}{\beta} - \alpha\pi^e$ 이다. 이처럼 사회후생의 극댓값은 기대 인플레이션율(π^e)에 의해 영향을 받는데 기대 인플레이션율이 높아지면 사회후생 극댓값은 작아져 후생의 감소가 일어나게 된다. 문제에서 요구한대로 $\pi^e = 0$일 때 사회후생 극대

화 인플레이션율은 $\pi^S = \frac{\alpha}{\beta}(>0)$이다. 그런데 정책당국이 물가상승은 없을 것이라는 공약을 지키지 않으려 한다면 일반의 기대 인플레이션은 양(+)의 값으로 형성될 것이다. 이에 따라 $\pi^e > 0$일 때에는 위에서 보듯이 사회후생이 감소하게 된다.

더 생각해 볼 문제들

01. (2010년 행정고등고시(행정) 기출문제)

거시경제정책의 과제는 실업과 인플레이션 관리라고 말할 수 있다. 그렇지만 알려진 바에 의하면 실업과 인플레이션의 상충관계로 인해 경제정책의 어려움이 가중되고 있다. 실업과 인플레이션의 상충관계 그리고 총수요(AD)－총공급(AS) 곡선을 이용하여 다음 물음에 답하시오.

1) "인플레이션은 언제, 어디서나 화폐적 현상"이라는 밀턴 프리드만의 주장을 고전학파 경제학의 이분성(classical dichotomy)과 화폐적 중립성 개념을 그림에 적절히 반영하여 설명하시오.

2) 원유가의 상승으로 인한 스태그플레이션이 발생할 경우 정책담당자들은 보통 재정정책이나 금융정책을 이용하여 총공급 충격을 상쇄시키려는 노력을 한다. 이와 같은 총공급곡선의 이동에 대응한 총수요 관리정책이 물가와 산출량에 미치는 효과를 설명하시오.

3) 합리적 기대 모형은 물가상승에 대한 경제안정화정책일지라도 금융당국이 정책을 시행하는 것이 바람직하지 않다고 주장한다. 합리적 기대론의 이러한 주장을 뒷받침하는 근거를 제시해 보시오.

02. (2011 행정고등고시(행정) 기출문제)

어떤 경제모형(이하 기본모형)이 아래와 같이 주어졌을 때, 다음 물음에 답하시오.

○ 소비함수: $C = 200 + 0.75(Y - T)$

○ 투자함수: $I = 200 - 25r$

○ 실질화폐수요 함수: $M^d/P = Y - 100(r + \pi^e)$

[Y는 국민소득, r은 실질이자율(%), G(정부지출)$=100$, T(조세)$=100$, M^s(통화량)$=1000$, π^e(기대물가상승률)$=0$]

1) 위의 기본모형에서 총수요곡선을 수식으로 표현하시오.

2) 기본모형에 총공급 부문을 아래와 같이 추가할 경우, 균형물가수준과 균형국민소득을 구하시오.

○ 총생산함수: $Y = 935 + 2N - 0.05N^2$

○ 노동공급함수: $N^s = 9 + w$

(N은 노동투입량, w는 실질임금)

3) 기본모형에 루카스 공급곡선을 아래와 같이 추가한다. [단, 2)에서 추가했던 부문은 제외]. P^e(기대물가수준)$=3$일 때, 단기균형에서 물가수준과 국민소득을 구하시오.

○ 루카스 공급곡선: $Y = Y^* + 75(P - P^e)$ [Y^*(자연산출량)$=900$]

4) 3)의 장기균형에서 물가수준, 기대물가수준 및 국민소득을 구하시오.

제13장 개방경제의 거시이론 I: 기본개념과 장기모형

01. 1) **옳다.** 명목환율은 외국통화 1단위에 대한 자국통화의 교환비율을 의미한다. 구매력 형평설이 성립한다고 가정했을 때, 한국의 물가상승률이 미국의 물가상승률보다 높다면 달러의 화폐가치에 비해 원화의 화폐가치가 하락하게 되어 명목환율이 상승한다. 참고로 구매력 형평설이 성립하지 않는다면 원화표시 명목환율이 상승하지 않을 수 있다.

2) **옳지 않다.** 어떤 원인에 의해서 기대환율이 상승하여 이로 인해 주어진 이자율 수준에서 환율이 상승하는 경우를 가정하자. 기대환율이 상승하면 <그림 13-1>에서처럼 이자율형평설 $i_{kor} = i_{us} + \frac{E^e - E}{E}$을 나타내는 그래프가 우측으로 수평이동하게 된다. 이 경우 주어진 이자율 i_0에서 환율은 E_0에서 E_1으로 상승하게 된다. 급격한 환율 상승을 방어하기 위해 이자율을 i_1으로 올리게 되면 환율을 안정시킬 수 있다. 그러나 <그림 13-2>에서 보듯이 이자율을 상승시키기 위해서는 국내 통화량을 줄여야 하는데 이것이 실물경기를 나쁘게 한다면 이자율을 올리는 정책이 반드시 바람직하다고 할 수는 없다.

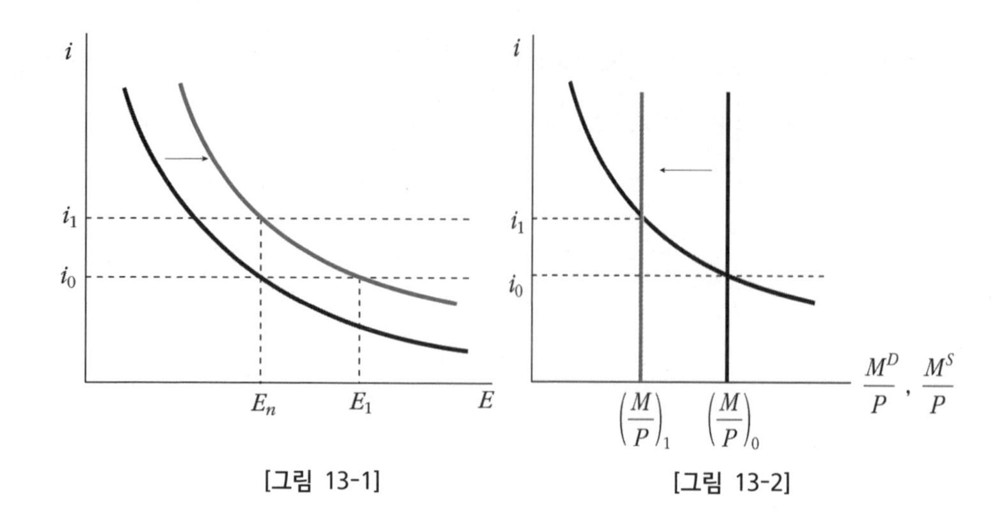

[그림 13-1] [그림 13-2]

3) **옳다**. <그림 13-3>에서 전세계의 저축이 크게 감소할 경우 해외 이자율이 r_0^*에서 r_1^*로 상승한다. 소국경제는 상승한 해외이자율을 수용할 수밖에 없는데, 해외이자율이 상승할 경우 <그림 13-4>에서처럼 소국경제의 투자는 감소한다. 반면 저축과 순수출은 증가하게 된다. 순수출이 증가할 경우 <그림 13-5>에서 보듯이 실질환율이 상승하게 된다.

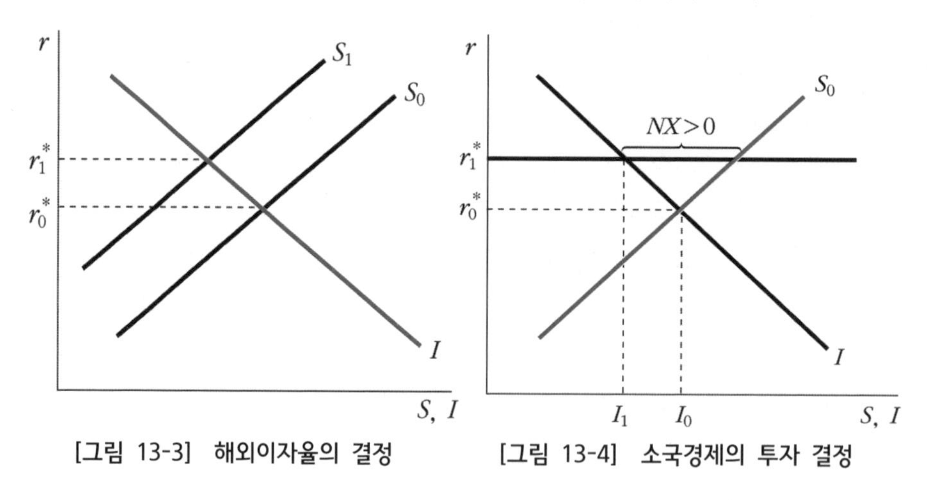

[그림 13-3] 해외이자율의 결정 [그림 13-4] 소국경제의 투자 결정

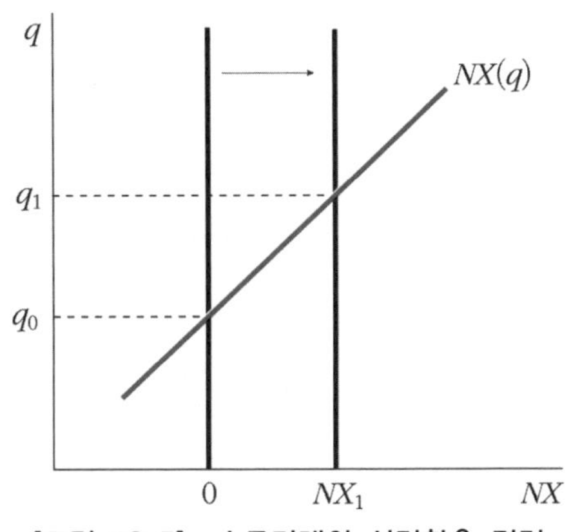

[그림 13-5] 소국경제의 실질환율 결정

4) **옳지 않다.** 경상수지가 발생하는 원인에 따라 답이 달라질 것이다. 생산력 증가에 따른 소득 증가로 인해 수입이 증가하여 경상수지적자가 발생하고 있다면 GDP 대비 경상수지적자의 비율이 감소하고 별다른 문제가 없을 수 있다. 그러나 〈그림 13－6〉에서처럼 재정적자가 지속적으로 발생하여 국민저축이 감소하는 경우에도 경상수지적자가 발생할 수 있다. 재정적자가 지속될 경우 정부의 재정건전성이 악화되어 장기적으로는 경제에 악영향을 끼칠 수 있다. 그리고 〈그림 13－7〉에서처럼 투자 증가가 지속될 경우에도 경상수지적자가 지속될 수 있다. 그런데 투자 증가가 생산성 증가에 대한 잘못된 기대에 근거한 것이라면 경제에 버블을 형성시킬 수 있고 결과적으로 경제에 악영향을 끼칠 수 있다. 또한 경상수지적자를 자본·금융수지 흑자로 계속 메꿀 수 있더라도 순해외부채가 사후적으로 증가하게 되어 외환위기가 발생할 수 있다.

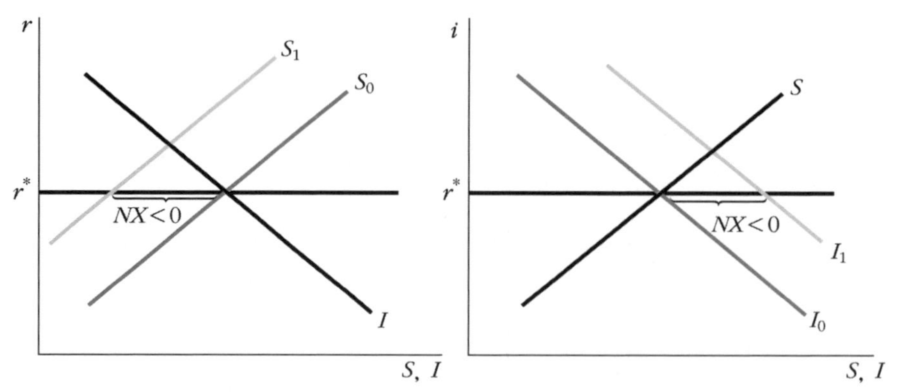

[그림 13-6] 재정적자가 계속 발생하는 경우

[그림 13-7] 과도한 투자가 계속 발생하는 경우

02. 국제수지표의 회계원리

	차변(debit, '-' 표시)	대변(credit, '+' 표시)
경상수지	• 상품 수입(실물자산 증가) • 서비스 지출(제공 받음) • 본원소득 및 이전소득 지급	• 상품 수출(실물자산 감소) • 서비스 수입(제공 해줌) • 본원소득 및 이전소득 수취
금융계정	• 금융자산 증가 • 금융부채 감소	• 금융자산 감소 • 금융부채 증가

(a) 삼성전자가 중국에 휴대폰을 수출하고 10억 달러를 영수하였다.

차변(debit, '-' 표시)	대변(credit, '+' 표시)
• 현금 및 예금 10 (금융계정)	• 수출 10 (경상수지)

항목명
경상수지 10
상품수지 10
수출 10
금융계정 -10
기타투자 -10
- 현금 및 예금 -10

(b) 포항제철은 인도네시아에 제철소를 건설하기 위해 30억 달러를 송금하였다.

차변(debit, '-' 표시)	대변(credit, '+' 표시)
• 해외직접투자 30 (금융계정)	• 현금 및 예금 30 (금융계정)

항목명
경상수지 0
금융계정 0
직접투자 -30
해외직접투자 -30
기타투자 30
현금 및 예금 30

(c) 일본 투자자들이 국내 증권시장에서 주식을 20억 달러 매입하였다.

차변(debit, '-' 표시)	대변(credit, '+' 표시)
• 현금 및 예금 20 (금융계정)	• 외국인증권투자 20 (금융계정)

항목명
경상수지 0
금융계정 0
증권투자 20
외국인증권투자 20
기타투자 -20
현금 및 예금 -20

(d) 한국은행이 국내 외환시장에서 10억 달러를 매입하였다

차변(debit, '-' 표시)	대변(credit, '+' 표시)
• 준비자산 10 (금융계정)	• 현금 및 예금 10 (금융계정)

항목명
경상수지 0
금융계정 0
기타투자 10
현금 및 예금 10
준비자산 -10

• 종합 (단위: 억달러)

		차변(-)	대변(+)	수지
경상수지	상품수지		$10^{(a)}$	10
	서비스 수지			
	본원소득수지			
	이전소득수지			
	소계		10	10
금융계정	직접투자	$30^{(b)}$		-30
	증권투자		$20^{(c)}$	20
	기타투자	$10^{(a)}$ $20^{(c)}$	$30^{(b)}$ $10^{(d)}$	10
	준비자산	$10^{(d)}$		-10
	소계	70	60	-10

03. 상품, 서비스, 경상이전거래는 경상수지로, 수취 280, 지급 340이다. 따라서 경상수지가 60만큼 적자이다. 금융계정은 70만큼 유입초과이므로 경상수지 적자를 금융계정의 유입초과로 메꾼 경우라고 할 수 있다. 또한 (경상수지)+(준비자산을 제외한 금융계정)+(오차 및 누락)이 30이므로 외화준비 자산이 30만큼 증가하여 −30으로 표시한다.

04. 1) 구매력형평설이란 각국 통화의 실질적인 구매력이 같도록 환율이 결정된다는 이론이다. 실질환율은 $q=\frac{P^{*}E}{P}$인데, 구매력형평설이 성립하면 실질환율은 1이므로 $E=\frac{P}{P^{*}}$가 된다. 국가 간 비교역재의 가격차이가 존재할 경우 구매력형평설이 성립하지 않을 수 있다. 국가 간 자유로운 무역이 이루어져 교역재의 가격이 서로 일치하더라도 비교역재의 가격이 상이할 경우 각국 통화의 실질적인 구매력이 달라질 수 있다. Balassa −Samuelson에 따르면 국가 간 생산성 차이에 의해 비교역재 가격차이가 존재한다.

2) 이자율형평설이란 각 통화를 양국의 금융자산에 투자하여 얻을 수 있는 수익이 같도록 환율이 결정된다는 이론이다. 이자율형평설의 조건은 '국내

투자수익률 = 해외 투자수익률 + 환율기대변화율'로 표현할 수 있다. 이는 $i = i^* + \frac{E^e - E}{E}$ 로 나타낼 수 있는데 거래비용이나 자본통제, 국가 간 제도상의 차이로 인해 자본이동이 완전하지 못하거나 정치적 위험이 존재한다면 이자율형평설이 성립하지 않을 수 있다.

05. B국의 화폐단위로 표시한 B국의 환율은 $E = \frac{P_B}{P_A} = 3$이므로 A국의 화폐단위로 표시하면 $\frac{1}{3}$이다.

06. 1) 주어진 표를 분석해 봤을 때 인도네시아는 1996년에 4,503백만 달러의 국제수지 흑자를 보고 있지만 1997년에는 7,881백만 달러의 국제수지 적자를 보고 있다. '국제수지 = 경상수지 + 자본수지 + 금융계정'이고 오차 및 누락이 없다고 한다면 국제수지는 준비자산증감과 일치한다. 단, 여기에서는 자본수지는 변함이 없다고 가정한다. 그런데 준비자산 증감은 곧 외환보유고의 증감을 의미한다. 따라서 1996년과 1997년 사이의 인도네시아의 전체적인 국제수지는 적자로 돌아섰고, 이로 인해 외환보유고가 큰 폭으로 하락했다는 것을 알 수 있다.

2) 외환보유고가 감소하는 것은 중앙은행이 외환시장에서 자국화폐를 매입하고 외화를 매각하기 때문에 발생하는 현상이다. 자국화폐를 매입하고 외화를 매각하는 과정에서 국내통화량이 감소하게 된다. 중앙은행이 보유한 순외화자산을 NFA, 중앙은행의 순국내자산을 DC, 본원통화를 H로 표시하면 개방경제의 본원통화 구성을 $NFA + DC = H$로 나타낼 수 있다. 이는 다시 $\triangle NFA + + \triangle DC = \triangle H$로 나타낼 수 있는데 외환보유고가 크게 감소할 때 순국내자산이 변하지 않는다면 국내 통화량이 크게 감소하게 된다는 것을 알 수 있다. 그러나 중앙은행이 외환보유고 감소만큼 채권을 매입하거나 통화안정증권을 매입하여 순국내자산을 늘린다면 통화량은 변하지 않을 것이다.

07. 1) 기대환율이 5% 상승하여 $E_t^e = 1050$이 되면, 더 이상 이자율 형평성 조건이 성립하지 않고, $i_t < i_t^f + \frac{E_t^e - E_t}{E_t} + \Delta_t$가 된다. 같은 이자율 수준에서 기대환율의 상승은 환율에 대한 기대변화율$\left(\frac{E_t^e - E_t}{E_t}\right)$을 높이게 되어 상대적으로 외국자산에 대한 수익률을 높이게 된다. 이로 인해 차익거래를 통한 수익을 얻기 위해 해외로의 투자가 증가하면서 국내투자자금의 순유출이 발생하고 이는 국내외환시장의 달러화 수요를 증가시켜 달러화가치가 상승하고 현재 환율은 이자율형평설이 성립할 때까지 상승하여 $E_t^e = E_t$가 된다. 따라서 E_t는 상승하여 $\frac{E_t^e - E_t}{E_t}$는 낮아지고 결국 양변이 같아지게 된다. 이는 금융계정의 유출초과만큼 경상수지의 흑자가 발생하여 외환시장이 균형이 된다는 것을 뜻한다. 또한 실질환율의 상승(한국상품의 상대가격 하락)으로 인해 순수출이 증가하고, 이로 인해 생산이 증가한다. 순수출의 증가는 단기적으로 생산의 증가를 가져오나 장기적으로는 완전고용생산량에서 물가상승을 유발할 것이다. 또한 해외부채에 대한 이자지급액은 환율상승으로 인해 증가하여, 원화로 환산한 해외부채가 증가한다.

2) 한국 중앙은행이 $E_t = 1000$에서 고정환율을 유지하려고 한다면, 한국은 상당히 많은 해외부채를 가지고 있어, 청산 시 달러수요가 크게 증가하여 환율이 크게 상승할 가능성이 있기 때문에 기대환율이 쉽게 하락하지 않을 것이다. 이에 따라 기대변화율$\left(\frac{E_t^e - E_t}{E_t}\right)$이 높아져 외국자산의 수익률이 상승하여 외환시장참가자들이 해외로 자본을 유출하려하면, 외환보유고가 감소하고 환율이 상승할 수밖에 없다. 이를 해결하기 위해서는 달러확보를 통해 외환보유고를 확충하여 해외부채에 대한 불안감을 감소시킴으로써 기대환율을 안정시키는 것이 바람직하다.

08. 1) 가계의 소비성향이 감소하면 전체적으로 소비가 줄고 저축이 증가한다. 저축이 증가하면 <그림 13−8>에서 저축곡선이 우측으로 이동하고 주어진 해외이자율 수준에서 경상수지 흑자가 발생한다. 소득수준은 항상 일정하므로 경상수지 흑자는 <그림 13−9>에서 실질환율 상승에 의해 이루어진다.

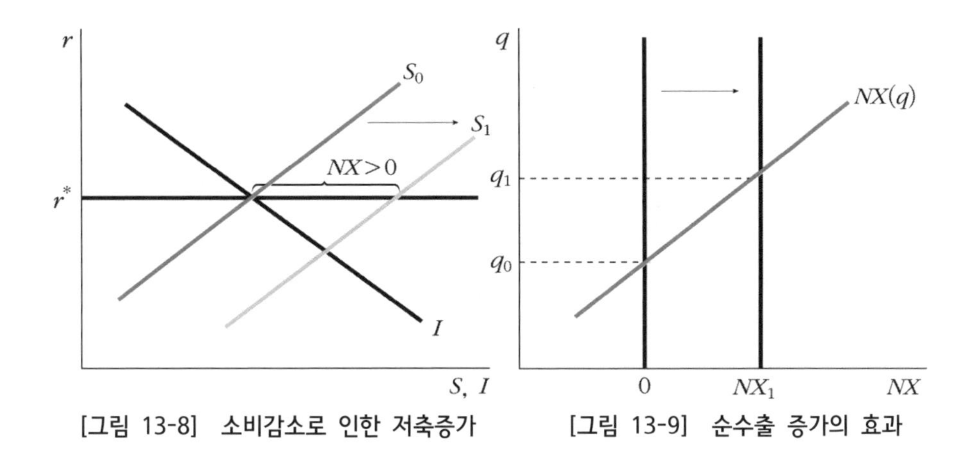

[그림 13-8] 소비감소로 인한 저축증가 **[그림 13-9] 순수출 증가의 효과**

2) 소득세가 인하되면 가계의 가처분소득이 증가하여 소비가 증가하고 저축이 감소하게 된다. 저축이 감소하면 〈그림 13－10〉에서 저축곡선이 좌측으로 이동하고 주어진 해외이자율 수준에서 경상수지 적자가 발생한다. 소득수준은 항상 일정하므로 경상수지 적자는 〈그림 13－11〉에서 실질환율 하락에 의해 이루어진다.

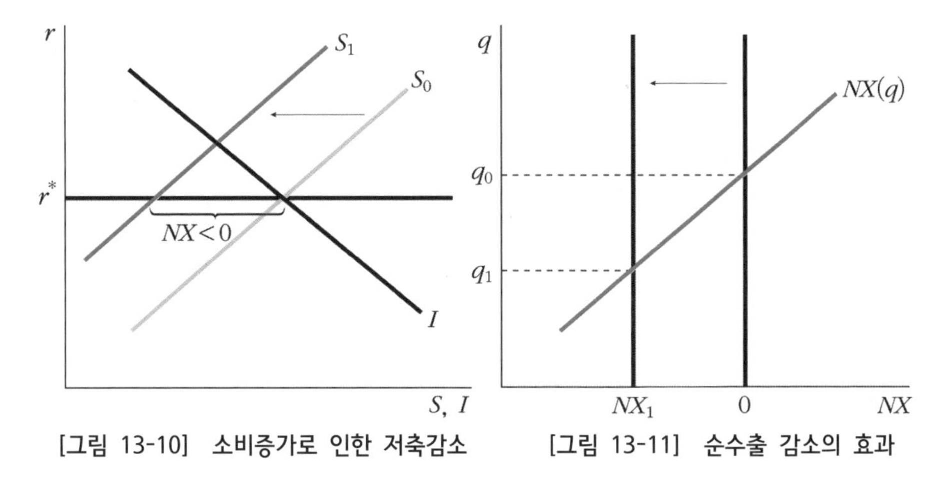

[그림 13-10] 소비증가로 인한 저축감소 **[그림 13-11] 순수출 감소의 효과**

3) 미국연방준비은행의 이자율이 인상되면 해외이자율이 상승한다. 해외이자율이 상승하면 〈그림 13－12〉에서 소국경제가 직면하게 되는 해외이자율이 상승하고 경상수지 흑자가 발생한다. 소득수준은 항상 일정하므로 경상수지 흑자는 〈그림 13－13〉에서 보듯이 실질환율 상승에 의해 이루어진다.

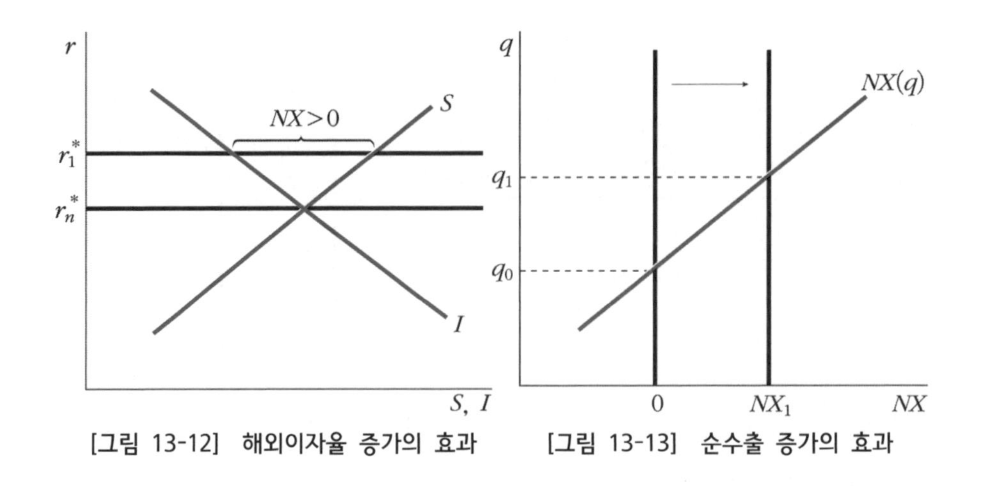

[그림 13-12] 해외이자율 증가의 효과 [그림 13-13] 순수출 증가의 효과

4) 정부의 국방비 지출이 삭감 되면 $S=\overline{Y}-C-G$에서 국민저축이 증가하게 된다. 국민저축이 증가하면 〈그림 13−14〉에서 저축곡선이 우측으로 이동하게 되고 경상수지 흑자가 발생한다. 소득수준은 항상 일정하므로 경상수지 흑자는 〈그림 13−15〉에서 보듯이 실질환율 상승에 의해 이루어진다.

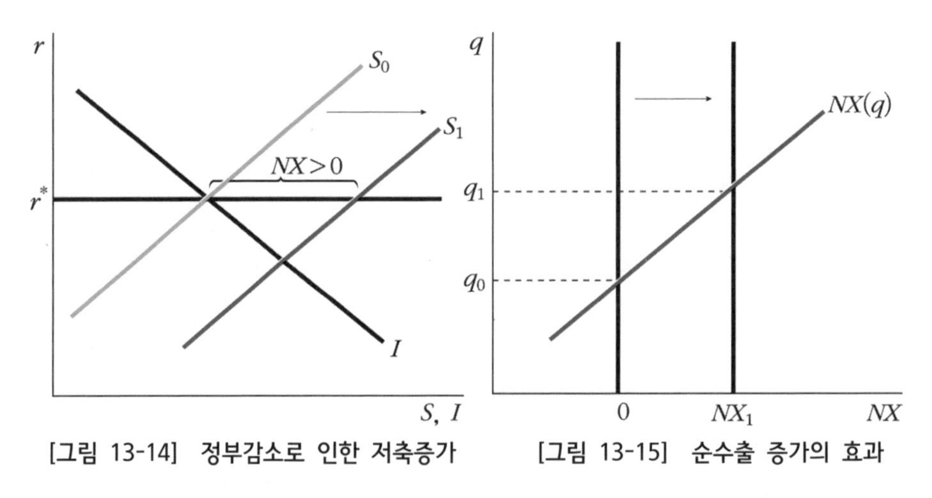

[그림 13-14] 정부감소로 인한 저축증가 [그림 13-15] 순수출 증가의 효과

5) 해외 경제가 침체되어 해외의 소비가 감소하면 해외의 저축이 증가하여 해외이자율이 하락한다. 〈그림 13−16〉에서 보듯이 해외이자율의 하락은 소국경제의 경상수지 적자를 발생시킨다. 소국경제의 소득수준은 항상 일정하므로 경상수지 적자는 〈그림 13−17〉에서처럼 실질이자율 하락에 의해 이루어진다.

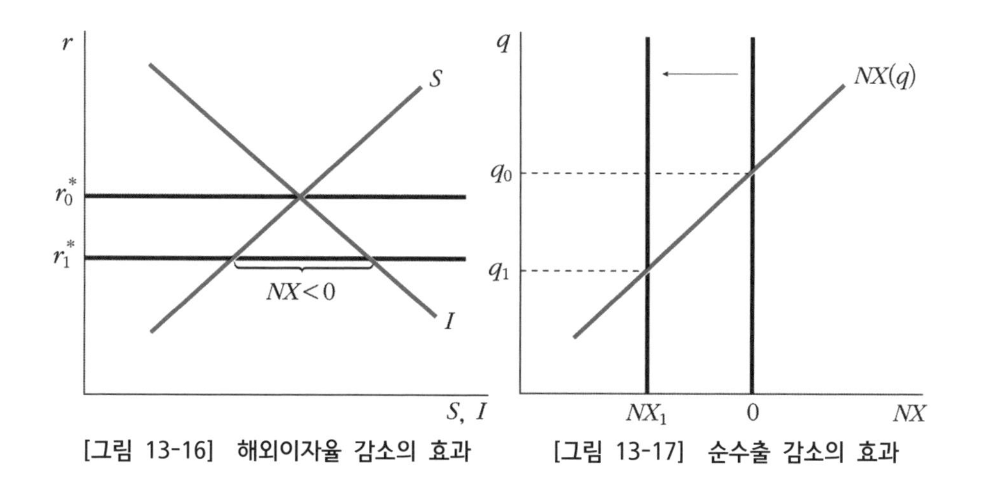

[그림 13-16] 해외이자율 감소의 효과　　[그림 13-17] 순수출 감소의 효과

6) 해외 인플레이션율이 외생적으로 상승할 경우 구매력평가설이 성립한다면 해외물가가 증가한 만큼 명목환율이 하락해서 실질환율 $q=\dfrac{EP^*}{P}$는 변화가 없게 된다(항상 1로 일정). 실질환율의 변화가 없으므로 순수출 또한 변화가 없다.

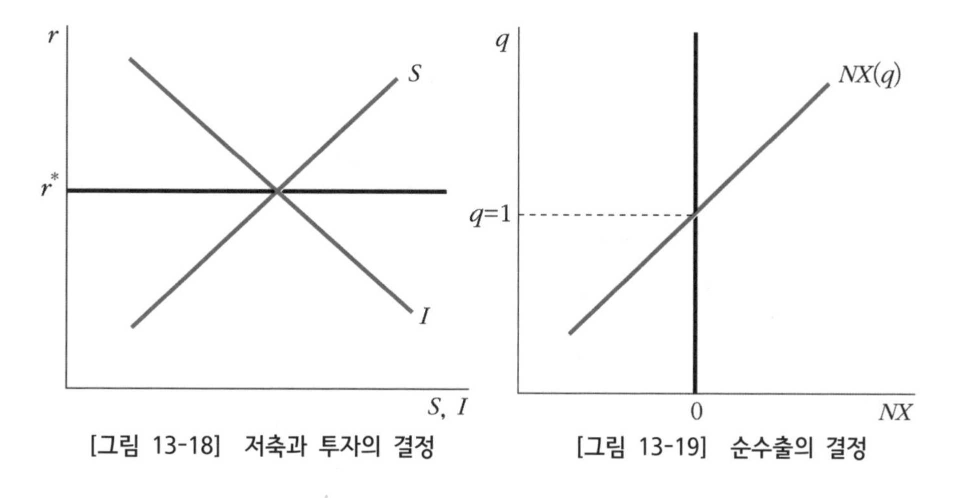

[그림 13-18] 저축과 투자의 결정　　[그림 13-19] 순수출의 결정

09. 1) 경상계정과 자본계정 및 금융계정을 합한 것이 흑자인 경우 외환시장에서 외화의 공급이 증가하게 된다. 이때 중앙은행이 이 달러화를 매입하게 되면 외환보유고가 증가한다. 국제수지표의 경상계정에서 수입－지출인 순수출, 자본계정과 금융계정에서 해외로부터의 자본 유입이 외환보유고의 변화를

결정한다.

2) 외환위기 이후 수출확대로 인해 경상수지 흑자규모의 계속되는 증가로 외환시장에서 많은 외화가 유입되었다. 이에 환율하락압력이 발생하였고, 중앙은행이 이 충격을 줄이고자 외화를 매입하는 과정에서 달러를 원화로 바꾸면서 통화량이 증가하였다. 통화량이 증가하면서 인플레이션 압력을 받게 되자 시중의 통화량을 흡수하기 위해 통화안정증권을 발행하여 통화량을 흡수하였다. 계속적으로 경상수지 흑자규모가 커지자 외화유입도 커지게 되었고, 이에 따라 통화안정증권 발행잔고도 크게 증가하였다.

3) 외환위기 이전은 자본 자유화가 이루어지기 전이므로 경상거래가 주를 이루었다. 따라서 외환보유고 적정수준에 대한 기준을 수입액으로 하였으나, 외환위기 이후 자본 자유화가 이루어져 자본거래가 큰 비중을 차지하게 되었다. 따라서 적정수준에 대한 기준이 단기외채량이 되어야 한다는 견해가 커졌다.

10. 1) 미국 서브프라임 모기지 사태가 발생하면서 미국에 금융위기가 발생했다. 미국의 경제가 급격히 나빠지고 미국의 위기가 전 세계로 파급되면서 해외 투자자들의 위험기피 성향이 높아졌다. 해외 투자자들은 한국에 자신들이 투자하고 있던 자금을 회수하기 시작했고 이에 따라 원화의 상대적인 가치가 떨어져 환율이 급등하였다. 글로벌 금융위기 발생으로 인해 미국 투자자들의 유동자금이 줄어들고 해외에의 투자 위험도가 높아질 경우 이들이 투자를 회수해 〈그림 13−20〉에서처럼 미국의 자본의 순유출은 줄어들고 이에 따라 해외이자율이 증가하게 된다. 해외이자율이 증가할 경우 〈그림 13−21〉에서처럼 한국의 경상수지흑자가 발생하게 되고 한국의 소득이 일정하다고 볼 경우 이는 〈그림 13−22〉에서와 같이 실질환율 상승에 의해 이루어질 것이다. 참고로 풀이에서 사용된 모형과 현실이 완전히 일치하지는 않는다. 2008년 세계금융위기의 경우 경기침체를 완화하기 위한 각국 정부의 적극적인 대응정책으로 인해 현실에서는 이자율이 하락했다.

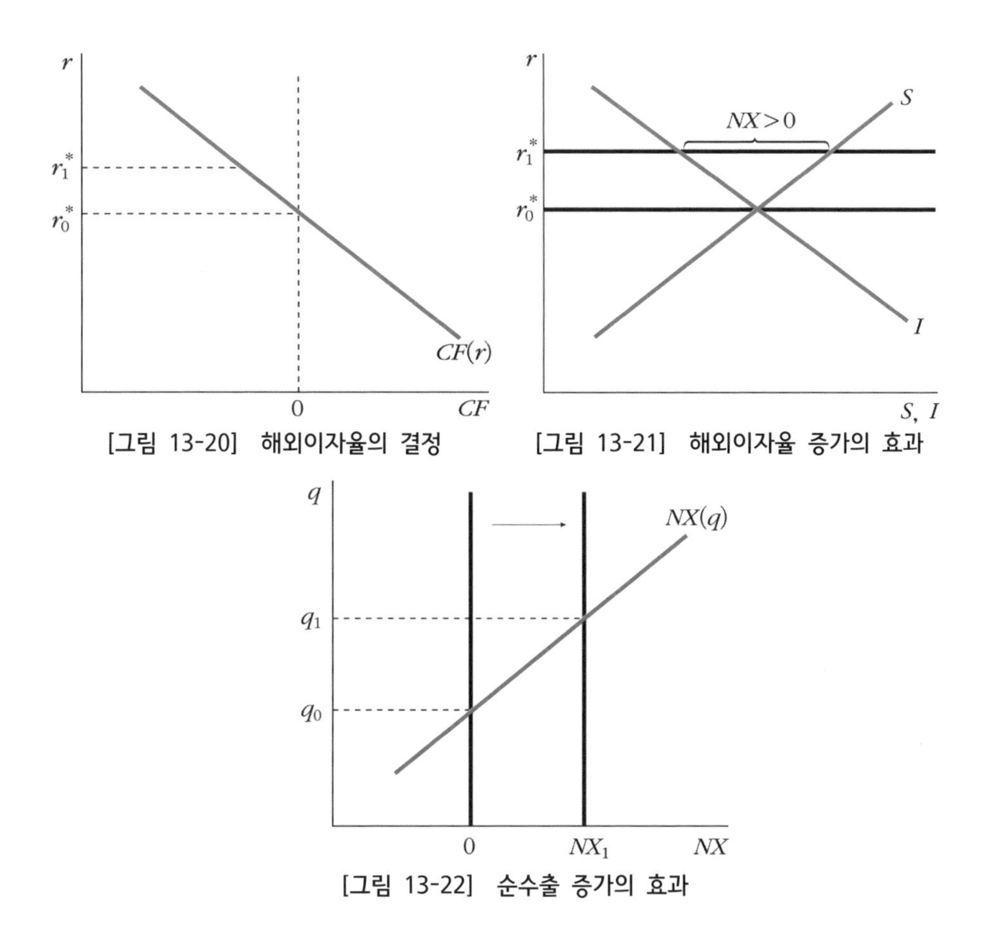

[그림 13-20] 해외이자율의 결정

[그림 13-21] 해외이자율 증가의 효과

[그림 13-22] 순수출 증가의 효과

2) 갑작스러운 외화 유출이 있을 때 중앙은행이 외환시장에 외환을 공급하면 외환시장을 안정시킬 수 있다. 따라서 적절한 외환보유는 중요하다. 그러나 과도하게 외환보유고를 축적하게 되면 외환보유의 비용이 편익을 넘어서게 된다. 예컨대 외환보유고의 증가는 순국내자산의 변화가 없을 경우 통화량 증가로 이어지게 되는데, 이는 국내 물가상승의 원인이 되며 경제에 부담으로 작용할 것이다. 통화량 증가를 막기 위해 불태화정책을 펼쳐 채권을 매각하거나 통화안정증권을 발행하는 경우 장기적으로 이자지급 부담이 발생할 것이다. 또한 외화자산이 달러로 편중되어 있는 경우가 많은데 어떤 요인에 의해 달러가치가 크게 하락한다면 큰 손실을 볼 것이므로 위험이 존재한다. 따라서 외환시장의 불안정을 막기 위해 일정량의 외환보유액을 갖고 있을 필요가 있으나 외환보유액이 많다고 해서 반드시 좋은 것은 아니다.

11. 우선 피셔방정식과 두 국가의 실질이자율이 동일하다는 $r^A = r^B$를 이용하면, $i^A - \pi_A^e = i^B - \pi_B^e \Rightarrow i^A = i^B + \pi_A^e - \pi_B^e$이다. 또한 q를 A국과 B국 사이의 실질환율, E를 A국와 B국 사이의 명목환율, P_A와 P_B를 각각 A국과 B국의 물가라고 하면, PPP에 따라 $q = \dfrac{EP_B}{P_A} = 1$이다. 양변에 자연로그를 취하면 $\ln q = \ln E + \ln P_B - \ln P_A = 0$이고, 이 식의 양변을 시간에 대해 미분하면 다음의 식을 얻을 수 있다.

$\dfrac{E_{t+1}^e - E_t}{E_t} = \pi_A^e - \pi_B^e$ 이를 위의 $i^A = i^B + \pi_A^e - \pi_B^e$에 대입하면

$i^A = i^B + \dfrac{E^e - E}{E}$를 얻을 수 있는데 이는 이자율평형조건과 동일하다.

12. 1) 중앙은행의 공개시장 매입은 통화량의 증가를 가져오므로 국내이자율이 하락한다. 채권가격은 이자율과 반대방향으로 움직이므로 국내이자율 하락으로 국내채권가격은 상승한다. 환율의 움직임을 살펴보기 위해서는 이자율 평형조건을 살펴볼 필요가 있다.

$i_D = i_F + \dfrac{E^e - E}{E}$을 변형하면 $E = \dfrac{E^e}{1 + i_D - i_F}$인데, 국내이자율($i_D$)의 하락은 이 식에 따라 환율($E$)의 상승을 가져온다. 한편 이는 국내자산의 예상수익률이 하락한 것과 같으며 이에 상대적으로 국내 통화에 대한 수요가 감소하여 국내 통화 가치는 하락한다. 즉, 환율 상승으로 설명할 수도 있다.

2) 중앙은행이 공개시장 매입을 통해 해외채권을 사는 경우에는 국외자산의 증가로 본원통화가 증가한다. 이는 통화량의 증가를 가져와 결국 국내이자율이 하락하게 된다. 게다가 해외채권 매입에 따른 해외채권에 대한 수요 증가는 해외채권가격의 상승을 가져온다. 그리고 국내이자율 하락으로 인해 1)에서와 같이 환율 상승을 유발한다.

본원통화	= 중앙은행권 + 중앙은행 예치금
	= (자산 항목 합계) - (부채 및 자본 항목 합계 - 중앙은행권 - 중앙은행 예치금)
	= (대정부 여신 + 대은행 여신 + 보유 유가증권 + 국외자산 + 기타자산) - (정부예금 + 국외부채 + 기타 부채 및 자본)

제14장 개방경제의 거시이론 II: 단기모형

01. 1) **불확실하다.** 먼저 자본이동이 완전히 자유로운 경우라고 가정하자. <그림 14-1>에서처럼 통화당국이 이자율을 독립적으로 낮추기 위해 통화공급을 늘리면 *LM*곡선이 우측으로 이동한다. 그러면 단기적으로 해외이자율보다 국내이자율이 낮게 되고 자국 화폐에 대한 수요는 줄고 외화에 대한 수요는 늘어 환율상승의 압박이 발생하게 된다. 통화당국은 고정환율을 유지하기 위해 통화량을 다시 줄이는데 이때 *LM*곡선이 좌측으로 이동하여 이자율과 산출량이 원래 수준으로 돌아오게 된다. 그러나 자유로운 자본이동을 포기한다면 이자율을 독립적으로 결정할 수도 있다. 따라서 자본이동성에 따라 답이 달라질 것이다.

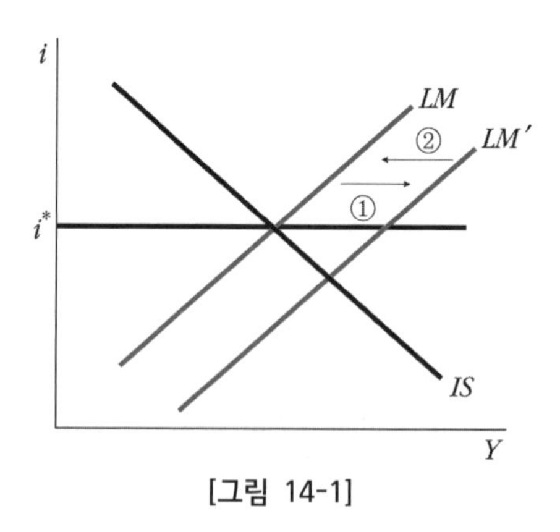

[그림 14-1]

2) **옳지 않다**. 통화당국이 통화량을 늘린다면 <그림 14－2>에서 LM곡선이 우측으로 이동하여 국내이자율이 낮아지고 <그림 14－3>에서 AD곡선이 우측으로 이동하여 물가가 상승한다. 단기적으로 국내이자율이 해외이자율보다 낮아지면 원화에 대한 수요가 감소하여 환율상승의 압력이 발생한다. 이때 통화당국이 환율상승을 막기 위해 국내통화의 공급을 줄이고 외화 공급을 늘리게 되는데 이 과정에서 LM곡선이 다시 좌측으로 이동하여 원래의 이자율 수준을 회복하고 AD곡선이 다시 좌측으로 이동하여 원래의 물가 수준을 회복한다. 따라서 고정환율제도를 채택하고 있는 소규모 개방경제에서 국내통화량을 늘리는 정책은 물가를 상승시키지 않는다.

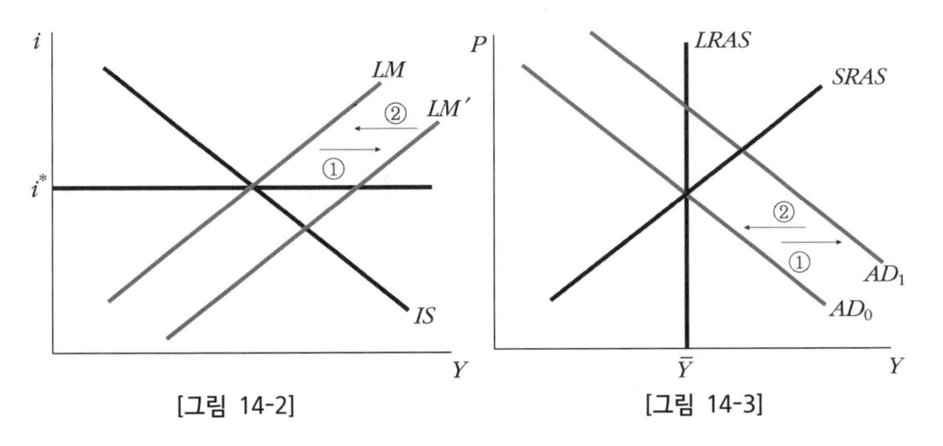

[그림 14-2] [그림 14-3]

3) **옳다**. 국내통화량이 늘어나면 <그림 14－4>에서와 같이 LM곡선이 우측으로 이동하여 단기적으로 국내이자율이 하락하고 국민소득이 Y_0에서 Y_1으로 증가한다. 국내이자율이 하락하면 국내 투자수익률이 낮아져 국내통화에 대한 수요가 감소하고 외화에 대한 수요가 증가하여 환율상승 압박이 발생한다. 이때 통화당국은 환율상승을 막기 위해 국내통화량을 줄여 LM곡선이 다시 좌측으로 이동하고 국민소득은 다시 Y_0수준을 회복한다. 따라서 고정환율제도하에서 통화량을 증가시키는 정책은 환율과 국민소득에 전혀 영향을 주지 못한다.

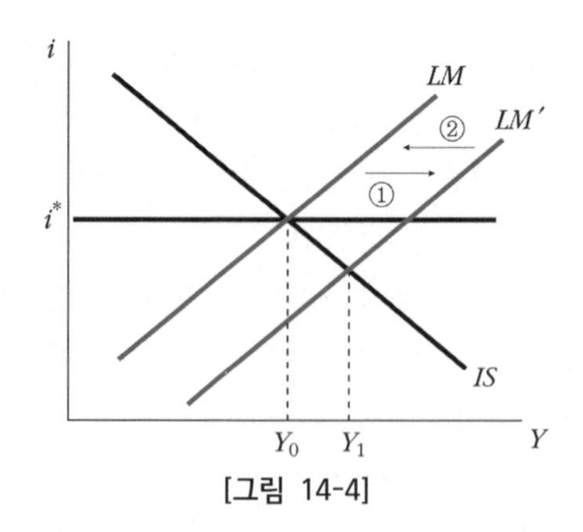

[그림 14-4]

4) 옳지 않다. 〈그림 14−5〉와 같이 폐쇄경제에서 재정지출이 증가하면 *IS*곡선이 우측으로 이동하여 이자율과 산출량이 증가한다. 반면에 〈그림 14−6〉과 같이 완전자유 변동환율제도를 채택한 소규모 개방경제에서 재정지출이 증가하면 일단 *IS*곡선이 우측으로 이동하지만 국내이자율 상승으로 인해 환율이 하락하게 되고 이에 따라 순수출이 감소하여 *IS*곡선이 다시 좌측으로 이동하게 된다. 결국 완전자유 변동환율제도를 채택한 소규모 개방경제에서 재정지출 증가는 산출량에 아무런 효과를 발생시키지 못한다.

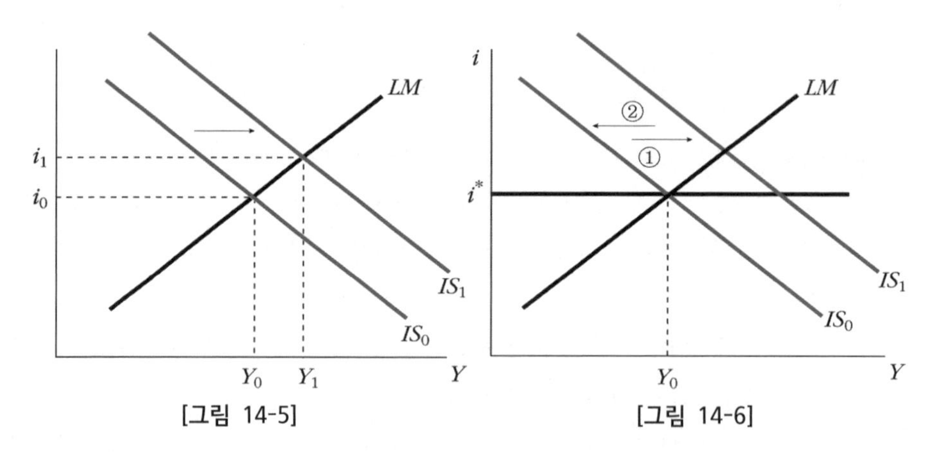

[그림 14-5] [그림 14-6]

02. 1) 중앙은행이 통화량을 증가시키려는 목적으로 콜금리 인하정책을 실시하면 LM곡선이 우측이동하고 국내금리가 국제금리 보다 낮아져 해외로 자본유출이 발생한다. 이로 인해 외화수요가 증가하면서 외화가치가 상승하고 명목환율이 상승한다. 물가가 경직적이므로 명목환율이 상승하면 실질환율이 상승하게 되고, 이에 따라 수출이 증가하여 IS곡선은 국내금리와 국제금리가 같아질 때까지 상방이동한다. 이로 인해 총수요곡선이 상방이동하여 생산물시장에서 생산량이 증가하게 된다. 이는 〈그림 14−7〉과 〈그림 14−8〉을 통해 확인할 수 있다.

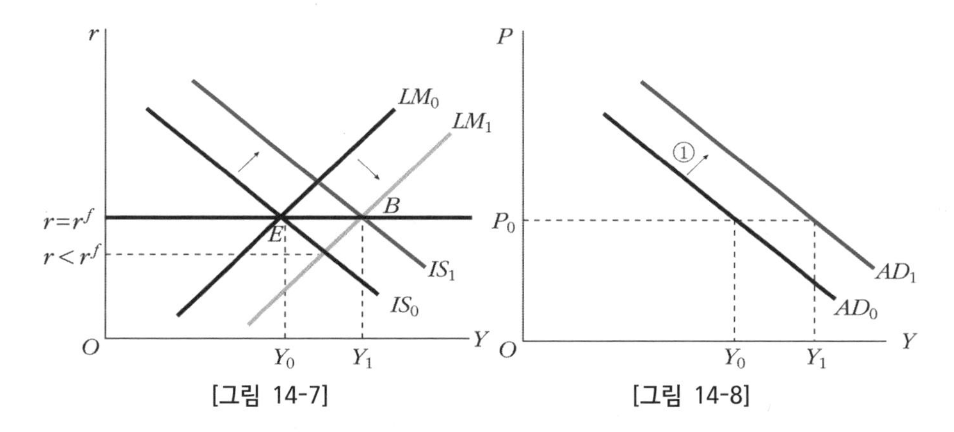

[그림 14-7] [그림 14-8]

2) 미국 연방은행이 이자율을 인상하면 국제금리가 상승하게 된다. 따라서 국제금리보다 국내금리가 낮아지기 때문에 해외로 자본유출이 발생한다. 이로 인해 외화수요가 증가하면서 외화가치가 상승하고 명목환율이 상승한다. 물가가 경직적이므로 명목환율이 상승하면 실질환율이 상승하게 되고, 이에 따라 수출이 증가하여 IS곡선은 국내금리와 국제금리가 같아질 때까지 상방이동한다. 이로 인해 총수요곡선이 상방이동하여 생산물시장에서 생산량이 증가하게 된다. 한편 국내금리가 국제금리로 상승할 경우 화폐시장에 초과공급이 발생한다. 화폐수요는 이자율의 감소함수이기 때문에 화폐수요가 감소한다. 하지만 화폐수요가 소득의 증가함수이기 때문에 이를 흡수한다. 따라서 화폐시장도 균형을 달성한다.

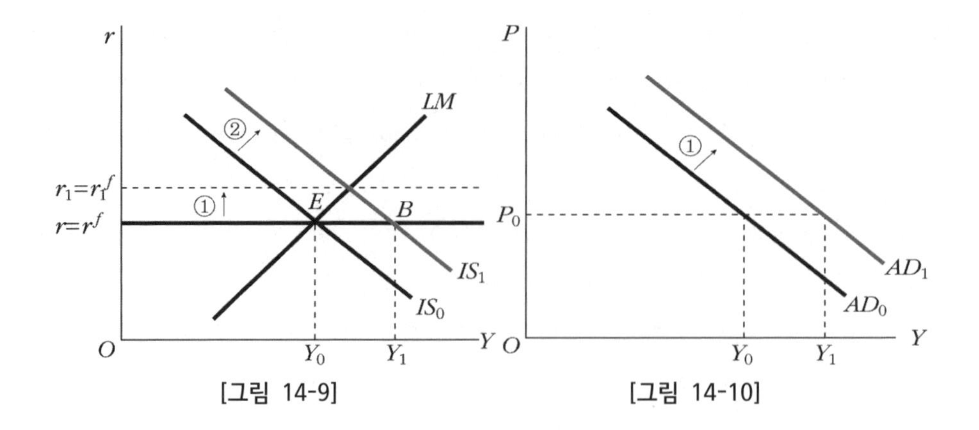

[그림 14-9] [그림 14-10]

3) 미국이 재정지출을 늘리는 경우 미국의 *IS*곡선이 우측이동하여 미국의 이자율이 상승한다. 이때 결정되는 이자율은 국제금리로, 국내금리보다 높아진다. 이는 2)의 경우와 같다.

4) 위엔화의 절하는 중국의 환율을 상승시키므로 중국의 순수출을 증가시키고 상대적으로 원화를 평가절상시켜 한국의 환율을 하락시킬 것이다. 따라서 한국의 수출은 감소하여 *IS*곡선이 하방이동하게 되고 국내금리가 하락한다. 국내금리가 국제금리보다 낮아지기 때문에 해외로 자본유출이 발생하고 외화수요가 증가하여 명목환율이 상승한다. 이는 실질환율의 상승을 의미하므로 순수출이 증가하여 *IS*곡선이 위로 재이동한다. 따라서 다시 생산량이 증가하여 균형으로 돌아오게 된다.

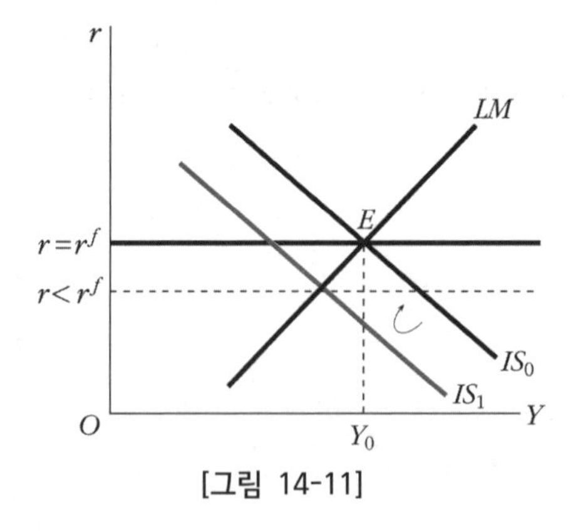

[그림 14-11]

03. 1) 수출 경쟁국가의 대미 환율이 크게 상승하면 수출 경쟁국가의 순수출은 증가하고 자국의 순수출은 감소한다. 이에 따라 〈그림 14－12〉에서처럼 *IS*곡선이 좌측으로 이동하고 국내 이자율이 하락하는데 이때 자국 화폐에 대한 수요는 줄고 달러에 대한 수요가 증가하여 환율상승의 압박이 발생한다. 통화당국은 환율상승을 막기 위해 외환시장에서 자국화폐를 매입하고 달러를 매각하는데 이 과정에서 외환보유고가 감소한다. 불태화 정책이 없다면 통화량이 감소하여 *LM*곡선이 좌측으로 이동하게 되고 균형에서 소득이 감소하게 된다. 달러 강세가 지속될 경우 시장에서 자국 화폐가 지나치게 고평가되어 있어서 언젠가는 환율이 상향조정될 수 있다고 기대하거나 외환보유고의 급격한 감소로 외환시장 참가자들이 더 이상 고정환율이 유지되기 어려울 것으로 예상하여 기대환율(E^e)이 상승하게 된다. 이때 외환시장에서 투기가들이 자국화폐를 매각하고 달러를 매입하는 환투기를 함에 따라 시장에서 달러에 대한 수요는 증가하고 자국 화폐에 대한 수요는 감소하여 환율상승의 압박이 발생한다. 통화당국은 환율상승을 막기 위해 달러를 계속 공급하지만 결국 외환보유고가 고갈되어 외환위기가 발생할 수 있다.

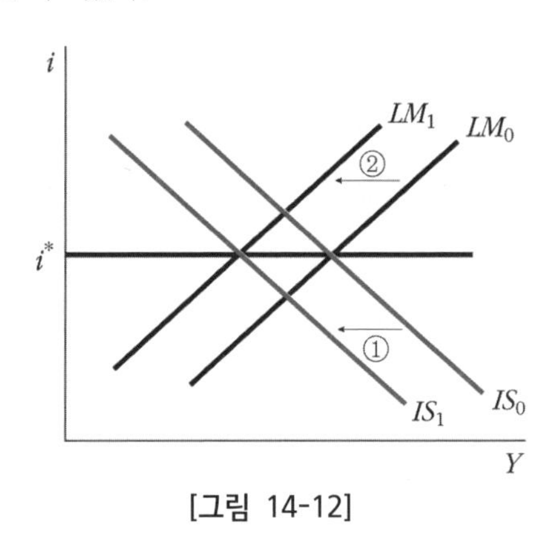

[그림 14-12]

2) 1)에서와 같이 *LM*곡선과 *IS*곡선이 좌측으로 이동한 것은 총수요 곡선이 좌측으로 이동하는 것으로 나타난다.(①) 그런데 총수요 곡선이 좌측으로 이동하면 단기적으로 산출량이 자연산출량보다 작아져 일시적으로 경제의 총공급이 총수요보다 많아지는 현상이 발생하고 초과공급으로 인해 물가

가 하락한다. 물가가 하락함에 따라 실질통화량$\left(\frac{M}{P}\right)$이 많아져 LM곡선은 우측으로 이동하고, 실질환율$\left(\frac{EP^*}{P}\right)$이 상승하여 순수출이 증가함에 따라 IS곡선이 우측으로 이동한다. 이 같이 물가 하락에 따른 조정은 산출량이 자연산출량에 이를 때까지 지속된다. 결국 임금과 물가가 장기적으로 매우 신축적인 경우 수출 경쟁국의 통화약세는 이 경제의 물가는 하락시키지만 산출량에는 아무런 영향을 미치지 못한다.

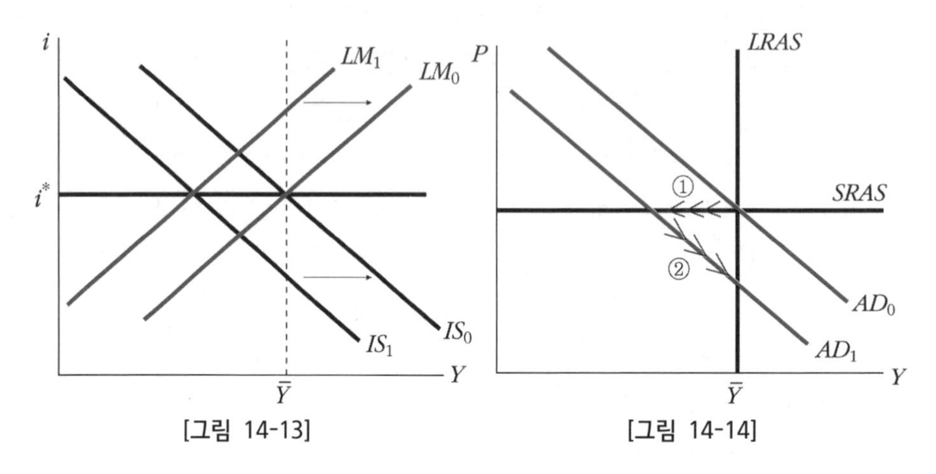

[그림 14-13] [그림 14-14]

04. 1) 확장적 재정정책을 시행하면 IS곡선은 우측이동하여 새로운 균형점에서 국내이자율이 해외이자율보다 높기 때문에 해외로부터 자본이 유입되어 금융계정은 유입초과를 보인다. 이로 인해 외환시장에서 외화의 공급이 증가하면서 외화의 가치가 하락하고 환율이 하락하여 순수출이 감소하고 경상수지가 악화된다. 이에 다시 IS곡선은 좌측으로 이동하여 원래의 균형점으로 돌아오게 되어 산출량은 변함이 없다.

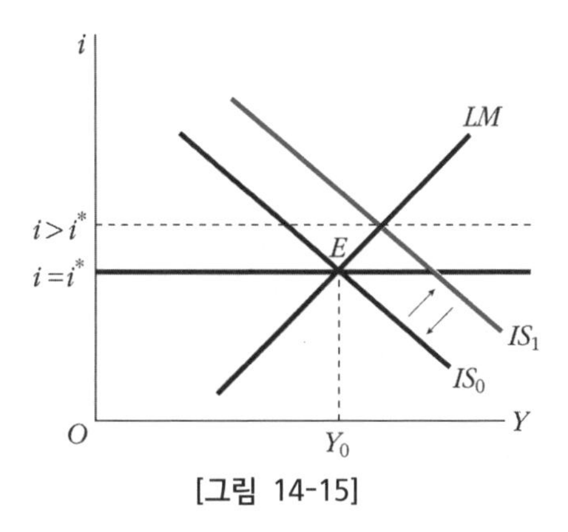

[그림 14-15]

2) 이때 중앙은행이 개입하여 환율의 변동을 막으려한다면, 자본유입으로 인한 환율하락을 막기 위해 시중에 있는 외화를 매입하여 외환보유고를 증가시킬 것이며 이 과정에서 국내통화량이 증가하면서 국내이자율과 해외이자율이 같아지는 수준까지 이자율이 하락하게 될 것이다. 이에 따라 LM곡선이 우측 이동한다. 이에 따라 새로운 지점 B점으로 이동하여 균형을 이루게 된다. 이 경우 환율은 변동이 없지만 산출량은 증가한다.

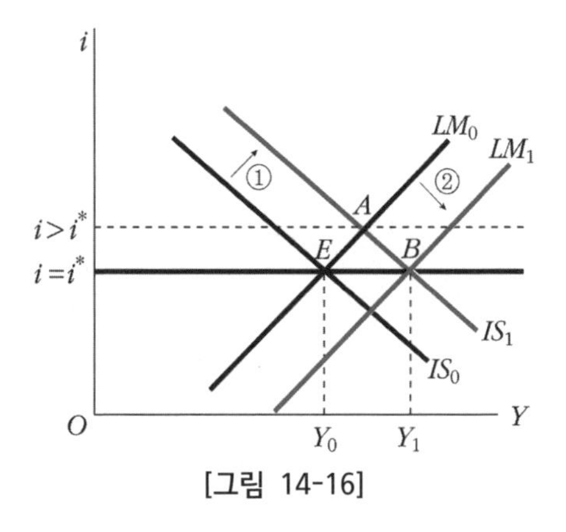

[그림 14-16]

05. 1) 수출이 감소하면 IS곡선이 좌측으로 이동하여 이자율과 산출량이 각각 (i_0, Y_0)에서 (i_1, Y_1)으로 감소한다. 이때 통화당국이 통화 공급을 증가시키면 〈그림 14－17〉에서처럼 LM곡선이 우측으로 이동하여 이자율이 i_2로 더욱 하락하고 산출량이 Y_0로 다시 증가한다. 한편 임금과 물가는 경직적이므로 AS곡선은 〈그림 14－18〉처럼 수평선으로 표시되는데 IS곡

선의 좌측이동은 AD곡선의 좌측이동으로, LM곡선의 우측이동은 AD곡선의 우측이동으로 반영되어 결국 순수출로 감소로 인한 산출량 감소는 통화공급 증가에 따른 산출량 증가에 의해 상쇄된다.

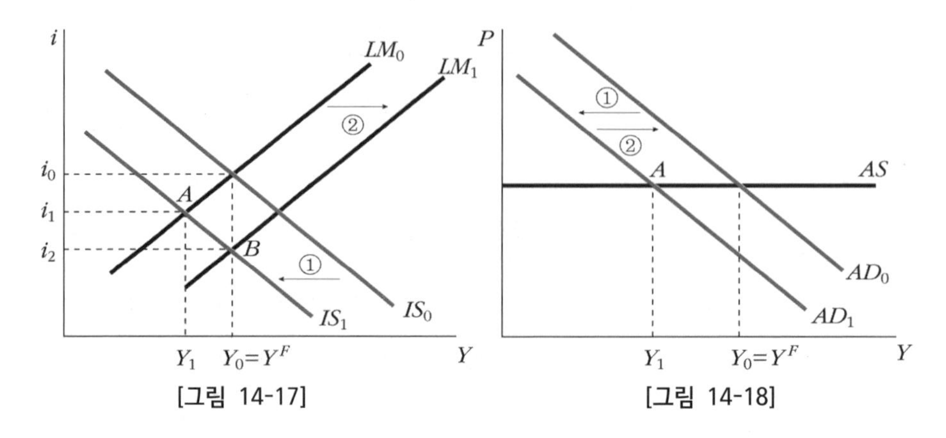

[그림 14-17] [그림 14-18]

2) 순수출이 크게 감소하고 여기에 대해 통화당국이 통화량을 늘리는 것으로 대응하면 산출량은 <그림 14-19>에서처럼 원래의 수준 Y_0를 회복하지만 국내이자율이 크게 감소한다(B점). 자본이동이 자유로운 상태에서 국내이자율이 해외이자율보다 작다면 자국 화폐에 대한 수요는 감소하고 외환에 대한 수요는 증가해서 환율이 상승한다. 이에 따라 순수출이 증가하고 LM_1곡선과 주어진 해외이자율 수준에서 만날 때까지 IS곡선이 우측으로 이동한다. 이러한 추가적인 IS곡선의 이동은 <그림 14-20>에서 새로운 AD곡선의 이동으로 반영된다. 결과적으로 산출량은 원래의 산출량보다 커진다. 하지만 장기적으로는 Y^F수준으로 복귀할 것이다. 만일 수출 감소에 중앙은행이 전혀 개입을 하지 않는다면 <그림 14-21>에서 수출 감소로 인해 IS곡선이 좌측으로 이동하고 이에 따라 국내이자율이 해외이자율보다 낮게 된다. 이때 자국 화폐에 대한 수요는 감소하고 외환에 대한 수요는 증가하여 환율이 상승하고 순수출이 증가한다. 따라서 IS곡선이 다시 우측으로 이동하고 원래의 균형점에 다시 도달한다. IS곡선의 이동은 <그림 14-22>에서처럼 AD곡선의 이동으로 반영되어 처음 순수출이 감소할 때는 AD곡선이 좌측으로 이동했다가 환율 상승으로 인해 순수출이 증가할 때는 다시 AD곡선이 우측으로 이동하여 원래의 산출량을 회복한다.

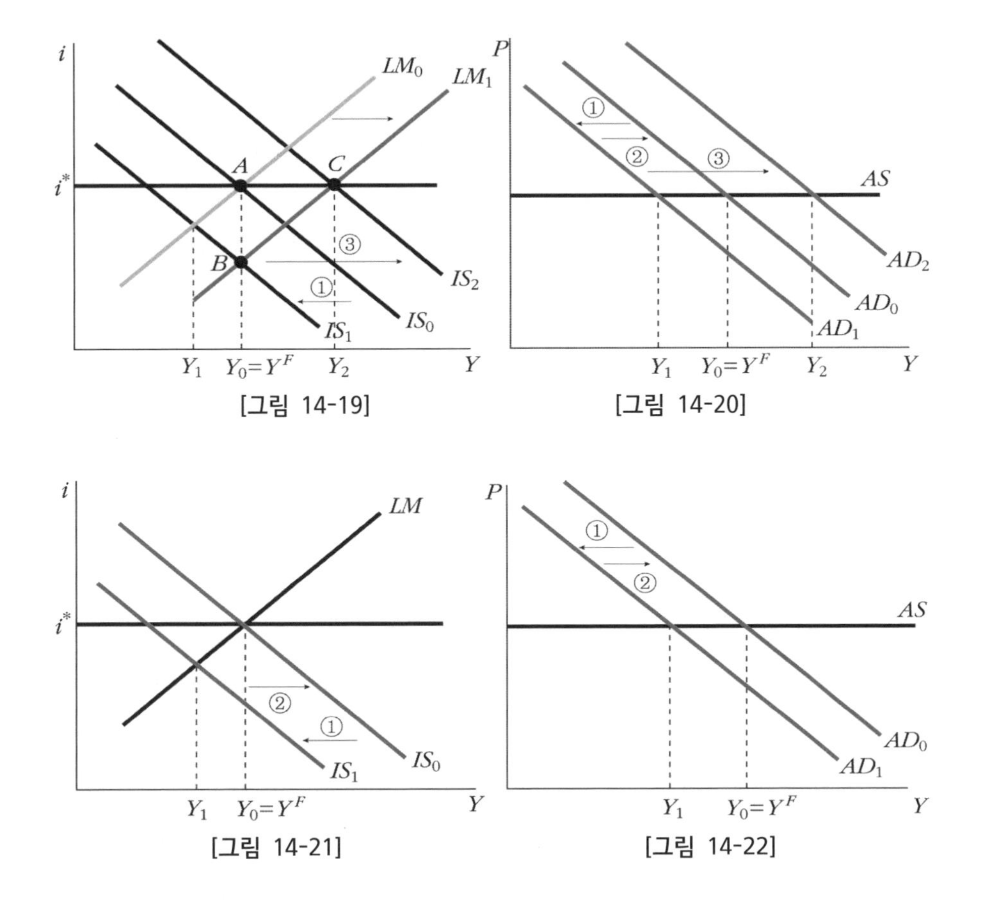

[그림 14-19] [그림 14-20]

[그림 14-21] [그림 14-22]

3) 고정환율제도를 채택하고 있는 소규모 개방경제의 중앙은행 총재는 순수출이 크게 감소하고 있는 상황에서 불태화 정책을 사용할 것이다. 만약 아무런 정책을 사용하지 않는다면 〈그림 14−23〉에서처럼 수출 감소로 인해 IS곡선이 좌측으로 이동하여 경제가 단기적으로 B점에서 머무르지만, 국내이자율이 해외이자율보다 낮아서 자국 화폐에 대한 수요가 감소하고 외환에 대한 수요가 증가하여 환율 상승의 압박이 생기게 된다. 이때 중앙은행은 환율 상승을 막기 위해 외환을 매각하고 자국화폐를 매입하게 되는데 이로 인해 통화량이 감소해 LM곡선이 좌측으로 이동해 결과적으로 C점에서 균형이 달성되게 된다. 그렇지만 중앙은행이 불태화 정책을 사용하여 통화량 변동을 막는다면 LM곡선이 이동하지 않아서 경제는 B점에서 머무를 수 있게 된다. 따라서 불태화 정책을 사용한다면

산출량 감소의 폭이 줄어들 것이다. 중앙은행 총재는 완전고용과 물가안정을 동시에 달성하기 위해서 노력한다고 했을 때 물가가 경직적인 단기에서 완전고용에 가까운 산출량을 가져오기 위해 불태화정책을 사용할 것이다.

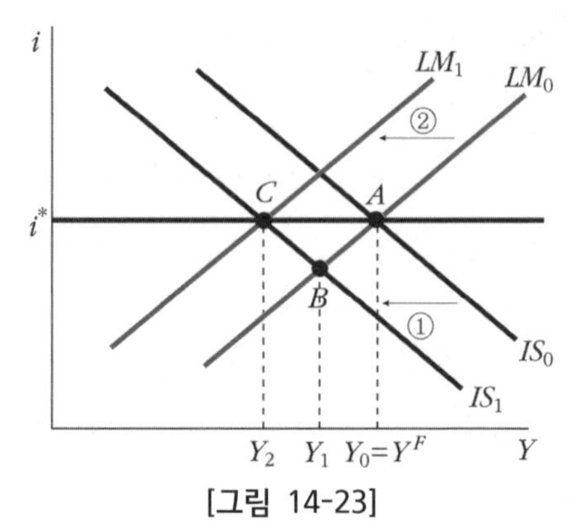

[그림 14-23]

06. 자국통화를 없애고 미국달러화를 사용한다면 계속되는 인플레이션으로 인한 환율변동에 따른 불확실성을 제거하고 물가안정을 달성할 수 있다. 또한 세계 기축통화인 달러를 사용함으로써 거래비용이 감소하여 무역과 금융투자가 증진될 수 있으며, 자국에 충격 발생시 그 충격이 달러를 사용하는 국가를 통해 전파되면서 그 충격을 완화될 수 있다. 하지만 자국통화를 포기함으로써 독립적인 통화정책을 쓸 수 없게 되어, 자국에 비대칭적인 충격이 발생할 시 완화할 수 있는 조정수단을 상실하게 된다. 또한 자국 내에서의 독점적인 통화발행권을 유지할 수 없으므로, 통화발행을 통한 재정수입인 시뇨리지(seigniorge)를 얻을 수 없게 되며, 자국의 정체성에 대한 타격도 받을 수 있다. 이 국가가 만약 미국과 경기가 동행적이라면 미국의 통화량정책에 편승하여 충격을 쉽게 완화할 수 있으며, 경제 충격에 대한 조정수단으로서 독립적인 통화정책을 포기하고 미국의 통화정책을 따를 때에 발생하는 비용이 상당히 감소할 것이다. 또한 매우 심한 인플레이션으로 금융당국이 국민들의 신뢰를 얻지 못하고 있을 것이므로, 장기적으로 보았을 때 미국달러화로의 전환은 금융당국에 대한 신뢰를 다시 쌓을 수 있게 한다. 이는 차후 정책실현에 도움이 될 것이다.

07. 1) 미국 금리인하와 대규모 양적완화통화정책을 실시하면 금리인하로 투자가 증가하여 *IS*곡선이 우측이동하고 대규모 양적완화통화정책으로 인해 통화량이 크게 증가하여 *LM*곡선이 우측으로 크게 이동한다. 따라서 미국의 경제에서는 *IS*곡선과 *LM*곡선이 모두 우측 이동하여 이자율이 하락한다. 즉, 이러한 정책은 국제이자율을 하락시키고 미국의 경기를 일부 회복시킨다. 이때, 우리나라경제에서는 미국의 경기회복(총수요증가)으로 인해 수출이 증가하여 *IS*곡선이 우측 이동함과 동시에 국제이자율의 하락으로 인해 우리나라로 자본유입이 발생하게 된다.

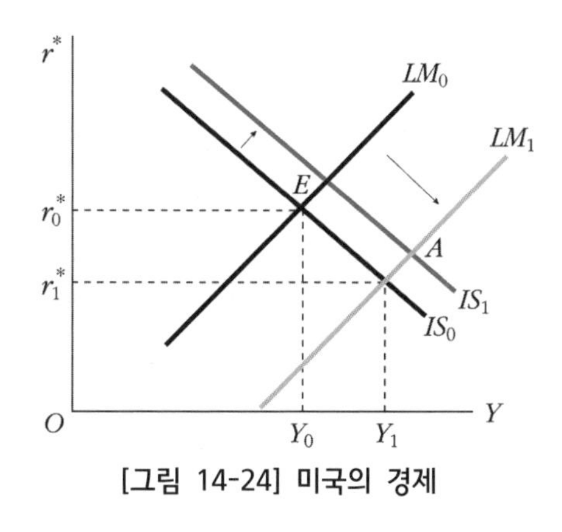

[그림 14-24] 미국의 경제

① 변동 환율제도(<그림 14−25> 참조)

외환시장에서 외화공급이 증가하면서 외화의 가치가 하락하고 명목환율이 하락한다. 단기에서 물가가 경직적이므로 명목환율의 하락은 실질환율의 하락으로 이어져 순수출의 감소를 가져오고 생산량이 감소하게 된다. 따라서 국내이자율과 해외이자율이 같아질 때까지 *IS*곡선이 좌측이동하여 이자율이 하락하게 된다. 미국 경기회복으로 인해 수출이 증가하고 이에 따라 *IS*곡선이 우측이동한 새로운 대내균형 *A*점에서는 수출증가로 외화공급이 증가하여 환율이 하락하고 순수출이 감소한다. 이는 다시 *IS*곡선을 B점과 만날 때까지 좌측으로 이동시킨다.

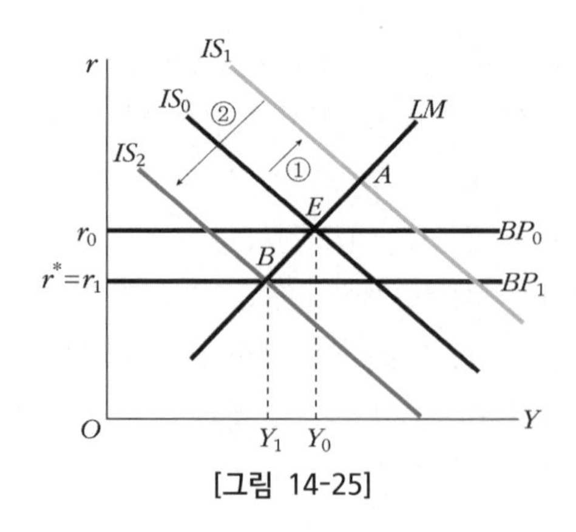

[그림 14-25]

② 고정 환율제도(<그림 14−26> 참조)

외환시장에서 외화공급이 증가하면서 외화의 가치가 하락하고 환율하락 압력이 발생한다. 따라서 중앙은행은 환율을 유지하기 위해 시중에 있는 외화를 매입하여 외환보유고를 증가시킬 것이며, 이때 불태화 개입이 없다면 국내통화량이 증가하면서 대내균형 A점에서 국내이자율과 해외이자율이 같아지는 수준까지 LM곡선이 이동하여 B점으로 균형이 이동하고, 이자율이 하락하게 된다.

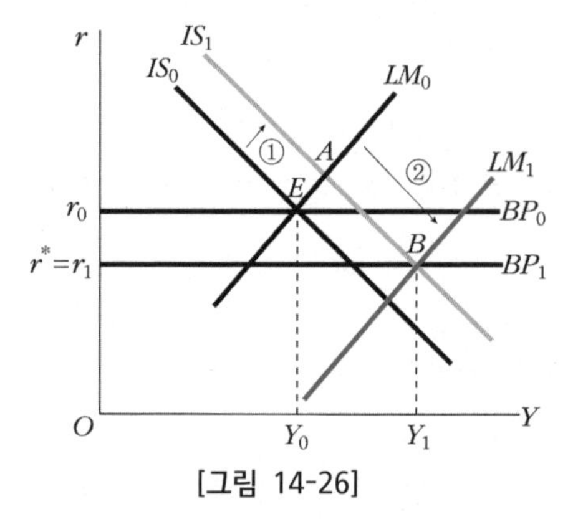

[그림 14-26]

2) 일반적으로 물가는 통화량이 늘수록, 총수요가 클수록, 환율이 상승할수록 상승한다. 변동환율제도의 경우 새로운 균형에서 통화량은 불변, 총수요는 감소, 환율은 하락하였으므로 물가는 하락할 것으로 예상된다. 반면 고정환율제도의 경우 새로운 균형에서 통화량은 증가, 총수요는 증가, 환

율은 불변이므로 물가가 상승하게 될 것으로 예상된다. 인플레이션이 우려될 경우 변동환율제도의 경우 긴축통화정책과 확장재정정책을 조합(policy mix)하면 총수요감소 및 환율하락을 유도할 수 있다(<그림 14－27> 참조). 반면, 고정환율제도의 경우에는 인플레이션이 우려될 경우 그 압박을 없애기 위해 긴축재정정책을 실시하면 총수요 감소 및 통화량 감소를 유도할 수 있다(<그림 14－28> 참조).

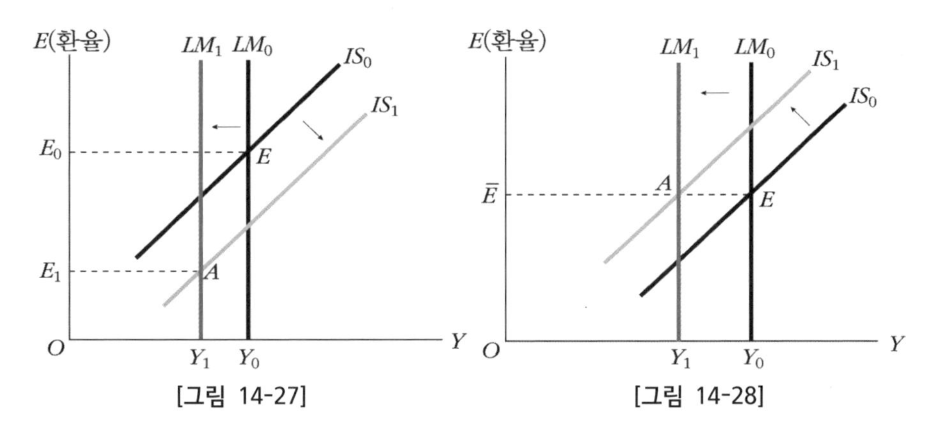

[그림 14-27] **[그림 14-28]**

3) ① 변동환율제도

외화자본 유입을 완전히 통제되면 국가간 이자율 차이로 인한 자본이동이 불가능해지므로 *BP*곡선이 수직이 된다. 그러면 국제금리의 하락은 직접적 영향을 미칠 수 없게되고, 미국 경기의 회복으로 인한 순수출 증가는 *IS*곡선과 *BP*곡선을 우측으로 이동시킨다. 이에 따라 대내균형 *A*점에서는 국제수지 흑자요인이 유발되어 외화공급이 증가하여 환율이 하락하고, 환율이 하락하면 다시 *IS*곡선과 *BP*곡선이 좌측으로 이동하여 *E*점으로 다시 돌아오게 된다.

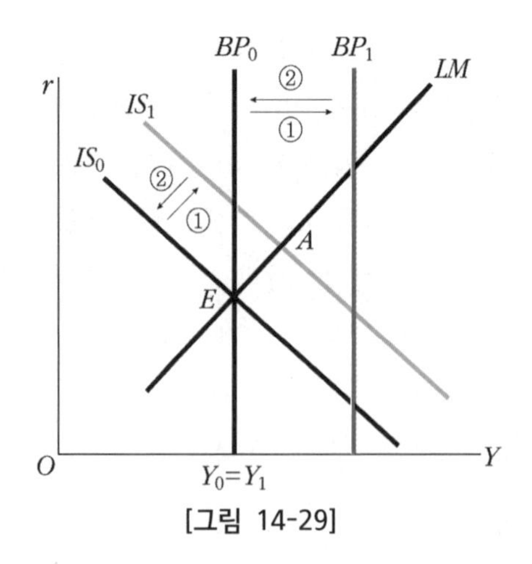

[그림 14-29]

② 고정환율제도

대내균형 A점에서 국제수지 흑자가 유발되고 환율하락 압력을 없애는 과정에서 통화량이 증가한다. 이로 인해 LM곡선이 우측이동하고 B점에서 새로운 균형을 맞는다. 따라서 총수요가 상승하여 물가상승을 유발하게 될 것이다.

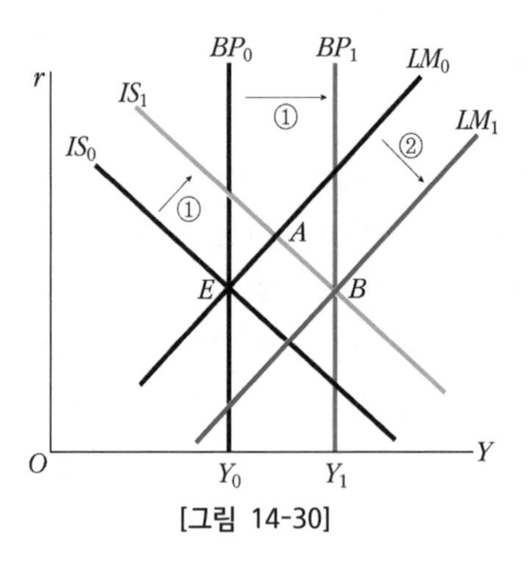

[그림 14-30]

08. 1) A국은 먼델－플레밍 모형에 따르므로 물가가 고정되어 있고, 국가 간 자본이동이 완전한 소규모 개방경제를 가정한다. 물가가 고정되어 있기 때문에 명목이자율과 실질이자율은 같이 움직인다. 여기에서는 교재의 설명을 따라서 명목이자율(i)을 이용하여 풀이한다. 최초 A국은 개방 경제하의 IS－LM 모형에서 A점에 위치하고 있다. 완전한 자본이동의 가정으로

인해 BP곡선은 수평이다. 이때, 국제금융시장의 금리가 A국의 금리보다 낮아졌다면 국제수지 균형을 달성하는 이자율이 하락하며 이는 BP곡선의 하향 이동으로 나타난다. A국이 여기에 아무런 정책적 대응을 하지 않는다면, 최초 이자율이 새로운 BP곡선에서의 이자율보다 높은 상태이기 때문에 A국으로 자본의 유입이 일어나며, 실질환율이 하락한다. 이는 A국의 순수출의 감소로 이어져 결국 IS곡선도 왼쪽으로 이동하게 된다. 이에 따라 새로운 균형은 B점에서 결정된다. 새로운 균형점에서 국민소득이 감소하며, 실질환율의 하락도 일어난다.

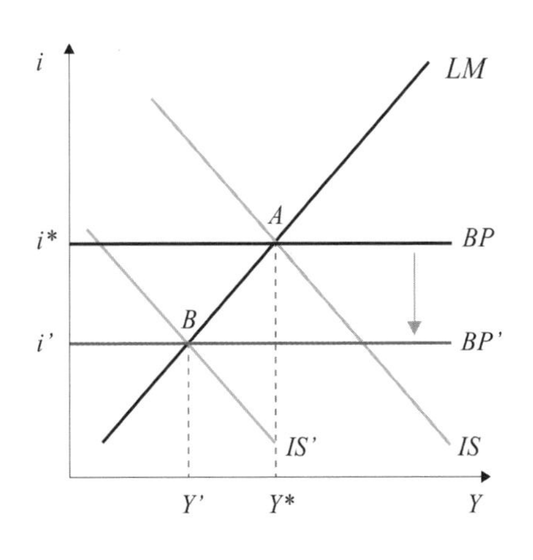

[그림 14-31]

2) 1)의 변화 이후 국민소득을 원래 수준으로 유지하고자 한다면, 확장적 통화정책을 생각해 볼 수 있다. 1)의 변화 이후 A국이 B점에 도착해 있다고 가정하고, 확장적 통화정책을 실시하면 LM곡선이 우측으로 이동하게 된다. 이에 따라 A국 금리가 BP'곡선인 i'수준보다 낮아지기 때문에 자본 유출이 발생하게 된다. 이는 환율의 상승을 가져와 순수출의 증가로 이어져 IS곡선이 우측으로 이동하게 된다. 결국 IS곡선은 A국 금리가 i'와 같아질 때 까지 이동하게 되어 새로운 균형은 C점에서 결정된다. 따라서 확장적 통화정책으로 국민소득을 이전과 동일한 수준으로 유지할 수 있으나 환율의 상승이 발생한다. 하지만 환율은 최초 수준보다는 낮은 수준에서 결정된다.

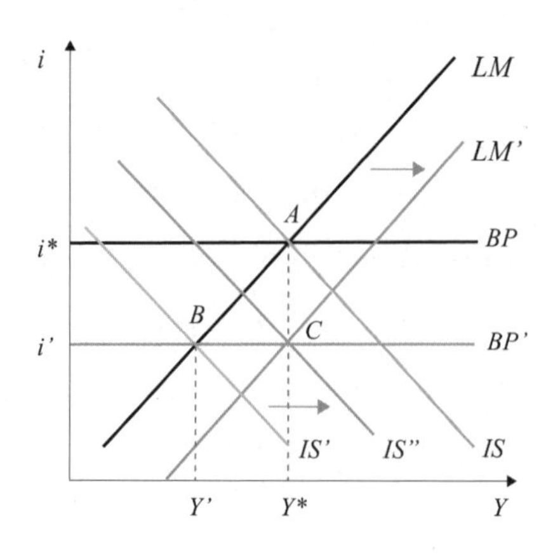

[그림 14-32]

09. 1) IS곡선: $Y = C + I + G + NX$이므로 $Y = 0.5(Y - T) + 30 + 80 - 600r + G + 10E\dfrac{P^*}{P} - 0.1Y + 0.03Y^*$로부터 도출한 IS곡선은 <그림 14−33>과 같다.

$$Y = -1000r + \frac{E}{60} + \frac{700}{3}$$

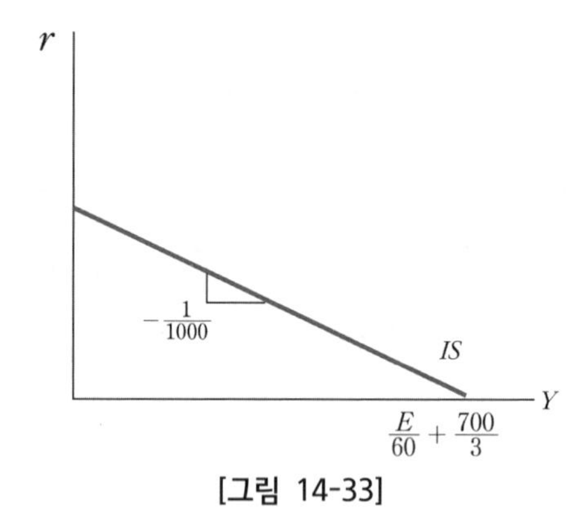

[그림 14-33]

2) LM곡선: $\dfrac{M^S}{P} = L(Y, r) = 0.1Y - 200r$이므로 LM곡선은 <그림 14−34>와 같다.

$Y = 2000r + 100$이다.

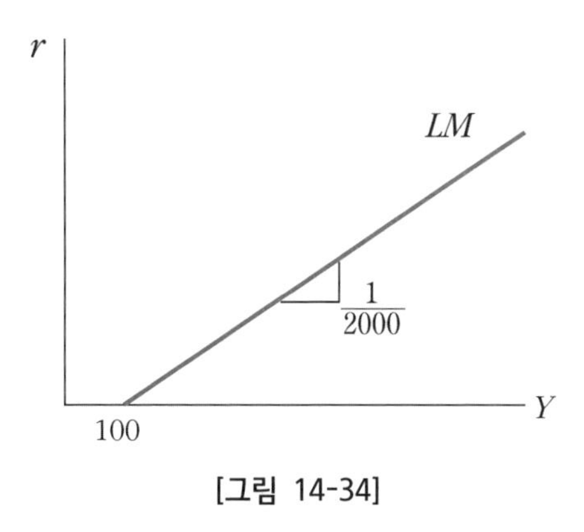

[그림 14-34]

3) 자본 이동이 자유로운 소규모 개방경제이므로 $r = r^* = 0.05$이다. LM곡선에서 $Y^E = 2000 \times 0.05 + 100 = 200$이고 IS곡선에 $r = 0.05$와 $Y^E = 200$을 대입하면 $E = 1000$을 구할 수 있다.

4) 정부지출이 $G = 35$로 증가하면 IS곡선에는 변함이 있으나 LM곡선은 변함이 없다. $G = 35$를 대입하여 IS곡선을 다시 구해보면 $IS' : Y = -1000r + \frac{E}{60} + \frac{725}{3}$이다. 그런데 정부지출 증가로 인한 IS곡선의 이동으로 국내이자율이 상승하여 자본유입이 발생한다. 이로 인해 외환 공급이 증가하여 환율이 하락하고 순수출이 감소하여 IS곡선이 다시 원래 상태로 복귀한다. 따라서 단기균형에서 $r = r^* = 0.05$이고 $Y' = 200$이지만 이를 IS'곡선에 대입해 보면 환율은 $E' = 500$으로 하락함을 확인할 수 있다.

5) $G = 30$이고, $M^S = 10000$에서 $M^S = 16000$으로 증가하는 경우, IS곡선에는 변함이 없으나 LM곡선은 변하게 된다. 위 조건을 대입하여 새로이 구하면 $LM' : Y = 2000r + 160$이다. $r = r^* = 0.05$를 대입하면 균형생산량 $Y' = 260$을 구할 수 있고 이를 다시 IS곡선에 대입하면 균형환율은 $E' = 4600$임을 구할 수 있다. 이를 그래프로 설명하면 <그림 14-35>와 같다. 통화량의 증가로 인해 LM곡선이 우측으로 이동하게 되면 국내이자율이 해외이자율보다 낮아지고 자본유출이 발생한다. 이로 인

해 외환 수요가 증가하고 환율이 상승하게 되어 순수출이 증가한다. 이는 IS곡선도 우측으로 이동하는 결과를 가져온다. 따라서 새로운 균형에서 균형생산량은 증가($Y' = 260$)하고 균형환율도 상승($E' = 4600$)한다.

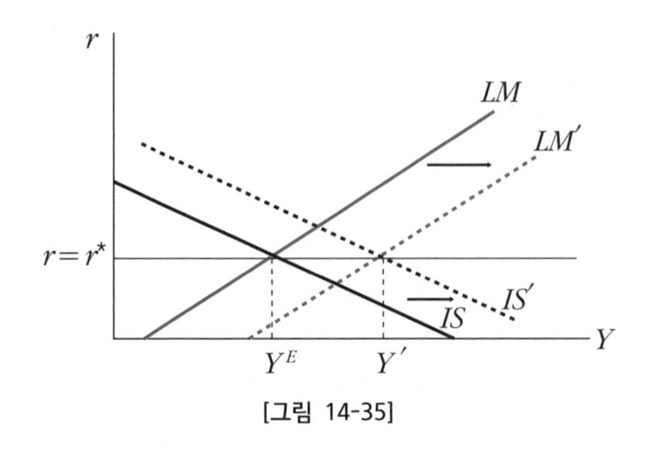

[그림 14-35]

6) 5)의 경우에서 장기에 국내 물가도 $P = 1600$으로 상승하였다. 이를 대입하여 정리하면 장기에서 LM곡선은 $Y = 2000r + 100$이고 이는 2)에서 구한 LM곡선과 동일하다. 따라서 장기에서 LM곡선이 좌측으로 이동하게 되는데 이는 <그림 14-35>에서 LM'에서 LM으로 이동하는 것과 같다. 따라서 국내 이자율이 해외 이자율보다 높아 자본유입이 일어나고 이는 환율 하락과 순수출 감소를 발생시켜 IS곡선이 좌측으로 이동하게 된다. 이는 <그림 14-35>에서 IS'에서 IS로 이동하는 것과 같다. 따라서 장기에 균형생산량이 감소하고 환율이 하락하게 되는데 그 균형값은 3)의 결과와 동일하다.

7) 이 경우 국내 이자율이 해외 이자율보다 높은 수준을 유지하여 자본유입이 일어나 환율 하락을 유도하는 것으로 볼 수 있다.

더 생각해 볼 문제들

01. (2011 외무고등고시 기출문제)

최근 중국에서는 지급준비율을 지속적으로 상승시키는 방법으로 물가상승 압력을 완화하려는 통화정책이 집행되고 있지만, 2011년 3월의 소비자물가는 전년 동월에 비해 5.4% 오르는 등 물가상승 압력은 여전히 완화되지 않고 있다.

1) 중국이 자유로운 환율변동을 허용한다는 전제 아래 위와 같은 통화정책이 중국의 총생산량, 투자, 그리고 무역수지에 어떤 영향을 미치는지 개방거시경제모형에 기초하여 분석하시오.

2) 중국이 위안화의 절상을 억제하려고 외환시장에 개입하는 상황이라면, 위와 같은 통화정책의 효과가 어떻게 달라지는지 설명하고, 물가상승 압력의 완화를 위한 어떤 정책적 대안이 있는지 설명하시오.

제15장 소 비

01. 1) **옳지 않다.** 여러 기간에 걸쳐 소비가 결정되는 모형에 따르면 항상소득의 감소에 대비하여 소비가 감소함에 따라 저축률이 상승하게 된다.

2) **옳다.** 항상소득가설에 따르면 항상소득이 증가함에 따라 소비도 증가하게 된다. 일반적으로 기간간 예산제약식에 따르면 소득이 매년 10만원 늘어날 때 소비가 10만원 늘어나면 제약식이 성립한다. 따라서 소비도 10만원 증가한다.

3) **옳다.** 미래에 소득의 감소가 예상됨에 따라 항상소득의 감소가 예상된다고 하자. 이 경우 현재에 소득이 늘어난다고 해도 오히려 소비가 줄어들 수 있다.

4) **옳다.** 횡단면 자료와 단기 시계열자료를 실증분석한 결과, 소득이 증가함에 따라 소비는 증가하지만 소비의 증가는 소득의 증가에 비해 작다는 것을 발견하였다. 즉, 소득의 증가는 소비와 함께 저축을 증가시켜 한계소비성향(MPC)은 0보다는 크지만 1보다는 작은 값을 갖게 되는 것이다. 하지만 장기 시계열자료를 분석하면 가처분소득이 증가하더라도 평균소비성향은 일정하게 유지되어 한계소비성향이 장기 한계소비성향보다는 작게 된다.

5) **불확실하다.** 차입제약이 존재한다면 현재 소비가 증가함에 따라 소비도 변화할 수 있다.

6) **옳지 않다.** 합리적 기대를 따를 경우 소비는 임의보행(Random Walk)을 따르므로 미래의 소비변화는 예상할 수 없다. 미래의 소득변화를 예상한 것은 이미 현재의 소비결정에 영향을 주었으므로 이후 소비의 변화에는 영향을 주지 않는다.

02. 1) 한상궁 1기 소득 100 소비 100

2기 소득 100 소비 100

장금 1기 소득 0 소비 100

2기 소득 220 소비 100

장금의 2기간 동안의 소득과 소비가 같아야 한다.

$c_1 + \frac{c_2}{1+r} = y_1 + \frac{y_2}{1+r}$에서 $100 + \frac{100}{1+r} = 0 + \frac{220}{1+r}$이므로 $r = 0.2$

2) ① 한상궁: 실질이자율의 하락으로 1기 소비의 상대가격이 하락하여 1기의 소비가 c_1에서 c_1^*로 증가하였다.

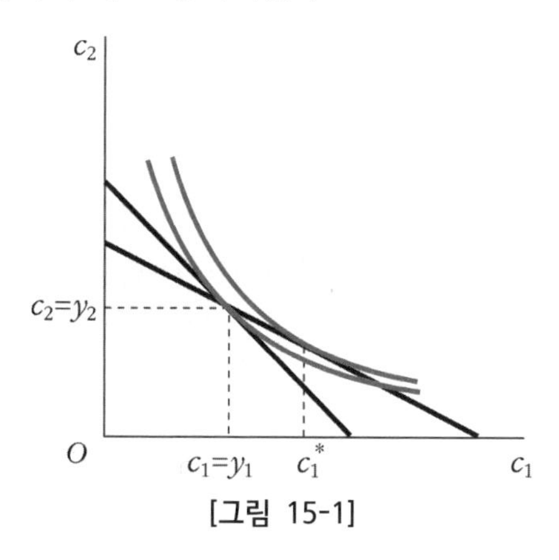

[그림 15-1]

② 장금: 한상궁의 경우와 마찬가지로 1기의 소비가 c_1에서 c_1^*로 증가하였다.

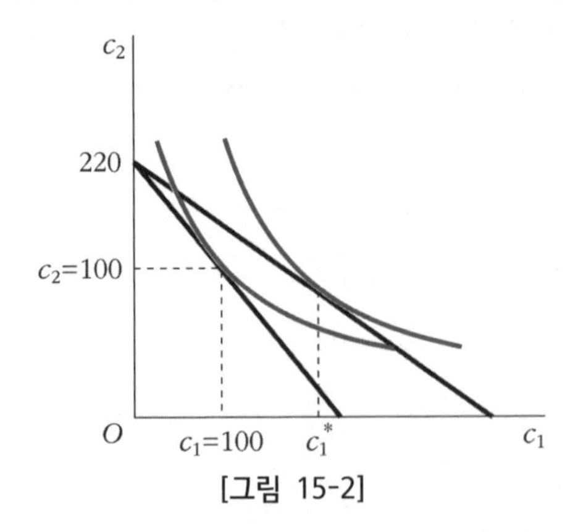

[그림 15-2]

장금의 경우 c_1의 증가로 인하여 1기의 효용이 증가하였다. 만일, c_2의 감소로 인한 장금의 2기의 효용의 감소폭이 1기의 효용의 증가폭보다 작다면 장금의 2기간에 걸친 효용은 증가할 것이므로 후생이 증가하게 된다. 케인즈의 소비이론은 현재의 소득만 소비수준에 영향을 미치게 되지만 이 문제에서 장금의 소비는 미래의 소득과 실질이자율에 의해 영향을 받게 되므로 케인즈의 이론과 부합하지 않는다.

3) 1)에서는 차입제약이 없기 때문에 균형점이 E_1이고 소비는 $c_1^* = 100$, $c_2^* = 100$이다. 하지만 차입제약으로 인하여 장금이는 1기에 50 이상을 소비할 수 없기 때문에 균형점이 E_1에서 E_2로 변한다. 따라서 새로운 균형점 E_2에서의 소비는 다음과 같다. $c_1^{**} = 50$(차입제약), $c_2^{**} = 220 - (50 \times 1.2) = 160$ 또한 무차별곡선에서 보듯이 $IC_1 > IC_2$이므로 차입제약으로 인하여 장금의 후생이 감소한다.

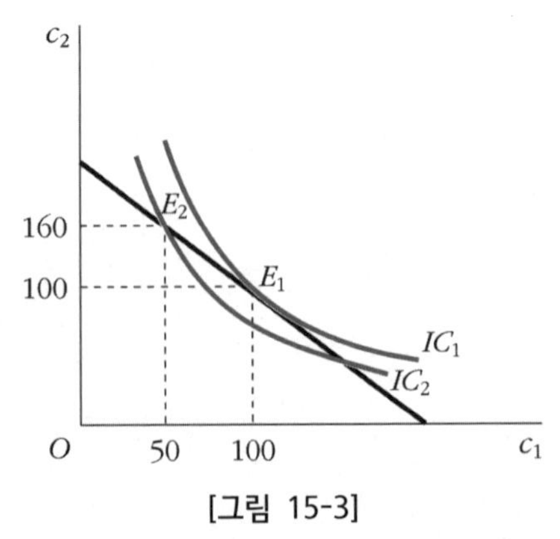

[그림 15-3]

4) ① 소비자의 근시안적 행동: 항상소득가설에 따르면 소비자는 현재와 미래를 충분히 고려하여 소비를 결정하기 때문에 현재의 소득의 증가가 일시적인 것이 아니라 미래에도 계속될 것이라고 생각하는 경우에만 현재의 소비를 증가시킬 것이다. 하지만 미래를 생각하지 않고 오직 현재만 고려하는 근시안적인 행동을 하는 소비자는 현재의 일시적인 소득의 증가에 대하여 소비를 증가시킨다. 따라서 한상궁의 경우 항상소득가설에 따라 일시적인 소득의 증가로 인식하여 현재 소비의 변화가 없는 반면, 장금은 근시안적 행동으로 현재의 소득증가에 반응하여 소비를 증가시켰다고 볼 수 있다.

② 3)에서와 같이 장금에게 유동성 제약 혹은 차입제약이 있는 경우 장금은 이로 인해 원하는 만큼의 소비를 할 수 없어 전적으로 현재의 소득에만 의존하여 현재 소비를 결정하게 된다. 따라서 장금은 현재의 무상지원을 모두 소비한다.

③ 한상궁, 장금 모두 미래보다 현재를 더욱 선호한다고 가정하자. 한상궁과 장금 모두 미래의 소득 감소에 대한 예비적 목적으로 완충기금을 마련한다고 할 때 장금은 미래소득이 220이 이 역할을 충분히 해낼 거라고 여긴다면 무상지원 50을 소비할 것이다. 한상궁은 자신의 미래소득이 완충기금으로 부족하다고 판단할 경우 무상지원 50을 저축할 것이다.

03.

1) <그림 15−4>와 같이 무차별곡선의 기울기$\left(MRS_{12} = \dfrac{MU_1}{MU_2} = (1+\delta)\dfrac{c_2^{0.5}}{c_1^{0.5}}\right)$와 예산제약선의 기울기$(1+r)$가 일치하는 지점에서 C_1^*와 C_2^*가 결정된다.

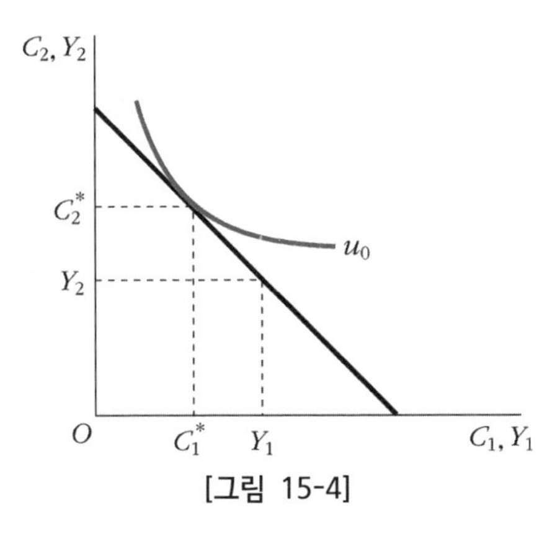

[그림 15-4]

2) 미래소득 y_2가 외생적으로 증가하는 경우, 예산제약선은 원점에서 멀어지는 방향으로 이동한다. 새로운 예산제약선은 D점을 지나는 선이 된다. 이에 따라 예산제약선 하에서는 현재소비와 미래소비가 모두 증가한다.

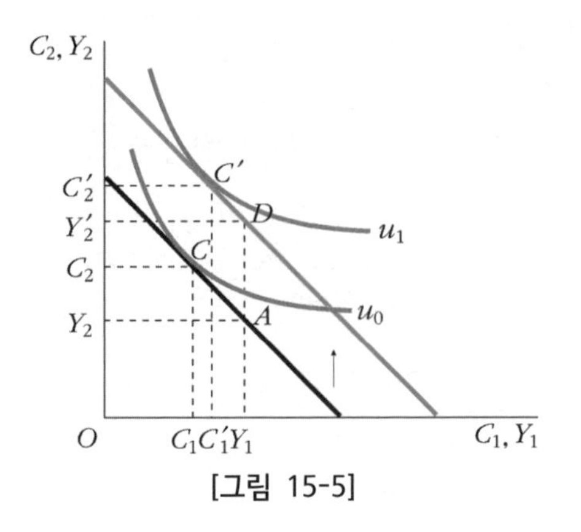

[그림 15-5]

3) 이자율이 상승하면 대체효과가 발생하여 미래소비가 상대적으로 싸지므로 현재소비를 줄이는 방향으로 나타나지만 소득효과는 소비자가 양의 저축을 하는지 음의 저축을 하는지(차입자)에 따라 달리 나타난다. 결론적으로 이자율이 상승하면 양의 저축을 하는 소비자는 소득효과와 대체효과의 상대적 크기에 따라 현재소비의 증감이 결정되고, 음의 저축을 하는 소비자는 항상 현재소비가 감소한다.

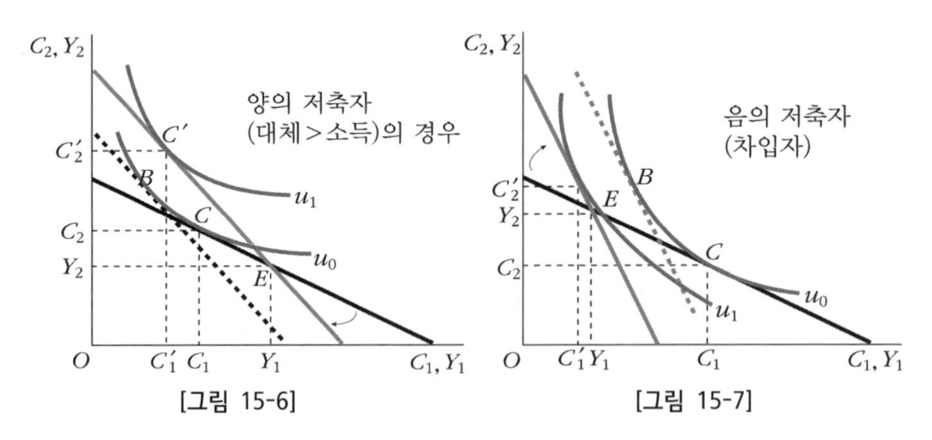

[그림 15-6]

[그림 15-7]

4) 1기에 조세를 x만큼 증가시키고 2기에 $(1+r)x$만큼 감소시키면 예산제약식이 $c_1 + \frac{c_2}{1+r} = (y_1 - x) + \frac{y_2 + (1+r)x}{1+r}$가 된다. 이 식을 풀어서 정리하면 $c_1 + \frac{c_2}{1+r} = y_1 + \frac{y_2}{1+r}$가 되고 소비패턴은 동일하게 유지된다.

04.

1) $c_1 + \frac{c_2}{1+r} = y_1 + \frac{y_2}{1+r}$이고 $y_2 = 0$이므로 다음과 같이 쓸 수 있다. 이 소비자의 기간간 예산제약식은 $c_2 = -(1+r)c_1 + (1+r)y_1$이다. 이 경우 1기의 소비를 y_1보다 늘리고자 차입을 고려한다고 해도 2기의 소득이 없기 때문에 2기에 이를 갚을 방법이 없다. 따라서 차입을 하지 않는다. 이때 1기의 소비가 c_1^*으로 결정되면 1기의 저축은 $y_1 - c_1^*$이므로 2기의 소비는 $c_2^* = (1+r)(y_1 - c_1^*)$이다. 따라서 균형점은 〈그림 15-8〉의 E_1이다.

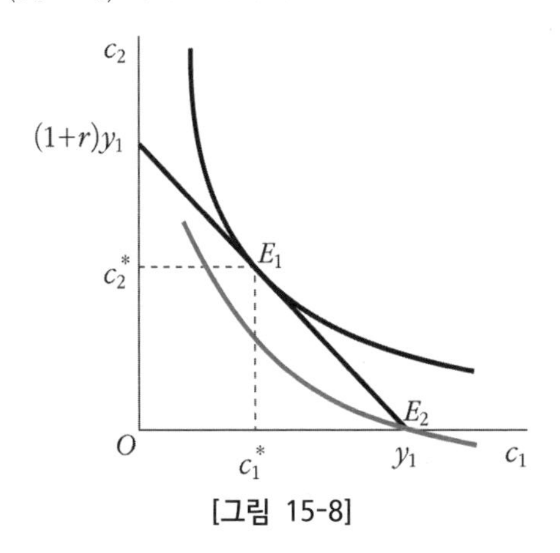

[그림 15-8]

2) 차입, 대부를 전혀 하지 못하는 경우 2기에는 소득이 없기 때문에 2기에 소비를 할 수 있는 방법이 없다. 그리고 1기의 소득으로는 1기의 소비가 결정된다. 따라서 균형은 〈그림 15-8〉의 E_2에서 결정된다($c_1^{**} = y_1^{**}$, $c_2^{**} = 0$).

05. 1) 소비자는 1기에서 $C_1 - Y_1$만큼의 차입을 통해 효용을 극대화하고 있다.

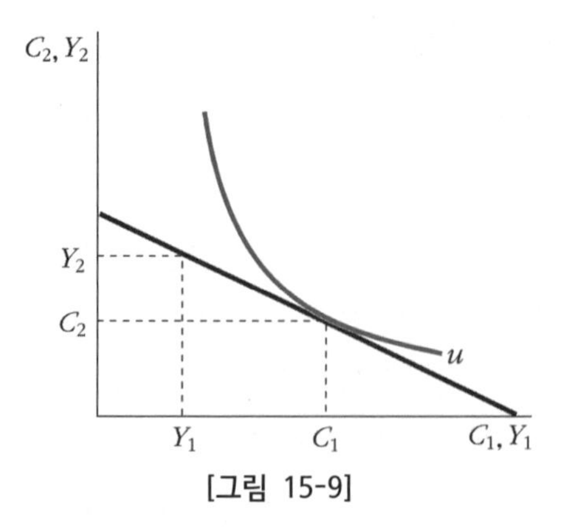

[그림 15-9]

2), 3) 유동성제약에 처해 있는 경우에는 현재의 소득보다 소비가 클 수 없다. 위의 소비자는 차입을 하여 소비를 행하고 있으므로 최선의 선택은 $Y_1 = C_1$이 된다. 따라서 예산제약선은 점선에서 실선으로 변화한다. 따라서 차입이 자유롭게 가능할 경우의 효용극대화점 A점을 실현할 수가 없게 되고 유동성제약이 존재할 때의 효용극대화점은 E점이 된다.

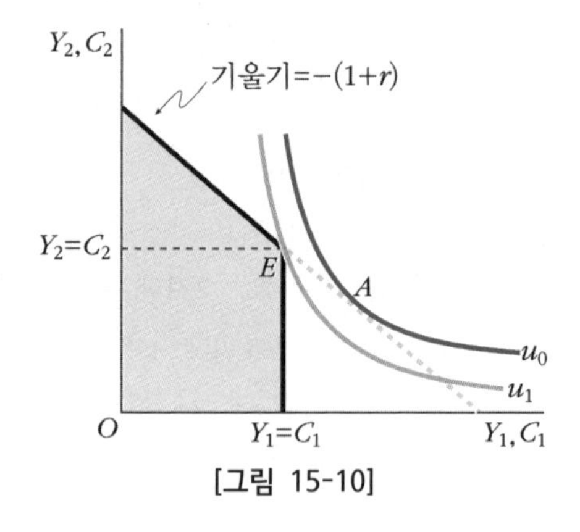

[그림 15-10]

4) 유동성 제약이 존재할 시 차입제약으로 소비를 하지 못하는 소비자를 위해 '세금 감면', '가계 부채의 구조조정', '고용시장 개선' 등의 정책을 사용하여 가처분소득을 증가시켜줄 수 있다. 하지만 이러한 정책은 자칫 합

리성이 결여된 소비를 불러일으켜 오히려 가계 부채가 증가하고 신용 불량자가 급증하는 등 역효과를 일으킬 수 있으며, 오히려 더욱 유동성을 제약하는 요인으로 작용할 수 있다. 실제적인 예로 '미소금융'을 들 수 있다. 무하마드 유누스가 방글라데시에서 성공적으로 정착시킨 그라민 은행의 미소금융은 원래 가난한 사람들에게 소액의 종자돈을 빌려줘 창업을 통해 자립할 수 있도록 돕는 일종의 대안 금융제도이다. 저소득 소상공인들에게 무담보 대출을 제공하는 대신 차입자들의 상호연대보증을 요구하여 차입자간의 상호견제 및 상호지원으로 높은 상환율을 기록하였다. 그러나 우리나라에서의 미소금융은 차입자간의 상호견제 및 상호지원은 없이 단순히 급한 유동성 지원이 필요한 저소득층에게 융자기회를 제공하는 역할만을 수행하는 한계가 있다. 이러한 경우 비록 유동성 제약을 일부 해소할 수 있으나 미소금융의 원래 취지인 비대칭정보를 해소하고 상환의지를 높이는 역할은 하지 못하여 역선택과 도덕적 해이를 유발할 수 있다.

제16장 투 자

01. 1) 중앙은행의 단기 정책금리 상승은 이자율을 상승시켜 자본의 한계비용이 상승하므로 투자는 감소한다. 즉, $I_t = I\left(MPK - \frac{P_K}{P}(r+\delta)\right) + \delta K_{t-1}$에서 r이 상승하여 자본의 한계생산보다 자본의 실질사용자비용이 커지게 되므로 투자가 감소한다.

2) 새로운 자본재 구입에 대한 세액의 일시적인 감면 조치는 투자의 한계비용을 낮추므로 투자는 증가하게 된다. 즉, $I_t = I\left(MPK - \frac{P_K}{P}(r+\delta)\right) + \delta K_{t-1}$에서 P_K를 감소시켜 자본의 한계생산보다 자본의 실질사용자비용이 작아지는 효과가 있으므로 투자가 증가한다.

02. 1) 재고의 양이 증가하는 경우 양의 재고투자, 재고의 양이 감소하는 경우 음의 재고투자가 일어난다. 재고수준을 I_L이라고 하고 재고비율을 a ($0 < a < 1$인 상수)라 하면 이 경제의 재고수준은 $I_L = aY$이다. $t-1$기의 재고수준이 $I_{L,t-1} = aY_{t-1}$이고 t기의 재고수준이 $I_{L,t} = aY_t$라 하면 t기의 재고투자는 다음과 같다.

$$I_{L,t} - I_{L,t-1} = a(Y_t - Y_{t-1})$$

$$\therefore \ \Delta I_L = a \cdot \Delta Y$$

따라서 재고투자는 생산량의 변화에 비례한다.

2) 기업은 생산의 평준화와 함께 재고소진의 기피에 대한 경향이 있다. 갑작스러운 수요량의 변화에 생산량의 변화로 대응하지 않고 재고를 이용하여 이에 대응한다. 따라서 이러한 경우 생산량의 변동성보다 재고투자의 변동성이 더 커질 수 있다.

03. 1) 기업의 투자는 신용의 이용가능정도에 영향을 받는다. 따라서 대출회수와 신규대출의 감소에 따른 민간 신용의 감소는 직접적으로 투자를 감소시키므로 <그림 16-1>에서 IS곡선이 좌측으로 이동한다. 그리고 은행의 대출감소는 통화량을 감소시키므로 LM곡선이 왼쪽으로 이동한다. 결국 기업투자는 감소하고 국민소득도 감소한다.

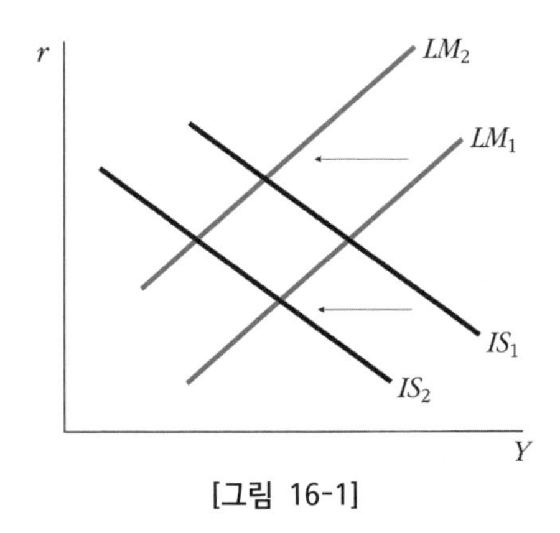

[그림 16-1]

2) 신용경색을 예방하기 위해서는 정보의 비대칭성을 해결하는 제도적 보완장치가 필요하다. 예를 들어 신용에 대한 정보가 충분하다면 담보에 의존하는 대출을 대체할 수 있을 것이다. 그리고 정부가 은행의 기업 대출에 대한 보증을 확대함으로써 신용경색을 예방할 수 있다.

04. $Y = K^{\frac{1}{2}} L^{\frac{1}{2}}$, $K = 81$, $L = 100$, $\delta = 0.2$, $P_k = P$, $\tau = 0.5$

1) $MPK = \dfrac{\partial Y}{\partial K} = \dfrac{1}{2} K^{-\frac{1}{2}} L^{\frac{1}{2}} = \dfrac{5}{9}$

2) 세금이 조정된 자본의 사용자비용(tax adjusted user cost of capital)을 r의 함수로 표시하면,

$$\text{tus} = \frac{(r+\delta)P_k}{1-\tau} = \frac{(r+0.2)P_k}{0.5} = \frac{(r+0.2)P}{0.5}$$

3) 적정자본량(K^*)을 r의 함수로 표시하면, 자본의 한계생산물가치 = 자본의 한계생산비용이므로,

$$P \times MPK = tus = \frac{(r+0.2)P}{0.5}$$

$$MPK = \frac{(r+0.2)}{0.5}$$

$$\frac{1}{2}10\left(\frac{1}{K}\right)^{\frac{1}{2}} = \frac{r+0.2}{0.5} \quad (\because L = 100)$$

$$\therefore K^* = \left[\frac{1}{0.4(r+0.2)}\right]^2$$

4) 적정투자량은 다음과 같이 구할 수 있다.

$I_t = K_{t+1} - K_t + \delta K_t$에서 최적조건인 $K_{t+1} = K_t^*$를 대입하면,

$$I^d = K^* - (1-0.2)K = \left[\frac{1}{0.4(r+0.2)}\right]^2 - 64.8 \quad (\because K = 81)$$

$r = 0.05$를 대입하면, $I^d = 35.2$이다.

5) 자본의 한계생산물 가치와 자본의 한계생산비용이 동일하므로

$$P \bullet MPK = tus = \frac{(r+0.2)P_k}{0.5}$$

$$MPK = \frac{(r+0.2)}{0.5}\frac{P_k}{P}$$

$$\frac{1}{2}10\left(\frac{1}{K}\right)^{0.5} = \frac{r+0.2}{0.5}\frac{P_k}{P} \quad (\because L = 100)$$

$$K^{**} = \left[\frac{1}{0.4(r+0.2)}\right]^2\left(\frac{P}{P_k}\right)^2 = K^*\left(\frac{P}{P_k}\right)^2$$

$\frac{P}{P_k} < 1$이므로 적정자본량은 감소($K^{**} < K^*$)하고 적정투자량도 감소한다.

제17장 정부재정

01. 1) **옳지 않다.** 정부지출의 증가가 일시적일 경우 가처분소득의 현재가치의 합은 크게 변화하지 않으므로 소비의 감소는 상대적으로 작다.

2) **불확실하다.** 리카르도 등가정리가 성립하는 경우에는 정부의 일시적인 세금감면으로 인한 재정적자는 미래에 대한 세금으로 간주되므로 일생에 걸친 예산제약에는 변화가 없다. 따라서 민간의 소비에는 변화가 없고 민간저축은 증가한다. 하지만 예산제약식이 유한하거나 자본시장이 불완전, 또는 유동성제약이 존재함으로 인해 리카르도 등가정리가 성립하지 않는다면 민간의 소비는 증가하고 저축은 소비의 증가폭만큼 감소한다.

3) **불확실하다.** 재정적자의 누적을 경제주체들이 미래에 대한 조세로 간주하여 민간의 저축이 증가한다면 경제변수에 영향을 미치지 않는다. 하지만 재정적자의 누적에 따른 대외 신용도의 하락, 외화차입의 어려움과 같은 문제가 발생할 수 있다.

4) **옳다.** 리카르도 등가정리가 성립하지 않는다면 공채를 발행함으로써 정책의 충격을 여러 기로 분산함에 따라 바람직 할 수 있다. 그리고 리카르도 등가정리가 성립한다면 세율평준화로 왜곡을 최소화할 수 있기 때문에 공채 발행이 바람직하다.

5) **옳다.** 조세의 감면에 의해서 미래에 조세가 증가해도 자식이 없을 경우 미래 조세를 덜 고려함에 따라 소비증가 현상이 더 크게 나타날 수 있다.

02. 1) $b_0 = 0$으로 주어졌으므로, $c_1 + \frac{c_2}{1+r} = y_1 + \frac{y_2}{1+r}$이 되고, 무차별곡선의 기울기와 예산제약선의 기울기가 일치하는 지점에서 c_1이 결정된다.

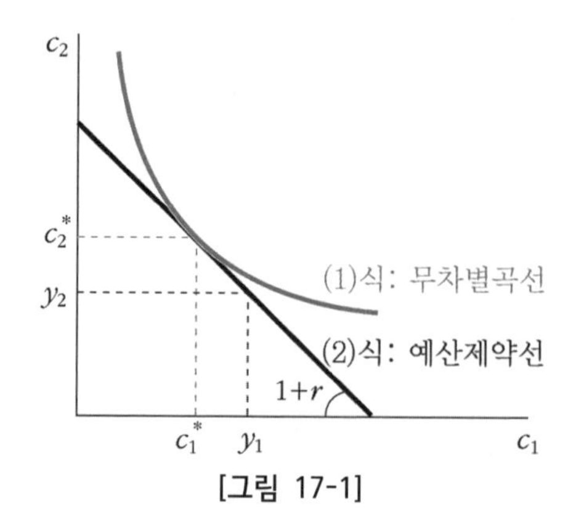

[그림 17-1]

2) 미래소득 y_2가 외생적으로 증가하는 경우, 예산제약선은 원점에서 멀어지는 방향으로 이동한다. 새로운 예산제약선은 D점을 지나는 선이 된다. 이에 따라 예산제약선 하에서는 현재소비와 미래소비가 모두 증가한다.

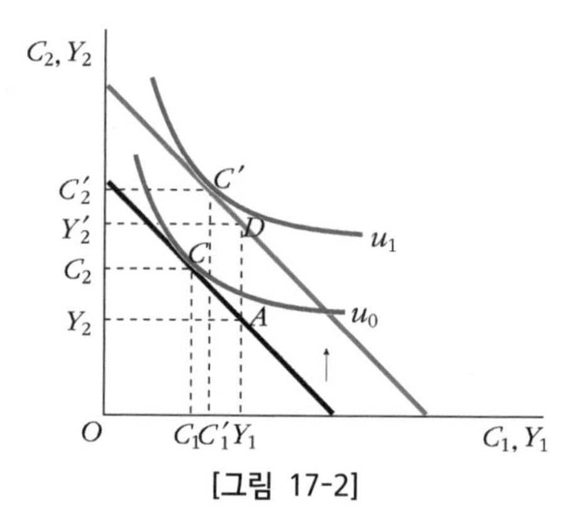

[그림 17-2]

3) 1기에 조세를 x만큼 증가시키고 2기에 $(1+r)x$만큼 보조금을 준다면 예산제약식이 $c_1 + \frac{c_2}{1+r} = (y_1 - x) + \frac{y_2 + (1+r)x}{1+r}$가 된다. 이 식을 풀어서 정리하면 $c_1 + \frac{c_2}{1+r} = y_1 + \frac{y_2}{1+r}$가 되어 예산제약식에 변화가 없고 소비패턴은 동일하게 유지된다.

4) 세금이 존재하는 경제의 민간의 예산제약은

1기: $c_1 + s = y_1 - t_1$

2기: $c_2 = y_2 - t_2 + (1+r)s$

2기간 예산제약식: $c_1 + \frac{c_2}{1+r} = y_1 + \frac{y_2}{1+r} - \left(t_1 + \frac{t_2}{1+r}\right)$

(단, t_1, t_2 =각 기의 세금, s=저축)

1기에 부과한 세금을 일정 액수 삭감하고 그만큼 공채를 발행하여 재원을 조달한다면, 1기의 예산제약은 $c_1 + b_0 = y_1 - t'_1$이 된다. (단 $b_0 = s$이고 $t'_1 < t_1$)

① 만약 민간들이 정부가 1기에 발생한 부채의 증가를 상환하기 위해 2기 중에 세금을 올릴 것으로 예상한다면($t'_2 > t_2$) 2기의 예산제약식은 $c_2 = y_2 - t'_2 + (1+r)b_0$이 된다. 이제 b_0를 소거하여 2기간의 예산제약식을 만들면, $c_1 + \frac{c_2}{1+r} = y_1 + \frac{y_2}{1+r} - \left(t'_1 + \frac{t'_2}{1+r}\right)$되고, $t_1 + \frac{t_2}{1+r} = t'_1 + \frac{t'_2}{1+r}$ 된다. 따라서 조세의 현재가치의 합을 변화시키지 않는 조세변화는 가계의 예산제약식을 바꾸지 못한다. 민간의 입장에서 공채를 '미래의 조세'로 생각하기 때문에 합리적 기대를 하는 민간 경제주체들의 의사결정은 변하지 않는다.

② 민간들이 정부 부채의 증가를 2기 이후 태어날 미래 세대가 부담할 것으로 예상한다면 2기에 세금을 올리지 않을 것이라 생각할 것이다. 따라서 2기의 예산제약식은 $c_2 = y_2 - t_2 + (1+r)b_0$이 되고, 이를 이용해 2기간의 예산제약식을 만들면, $c_1 + \frac{c_2}{1+r} = y_1 + \frac{y_2}{1+r} - \left(t'_1 + \frac{t_2}{1+r}\right)$이 된다. 이때 원래의 예산제약식과 비교하였을 때 $t'_1 < t_1$이므로 소득의 현재가치합계가 증가하므로 소비가 증가하게 된다.

03.

1) 1기: $c_1 + s = y_1$, 2기: $c_2 = (1+r)s$

이 두 식에서 s를 소거하면 $c_1 + \frac{c_2}{(1+r)} = y_1$의 예산선을 구할 수 있다. 소비균형점은 무차별곡선과 예산선이 접하는 A점으로 1기의 최적소비는 c_1^*, 2기의 최적소비는 c_2^*이다. 만일 소비자가 차입, 대부를 전혀 할 수 없을 경우의 소비 균형점은 B점으로 1기의 최적소비는 Y_1, 2기의 최적소비는 0이다.

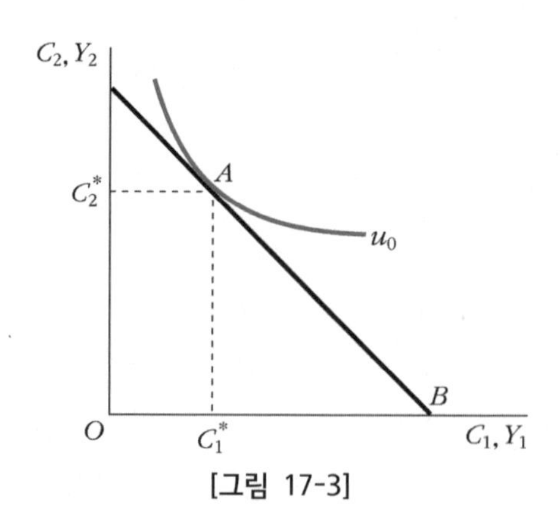

[그림 17-3]

2) 1기: $c_1 + s = y_1 + b$, 2기: $c_2 = (1+r)s$

이 두 식에서 s를 소거하면 $c_1 + \dfrac{c_2}{(1+r)} = y_1 + b$의 예산선을 구할 수 있다. 공채발행은 평생부의 현재가치를 증가시키고 예산선이 오른쪽으로 이동한다. 이에 따라 소비점은 A점에서 C점으로 이동한다. 즉 1기의 소비자의 소비는 증가하고 저축도 증가한다. 그런데 정부가 2기에 $(1+r)b$만큼 세금을 부과한다면 (민간금융시장의 차입이자율과 공채이자율이 같다고 가정하자.)

1기: $c_1 + s = y_1 + b$, 2기: $c_2 = (1+r)s - (1+r)b$

이 두 식에서 s를 소거하면, 예산선은 $c_1 + \dfrac{c_2}{(1+r)} = y_1$이고 예산제약식의 변화가 없으므로 1기의 소비자의 소비와 저축은 변화가 없다.

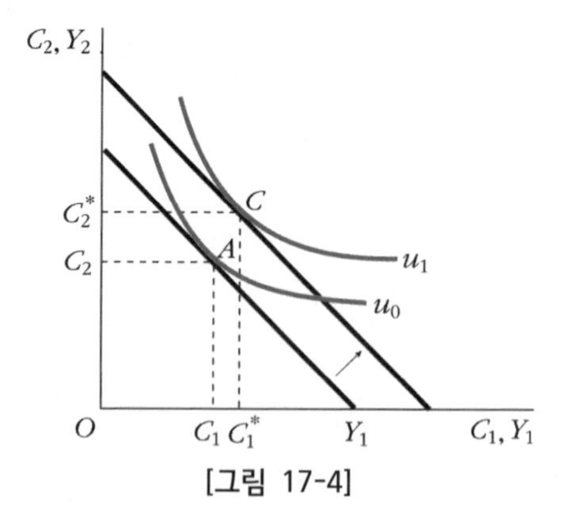

[그림 17-4]

3) 1기: $c_1 + s + x = y_1$, 2기: $c_2 = (1+r)s + x$

이 두 식에서 s를 소거하면, $c_1 + \frac{c_2}{(1+r)} = y_1 - \frac{rx}{1+r}$의 예산선을 구할 수 있다. 연금제도의 시행으로 소비균형점은 A점에 D점으로 이동한다.

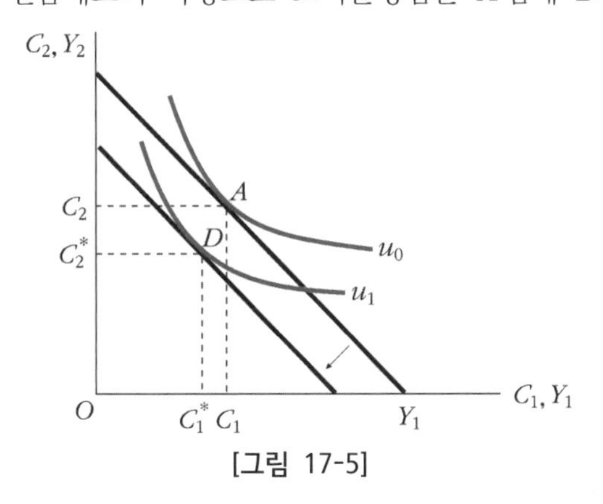

[그림 17-5]

04.

1) $t+2$기 말에 정부부채를 완전히 상환하기 때문에 $t+2$기 말의 정부의 예산제약식은 다음과 같다.

$(1+r)^2 B_t + G_{t+2} = T_{t+2}$

이때, $B_t = 100$, $G_{t+2} = 100$, $r = 0.1$이므로 이를 대입하여 정리하면 $T_{t+2} = 221$이다. 즉, $t+2$기 말에 정부부채를 모두 상환하기 위해서는 221만큼의 조세수입이 필요하다. 이는 확장적 재정정책을 펼치는 경우 이를 상환하기 위해서는 미래에 조세 증가가 일어날 수밖에 없음을 의미한다. 현재 세대들이 합리적인 의사결정을 한다면 미래의 조세 증가에 대비하여 현재 소비를 줄이고 저축을 늘리게 된다. 이는 현재의 확장적 재정정책의 효과를 약화시키는 요인으로 작용할 수 있다.

2) GDP 대비 정부부채 비율과 경제성장률 사이의 관계식을 도출하기 위해 다음의 t기의 정부 예산제약식을 살펴보자.

$rB_{t-1} + G_t = T_t + (B_t - B_{t-1})$

위 식의 양변을 Y_t로 나누고 $Y_t = (1+g)Y_{t-1}$임을 이용하면 다음과 같다.

$$\frac{B_t}{Y_t} - \frac{B_{t-1}}{Y_{t-1}} = \frac{r-g}{1+g}\frac{B_{t-1}}{Y_{t-1}} + \frac{G_t - T_t}{Y_t}$$

이 식은 GDP 대비 정부부채비율의 변화를 보여주는데 경제성장률(g)이 하락하면 GDP 대비 정부부채비율이 상승하고 경제성장률이 상승하면 GDP 대비 정부부채비율이 하락하는 것을 알 수 있다. 만일 경제성장률이 충분히 높은 수준이라면 GDP 대비 정부부채비율의 변화가 크지 않아 GDP 대비 정부부채비율이 안정적인 양상을 보일 가능성이 크다.

05. 1) 소득세 감면은 가처분 소득의 증가를 의미하므로 소비가 증가하며, 이에 따라 총수요곡선이 상방이동 한다(①). 이에 따라 가격변수들이 경직적으로 조정되는 단기에서의 균형은 B점에서 결정이 되며, 실질총생산이 증가하고 물가가 상승한다.

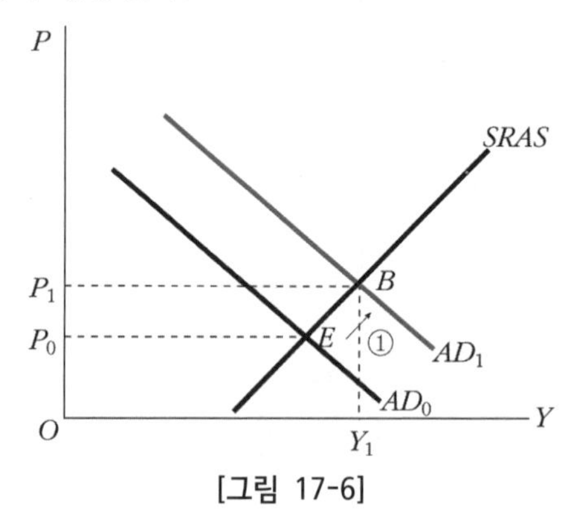

[그림 17-6]

2) 현재 소득세의 삭감이 미래에 다시 세금증가로 나타날 것이라고 많은 가계들이 기대하는 경우, 가계소득의 현재가치 합계에는 변화가 생기지 않게 된다. 따라서 가계는 소비를 증가시키지 않을 것이다. 따라서 민간소비에는 변화가 생기지 않고, 민간저축은 증가한다. 반면 소득세 감면으로 정부저축은 감소하였으나 민간저축의 증가가 이를 상쇄하여 총저축은 변화하지 않는다. 1)과 비교하였을 때 초기 균형점 E에서 변동하지 않게 된다.

06. 1) 명목정부부채가 증가하더라도 인플레이션이 발생하는 경우 실질정부부채의 가치는 그보다 덜 증가할 수 있다. t기와 $t-1$기의 명목정부부채를 각

각 B_t와 B_{t-1}이라 하자. 실질정부부채는 $\frac{B_t}{P_t}$와 $\frac{B_{t-1}}{P_{t-1}}$이다. 실질재정적자는 $\frac{B_t}{P_t} - \frac{B_{t-1}}{P_{t-1}} = \frac{1}{P_t}[B_t - B_{t-1}] - \frac{\pi}{P_t}B_{t-1}$이므로 인플레이션이 조정된 명목재정적자는 $B_t - B_{t-1} - \pi B_{t-1}$이다. πB_{t-1}만큼 채무상환 부담이 감소한 것을 알 수 있다.

2) t기의 GDP를 Y_t라 하면 정부는 매기 $\frac{B_t}{Y_t}$를 일정하게 유지한다. 즉, $\frac{B_t}{Y_t} = \frac{B_{t+1}}{Y_{t+1}}$가 항상 유지된다.

- 경제성장률이 양의 값을 가지는 경우 $Y_t < Y_{t+1}$이므로 GDP 대비 정부부채 비율을 일정하게 유지하기 위해 $B_t < B_{t+1}$이어야 하며, 이는 재정적자의 확대를 뜻한다.
- 국채수익률이 증가하게 되면 기존에 발행한 정부부채(국채)의 채무상환부담이 커져서 이를 메우기 위한 국채 발행 증가 압력이 발생한다. 하지만 GDP 대비 정부부채 비율을 일정하게 유지하기 위해서는 경제성장률을 넘어서는 만큼의 정부부채 증가는 어렵다.
- 인플레이션이 발생한 경우, GDP 대비 정부부채 비율을 일정하게 유지하기 위해 양의 경제성장률만큼 명목부채의 증가가 일어난다.

3) 신흥국의 경우 정부부채가 너무 많아지게 되면 신흥국 정부의 채무상환능력에 대한 의구심이 생겨난다. 특히, 국가 재정이 취약한 경우 이러한 의구심은 더욱 커질 수밖에 없다. 이 경우 투자자(해외투자자)들은 더 이상 신흥국의 채권을 사려하지 않고 보유한 채권을 매각하려 한다. 이렇게 되면 신흥국 채권의 가격이 하락하고 채권이자율이 상승하여 신흥국 정부의 이자 부담이 증가한다. 신흥국에 대한 투자자가 대부분 해외투자자라면 이자부담의 증가는 외환 수요의 증가, 외환 가격의 상승으로 이어지고 이러한 현상이 심해지면 신흥국 화폐의 가치가 폭락하여 외환위기를 겪을 가능성이 있다. 또한 신흥국의 중앙은행이 재정적자를 메우기 위해 화폐 발행을 증가시키면 통화량 증가로 물가가 상승하고 신흥국 화폐는 기축통화가 아니기 때문에 환율이 급락하여 외환위기 가능성이 커진다.

07. 1) 기간 1과 기간 2의 정부지출에는 변화가 없는데 기간 1의 조세를 삭감했다는 것은 기간 1에 조세 삭감 규모만큼 국채를 발행한 것으로 가정하자. 정부가 예산제약을 지키고 있기 때문에 이는 기간 2에는 기간 1의 국채 발행 규모와 그로 인한 이자만큼의 조세수입을 증가시키는 것을 의미한다. 이를 정부의 예산제약식에 반영하면 다음과 같다.

$$T_1 - \Delta T_1 + \frac{T_2 + \Delta T_2}{(1+r)} = G_1 + \frac{G_2}{(1+r)}$$

정부지출규모에는 변함이 없다면 결국 위의 예산제약식에서

$-\Delta T_1 + \dfrac{\Delta T_2}{1+r} = 0$이 성립해야 한다. 즉, $\Delta T_2 = (1+r)\Delta T_1$이 기간 2에 더 거둬들여야 할 조세의 크기이다.

2) 리카도 동등성정리란 주어진 정부지출을 현재의 조세로 충당하든 같은 크기의 공채발행을 통한 적자재정으로 조달하든 경제에 미치는 효과는 동일하다는 주장이다. 이는 민간의 입장에서 공채발행을 곧 미래의 조세로 받아들이기 때문이다. 현재의 조세나 미래의 조세는 합리적인 경제주체들의 의사결정에는 동일하게 영향을 미칠 것이다. 따라서 정부가 예산제약을 지킨다면 주어진 정부지출 규모에서 기간 1의 조세 감면은 민간의 예산제약식에 변화를 가져오지 못한다. 이는 기간 1의 조세 감면은 결국 민간에게 기간 2의 조세 증가로 인식되기 때문이다. 그러므로 기간 1의 조세 감면으로 인한 가처분소득의 증가분을 기간 1의 소비에 사용하지 않고 기간 2의 조세 증가를 대비한 저축에 사용하게 된다. 따라서 기간 1의 조세 감면은 기간 1의 저축의 증가로 이어진다.

제18장 최근의 경기변동이론

01. 1) **옳지 않다.** 상관관계가 인과관계를 의미하는 것은 아니다. 즉 경기변동에 의해 통화량이 변화할 수 있다. 실제로 균형실물경기이론의 주창자들은 실물경기변동이 원인이며 통화량은 그 결과로서 변화한다고 생각한다.

2) **옳다.** 일시적인 충격이 기간간 대체효과가 커짐에 따라 고용량과 생산량이 더 밀접하게 경기순행적으로 변동할 수 있다.

3) **옳다.** 총수요 외부성의 존재로 인해 사적 편익과 사회적 편익의 불일치로 경제가 비효율적일 수 있는데, 이때 정부의 개입이 사회적으로 바람직할 수 있다. 예를 들어 총수요의 감소로 경제가 불황에 빠져 있을 경우, 물가수준이 하락한다면 실질화폐량이 증가하여 총수요가 증가하여서 불황에서 벗어날 수 있다.

4) **옳지 않다.** 균형실물경기이론에서는 실질임금의 경기순행을 잘 설명하지만 새케인즈학파는 잘 설명하지 못한다. 새케인즈학파에 따르면 경기가 나쁠 때에 노동자들을 해고하지 않고 보유한다면 노동생산성은 하락하고 이에 따라 실질임금을 하락한다.

02. 1) 재정정책과 통화정책을 적절히 조합하여 동시에 사용하는 정책조합(policy mix)을 이용하면 총수요의 변동을 작게 하면서 이자율만 상승시키는 것이 가능해진다. 정부는 정부지출을 증가시키는 동시에 통화량을 감소시키는 정책조합을 사용하면 총수요에는 영향을 주지 않으면서 이자율만 변화시킬 수 있다. 그림을 보면 정부지출이 증가함에 따라 *IS*곡선이 우측이동하였고 통화량이 감소함에 따라 *LM*곡선이 좌측이동하였다. 이렇게 효과

적으로 총수요 관리정책을 시행한다면 경기변동의 폭을 줄일 수 있다.

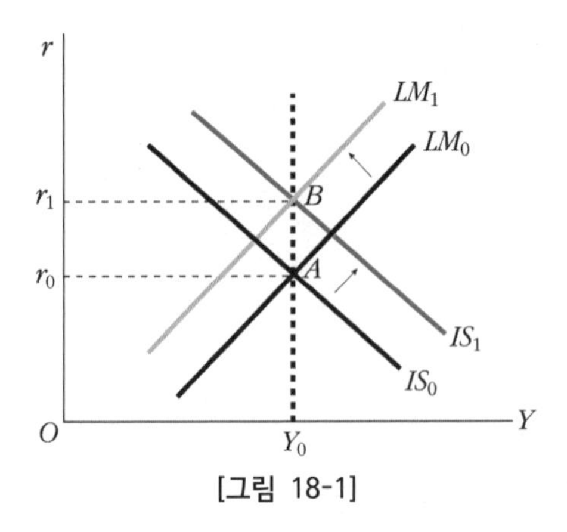

[그림 18-1]

2) <그림 18-2>는 총수요곡선이 이동하였을 때 총공급곡선의 기울기에 따라 생산량의 변동의 크기 차이를 나타낸 것이다. 그림에서 볼 수 있듯이 총공급곡선의 기울기가 완만하면 변동의 크기가 커진다. 따라서 80년대에 비해 90년대에 총공급곡선의 기울기가 가팔라졌다면, 같은 총수요변동의 크기임에도 경기변동의 폭이 작아질 수 있다.

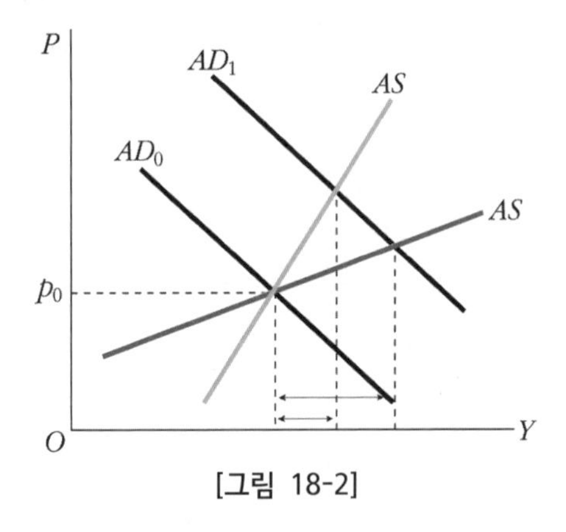

[그림 18-2]

03. 노동생산성의 감소로 노동수요가 감소한다. 이에 따라 고용이 감소함에 따라 총공급곡선이 좌측으로 이동하게 된다. 그리고 이자율 상승으로 노동공급이 일부 증가한다. 산출량의 감소와 이자율 상승은 산출량의 영향이 더 크다는 것을 가정하여 화폐수요는 감소한다. 결국 이자율은 상승하고 실질임금은 하

락하며 물가는 상승하고 실질소득은 하락한다(<그림 18-3> 참조).

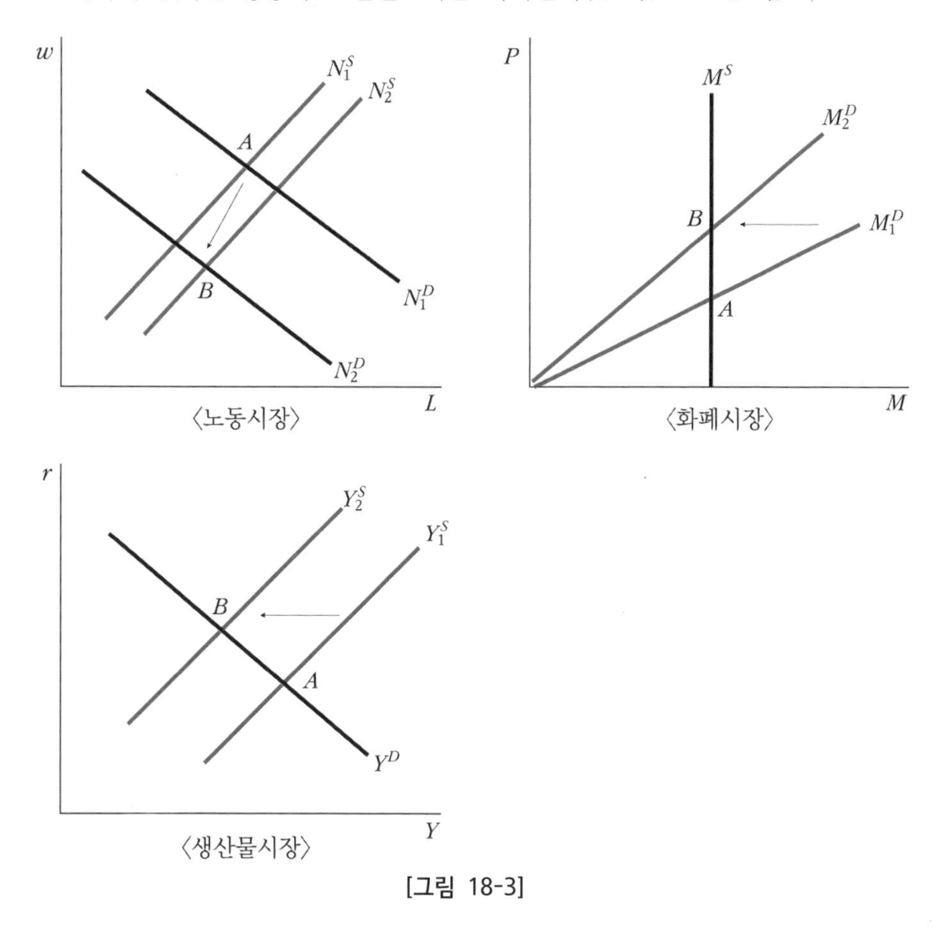

[그림 18-3]

04. 1) 총수요가 감소할 때 다른 경쟁기업들이 가격을 유지할 것으로 예상한다면 한 독점적 기업의 이윤의 크기는 해당 기업의 사적 비용과 사적 편익에 의해 결정된다. 가격을 하락하여 얻을 수 있는 이윤이 메뉴비용보다 크다면 기업은 가격을 하락시키려고 할 것이다. 그리고 총수요의 외부성이 존재할 때 한 개별기업이 가격을 하락시킴으로써 발생하는 메뉴비용은 그 기업의 사적 비용이지만 이로 인해 일반 물가가 변하면서 생기는 편익은 경제전체에 귀결되는 사회적 편익이므로 이 사회적 편익이 배분되어 이 기업에게 돌아오는 사적 편익은 매우 작게 된다. 따라서 총수요의 외부성이 존재할 때 이 기업이 가격 하락에 따른 사적 편익인 이윤의 증가가 사

적 비용인 메뉴비용보다 작다면 가격의 경직성은 그대로 유지되고 결과적으로 큰 사회적 비용을 유발하게 된다.

2) 다른 경쟁기업들이 가격을 유지하여 가격이 경직적인 경제에서 양(+)의 화폐적 충격이 발생하였다고 하자. 또 미래의 인플레이션율이 고정되어 있다고 가정하자. 양의 화폐적 충격으로 인해 현재의 인플레이션율의 상승 압력이 발생하였을 때 가격의 경직성으로 인해 인플레이션율이 변하지 않아야 하므로 새필립스곡선에서 총생산갭이 음수가 되어야 한다. 즉 실질총생산이 자연율 총생산보다 작아져 불황을 감수해야 한다. 따라서 물가 안정을 위해서는 실물경기의 안정성을 어느 정도 포기해야 하는 상황이 된 것이다. 만일 새필립스곡선에서 현재의 인플레이션율과 미래의 인플레이션율이 모두 0인 상황으로 인플레이션이 극단적으로 안정된 상황이라면 양의 화폐적 충격의 크기와 음(−)의 총생산갭의 크기가 같아져야 하기 때문에 실질 총생산이 안정화되지 않는다. 이 경우 화폐적 충격이 실물경기에 미치는 효과가 매우 커진다.

05.

1) 확장적 통화정책으로 인해 이자율을 하락시키면 새케인즈학파의 이자율정책식 $i_t = \pi_t + \rho + \theta_\pi(\pi_t - \pi^*) + \theta_x x_t$에서 i_t를 하락시키므로 π_t, 즉 인플레이션을 상승시킨다. 새케인즈학파의 새*IS*곡선 $x_t = x_{t+1}^e - \alpha(i_t - \pi_{t+1}^e)$에서 x_t를 증가시키므로 산출량을 증가시킨다.

2) 자연율총생산의 감소로 x_t가 증가함에 따라 새케인즈학파의 이자율정책식 $i_t = \pi_t + \rho + \theta_\pi(\pi_t - \pi^*) + \theta_x x_t$에서 i_t를 상승시키면 π_t, 즉 인플레이션을 안정화시킬 수 있다. 새케인즈학파의 새*IS*곡선 $x_t = x_{t+1}^e - \alpha(i_t - \pi_{t+1}^e)$에서 i_t의 상승에 따라 x_t가 감소하므로 산출량을 줄임으로써 산출량을 안정화시킬 수 있다. 따라서 이자율을 상승시킴으로써 실물경기의 변동과 인플레이션을 동시에 안정화시킬 수 있다.

06. 1) 노동수요함수는 기업의 이윤극대화 조건에서 도출할 수 있다.

기업의 이윤은 $\pi = Y - wL - rK = AL^{0.5}K^{0.5} - wL - rK$이므로 이윤극대화 일계조건을 구해보자.

F.O.C,: $\frac{\partial \pi}{\partial L} = \frac{1}{2}AL^{-0.5}K^{0.5} - w = 0 \Rightarrow w = \frac{1}{2}A\left(\frac{K}{L}\right)^{0.5}$

따라서 노동수요함수는 $w = \frac{1}{2}A\left(\frac{K}{L}\right)^{0.5}$이다.

노동공급함수는 소비자의 효용극대화 조건에서 도출할 수 있다.

소비자의 효용은 $U = \ln\left(C - \frac{2}{3}BL^{1.5}\right)$인데 소비자의 예산제약을

$C = wL + rK$라 하면 이를 효용함수에 대입한 후 효용극대화의 일계조건을 구해보자. $U = \ln\left(wL + rK - \frac{2}{3}BL^{1.5}\right)$이므로

F.O.C.: $\frac{\partial U}{\partial L} = \frac{w - BL^{0.5}}{C - \frac{2}{3}BL^{1/5}} = 0 \Rightarrow B\sqrt{L} = w$

따라서 노동공급함수는 $w = B\sqrt{L}$이다.

2) $B=5$, $K=1$일 때 균형실질임금, 균형노동, 균형산출을 먼저 구해보자.

노동시장 균형에서 $L^D = L^S$이므로 $w = B\sqrt{L} = \frac{1}{2}A\left(\frac{K}{L}\right)^{0.5}$이고

$B=5$, $K=1$일 때 $L^* = \frac{A}{10}$이다. 또한 $w^* = 5\sqrt{L^*} = 5\sqrt{\frac{A}{10}}$이고,

$Y^* = A(L^*)^{0.5} = A\sqrt{\frac{A}{10}}$이다.

$A = 40$일 때, $L^* = 4$, $w^* = 10$, $Y^* = 80$이다.

$A = 90$일 때, $L^{**} = 9$, $w^{**} = 15$, $Y^{**} = 270$이다.

즉, 생산성(A)의 증가로 인해 균형실질임금, 균형노동, 균형산출 모두 증가하였음을 확인할 수 있다.

3) 2)의 결과를 통해 이해해볼 수 있는 경기변동의 정형화된 사실은 교재 18장에 소개되어 있는 경기변동상의 정형화된 사실 중 (1)의 총노동고용량의 경기순행성, (5)의 생산성의 대체적인 경기순행성, (6)의 실질임금의 경기순행성이다. 2)의 결과에서 양(+)의 생산성 충격으로 인해 균형고

용량, 균형실질임금이 균형산출량과 함께 증가하여 경기순행성을 보이고 있어 앞에서 언급한 경기변동의 정형화된 사실에 대한 이해를 뒷받침한다.

제19장 금융과 거시경제

01. 1) T. 장기채권을 보유하고 있을 경우 이자율이 상승했을 때 만기가 길면 길수록 할인(discount)되는 부분이 많아진다. 따라서 그 채권의 가치는 만기가 길수록 이자율(discount rate)의 변화에 대해 더욱 많은 영향을 받게 된다.

2) T. 순자산이 큰 기업일수록 실패할 경우 잃을 것이 많으므로 상대적으로 위험한 사업에 투자할 동기가 줄어든다. 즉 사업에 실패할 경우 대부자와 기업, 둘 다 많은 손해를 보므로 대부자와 기업의 동기가 일치하게 된다.

3) T or U. 폐쇄경제를 가정할 경우 국가 전체의 금융자산의 증가는 국가 내의 다른 부문에서의 그에 상응하는 금융부채의 증가를 의미하기 때문에, 금융자산 그 자체의 증가는 총합에 있어서는 국가의 실질 부의 증가를 의미하지 않는다. 하지만 금융자산의 증가는 자금의 수요자와 공급자가 원활하게 연결된다는 것을 의미하기 때문에 경제의 효율성을 증진시킨다. 한편 개방경제를 가정할 때, 국가 전체의 금융자산의 증가는 그에 상응하는 금융부채의 증가 대상이 외국 부문일 경우에는 국가의 실질 부의 증가를 의미할 수도 있다.

4) T. 부동산 가격이 폭락하는 경우 기업이 가지고 있던 자산 가격이 하락하게 된다. 채무는 고정되어 변하지 않으므로 만약 자산 가격이 하락하게 된다면 순자산 역시 감소한다.

5) T. 채권의 경우 기업이 망하면 원금 손실 가능성이 높지만 성공의 경우에도 정해진 이자율만을 받을 뿐이다. 반면 주식의 경우 망하는 경우 역시 원금을 다 잃게 되지만 성공하는 경우에는 그 과실을 대부분 갖게 된다. 즉 망하는 경우 채권이 유리하고 성공하는 경우에는 주식이 더 유리하지만, 이 경우에는 크게 망하거나 크게 성공하는 경우뿐이므로, 망하는 경우 채권이 상대적으로 유리한 정도에 비해 성공하는 경우 주식이 유리한 정도가 더욱 크다고 하겠다. 따라서 종합적으로는 주식이 유리하다.

6) T. 은행대출경로는 통화공급↑→예금↑→대출↑→투자↑→총생산↑의 과정을 거쳐 통화정책이 은행을 통해 작동한다는 것이다. 그런데 만약 은행이 예금 이외의 다른 방법으로 자금을 조달해 대출을 하게 된다면 통화정책과 관계없이 경제 내생적 요인에 의해 대출이 증가하고 투자가 증가해 이는 은행대출경로의 약화를 의미한다.

7) T. 미시건전성 금융 감독은 개별 금융기관의 건전성만을 검사하며 다른 은행은 고려하지 않는다. 개별 금융기관의 건전성만을 따지면 다음과 같은 문제가 발생할 수 있다. 예를 들어 한 은행의 순자산이 줄어들면 그 은행이 위험해진다. 이 경우, 금융 감독 당국은 이 은행의 자산의 일부를 팔아서 유동성을 확보하도록 요구할 수 있다. 이때의 문제점은 이 은행의 자산 급매 때문에 자산 가격이 시장에서 하락하게 되고, 건실한 다른 은행의 자산 가격 역시 함께 하락하여 위기가 전 경제로 확산된다는 점이다. 거시건전성 금융 감독은 개별 금융기관 뿐 아니라 거시경제의 전반적인 금융안정을 도모함으로써 위와 같은 문제를 방지한다.

8) F. 높은 이자율 부담에도 불구하고 은행 대출을 하려는 기업은 리스크가 큰 사업에 투자하는, 파산위험이 큰 기업이다(역선택 문제). 이 경우 은행이 대출금을 회수할 확률은 오히려 줄어들어 수입을 극대화할 수 없다.

02. 대출금: 10억, 이자율: 10%, 담보: 5억
따라서 갑은 11억을 상환해야 한다.

	R	확률
Project A	6억	0.5
	14억	0.5
Project B	5억	0.5
	15억	0.5

1)

Project	Project 선택 후 갑의 기대이윤
A	0.5(수입6 − 상환6 − 담보5) + 0.5(수입14 − 상환11) = − 2.5 + 1.5 = − 1억
B	0.5(수입5 − 상환5 − 담보5) + 0.5(수입15 − 상환11) = − 2.5 + 2 = − 0.5억

위 표에서 프로젝트B가 프로젝트A에 비해 더 위험한 반면, 프로젝트 후 기대수익이 프로젝트A에 비해 더 높음을 알 수 있다. 따라서 갑이 어차피 프로젝트를 한 번 선택하는 것이라면 비록 위험하더라도 기대수익이 높은 프로젝트B를 선택하려는 경향이 있을 것이다.

2)

Project	갑의 Project 선택 후 은행의 기대수익	은행의 기대이윤
A	0.5(상환받은6 + 담보5) + 0.5(상환받은11) = 11억	11 - 10 = 1
B	0.5(상환받은5 + 담보5) + 0.5(상환받은11) = 10.5억	10.5 - 10 = 0.5

위의 표에서 보듯이 프로젝트A가 프로젝트B에 비해 안정성이나 수익성면에서 모두 우월하므로 갑으로 하여금 프로젝트A를 수행하도록 할 것이다.

3) 위와 같은 문제는 일반적으로 계약이 이뤄진 후에 발생하며 거래상대자의 행위에 대한 정보 부족(정보의 비대칭성)으로 발생하는 것으로 '도덕적 해이(Moral hazard)'라고 한다. 이와 같은 도덕적 해이에 대한 해결책으로는 다음과 같은 것들이 있다.

- 모니터링: 거래당사자가 어떠한 행동을 취하는지를 지속적으로 감시함으로써 도덕적 해이의 문제를 줄일 수 있다.

- 금융기관을 이용: 모니터링에도 무임승차의 문제가 발생하므로 금융기관이 대표적으로 모니터링함으로써 비용을 줄일 수 있다.
- 정부규제: 기업의 투자행위에 대한 공시를 규제하는 등 정부가 규제를 이용하여 기업으로 하여금 정보를 강제로 공개하도록 함으로써 정보의 비대칭성을 줄여 도덕적 해이의 문제를 줄일 수도 있다.
- 특히 대출의 경우는 담보나 순자산을 통해서 도덕적 해이의 문제를 줄일 수 있다.

03. 1) (L, r, C) = (5억, 10%, 2억)이므로, 사업가 갑이 상환해야 하는 금액은 5.5억 원이며 갑의 기대이윤은 다음과 같다.

Project	Project 선택 후 갑의 기대이윤
A	0.5(수입4 − 상환4 − 담보1.5) + 0.5(수입8 − 상환5.5) = −0.75 + 1.25 = 0.5억
B	0.5(수입2 − 상환2 − 담보2) + 0.5(수입9 − 상환5.5) = −1 + 1.75 = 0.75억

따라서 갑은 Project B를 선택한다.

2) 담보 C가 2억 원에서 3억 원으로 늘었을 때 사업가 갑의 기대이윤은 다음과 같다.

Project	Project 선택 후 갑의 기대이윤
A	0.5(수입4 − 상환4 − 담보1.5) + 0.5(수입8 − 상환5.5) = −0.75 + 1.25 = 0.5억
B	0.5(수입2 − 상환2 − 담보3) + 0.5(수입9 − 상환5.5) = −1.5 + 1.75 = 0.25억

따라서 갑은 Project A를 선택한다.

3) 사업자 갑은 1)에서는 Project B를, 2)에서는 Project A를 선택한다. 이것은 갑이 더 위험한 사업을 했을 때 지불해야 하는 비용이 늘어났기 때문이다. 즉 갑은 담보를 더 지불하기 때문에 위험한 사업의 결과로 파산했을 시 부담해야 하는 비용이 더 커진 셈이다. 이것은 담보가 도덕적 해이 문제를 감소시켜 금융시장에서 정보비대칭성 문제를 완화할 수 있다는 것을 보여준다.

04. 부동산과 같은 자산의 가격이 하락하면 레버리지(=순자산/자산)가 하락하게 된다(레버리지=자산/순자산으로 볼 경우 레버리지는 상승한다). 레버리지를 이전 수준으로 유지하기 위해서는 보유한 자산을 매각하여 부채(liability)를 갚아나가야 하는데 이를 디레버리징이라고 한다. 디레버리징이 발생하여 은행들이 자산을 매각하면 자산시장에서는 자산이 초과공급 되어 자산의 가치가 더 하락한다. 자산가치의 재하락은 디레버리징의 반복을 가져오면서 자산의 가치는 더 빠르게 하락한다. 은행들이 자산규모를 줄이는 과정에서 기업에 대한 대출규모도 함께 감소하므로 기업의 투자가 줄어들게 된다. 또한 자산가격의 동시적 하락은 기업의 대차대조표도 부실하게 만들어 기업의 입장에서는 대출뿐 아니라 다른 경로를 통한 자금 확보도 어려워지고 이는 투자의 감소로 이어진다. 이러한 투자의 감소는 곧 가계의 소득 감소로 이어져(기업이 생산규모를 줄이는 과정에서 고용규모 축소) 소비도 감소시킨다. 따라서 투자와 소비가 감소하면서 실물부문의 침체가 나타나게 된다.

05. 예금보험은 예금의 일부를 수수료로 징수하여 모아 놓았다가 은행이 채무불이행을 선언하면 원금과 이자를 예금자들에게 대신 지불해주는 제도이다. 예금보험이 도입되면 예금자는 굳이 뱅크런을 할 필요가 없다. 은행이 채무불이행을 선언해도 보험회사에서 예금을 보장해주기 때문에 급히 서둘러 예금을 인출할 필요가 없기 때문이다. 하지만 예금보험은 일반적으로 한계가 있어 일정 금액만을 보호한다. 한국의 경우 5,000만원까지의 원금과 이자를 보호할 뿐이다. 예금보험의 도입 이전에도 각국의 중앙은행은 최종대부자(lender of last resort)의 역할을 수행하여 금융위기에 대비하였다. 은행이 유동성 위기에 빠졌을 경우 은행들은 다른 은행으로부터의 차입을 통해 문제를 해결할 수 있다. 하지만 다른 은행들도 모두 유동성 위기에 빠진 경우에는 다른 은행에서 차입을 할 방법이 없다. 이때 중앙은행은 은행이 최종적으로 의존할 수 있는 대부자 역할을 수행하여 유동성을 공급한다. 예금자는 중앙은행이 최종대부자로서 유동성을 공급할 것이라는 확신이 있다면 역시 뱅크런을 할 유인이 없어진다. 은행이 채무불이행을 선언하기 전에 중앙은행이 최종대부자로서 은행을 구원할 것이기 때문이다. 따라서 중앙은행의 최종대

부자로서의 역할은 예금보험과 유사한 역할을 함으로써 은행위기 가능성을 줄여 준다. 하지만 예금보험과는 달리 중앙은행의 최종대부자로서의 역할은 꼭 이루어진다는 보장이 없다. 반면 은행이 예금보험에 가입한다면 이는 사전적으로 예금자에게 예금의 원금과 이자가 확실히 보장이 된다는 믿음을 주게 된다. 따라서 예금보험의 도입은 중앙은행의 최종대부자의 역할이 있음에도 불구하고 필요하며 뱅크런의 가능성을 줄이는 보다 강력한 역할을 한다.

06. 금융시장에서 역선택의 문제는 대부자가 최대한 원금 손실이 없는 효율적인 투자를 하고 싶어 하지만 기업의 상환 능력에 대해서는 잘 모르기 때문에 발생한다. 이를 위한 해결 방안은 다음과 같다.

① 정보의 사적 생산과 거래: 시장에서 정보를 거래할 가능성이 생길 것이다.(예를 들어 S&P, Moody's와 같은 신용등급회사가 그러하다) 그러나 이런 방법으로 문제가 완전히 해결될 수는 없다. 왜냐하면 정보의 판매는 그 생성되는 양에 한계가 없고 되팔기가 쉽기 때문이다. 이러한 특징으로 인해서 정보시장에는 무임승차 문제가 심각해진다. 따라서 채권에는 해당 기업의 신용등급을 명시한다. 즉 법적으로 기업이 정보를 생성하고 알리는 비용을 부담해야 한다. 사람들은 이 등급을 보고 투자함으로써 무임승차문제를 해결할 수 있다.

② 정부규제: 정부가 스스로 정보를 생산하는 경우, 민간과 달리 정확한 정보를 생산할 인센티브가 없고 기업과 결탁 가능성이 높아지므로 적절한 해결책이 아니다. 대신 정부는 규제를 통해 기업들로 하여금 스스로 정보를 밝히게 강제한다. 예를 들어 재무제표가 그러하다. 즉 기업이 거래한 내역을 스스로 공개하게 만드는 것이다. 또한 이를 외부에서 회계 법인으로 하여금 감사하도록 강제한다.

③ 금융기관: 금융기관이 이러한 일을 극복할 수 있다. 즉 각 개인이 기업에 돈을 빌려줄 때 스스로 정보를 생산해야 하는데, 개개인이 직접 이 정보를 생산할 때 비용이 매우 크고 중복이 이루어지므로 사회적 낭비를 야기한다. 이때 은행이 자금을 모아서 많은 자금을 한꺼번에 거래하게 되면 정보를 생산하는 데 규모의 경제를 통해 비용을 줄일 수 있다. 또한 은행은 대출의 형

식으로 자금을 제공하기 때문에 무임승차 문제가 해결 가능하다(대출은 은행과 기업 간의 배타적 계약).

④ 담보와 순자산: 담보의 가치가 충분히 크다면 채무자가 돈을 상환하지 못할 시 담보를 소유하면 되기 때문에 사실상 역선택의 문제가 없다고 볼 수 있다. 또한 기업의 사업이 잘 되면 이윤이 증가하고, 이 경우 결과적으로 순자산이 증가한다. 만약 기업이 부도가 나도 순자산이 큰 기업이라면 원금 회수 가능성이 크다. 그러므로 순자산이 담보와 비슷한 역할을 한다.

07. 1) 채권거래는 채무자가 대부자에게 약정된 금액을 정기적으로 지불하도록 하는 계약으로서, 채무자가 이러한 조건을 충족시키지 못할 때만 대부자가 회사의 이윤이 얼마인지를 살펴볼 필요가 있다. 따라서 일반적인 경우 회사의 이윤이 얼마인지 살펴볼 필요가 없으므로 모니터링에 따른 비용을 절감할 수 있다. 반면 주식거래의 경우 이윤에 대한 청구이므로 항상 대부자가 회사의 이윤을 살펴보아야 하기 때문에 모니터링 비용이 높다.

2) 채권거래의 경우에도 여전히 기업에게는 위험한 사업에 투자할 유인을 가지고 있다. 왜냐하면 보다 위험한 사업에 대한 투자가 큰 수익을 낼 경우 채권에 정해진 액수의 비용만 지불하고 나머지를 가질 수 있기 때문이다. 반면 실패할 경우에는 이를 대부자에게 모두 전가할 수 있다. 이를 방지하기 위해서 순자산이나 담보를 통해 채무자 역시 실패할 때 잃을 것이 많도록 하고, 제한 조항을 통해 채무자의 행동, 담보물건 관리, 정보제공 등을 규정할 수 있다.

3) 은행은 일반적으로 잘 알려져 있는 규모가 큰 기관이므로 자신들의 이윤에 대해 거짓말을 할 유인이 적은 편이다. 하지만 보다 중요한 점은 은행은 일반적으로 여러 기업에 대출을 한다는 것이다. 임의의 기업 하나가 사업에 실패할 확률이 0.1로 주어져 있을 때, 여러 기업들 중 몇 퍼센트가 실패할 것인가는 대수의 법칙에 의해 기업의 수가 늘어남에 따라 10%에 가까워진다. 따라서 은행은 예금자에게 거짓말을 할 수가 없게 되므로 정보비대칭성 문제가 줄어든다.

08. 주주는 대리인인 경영자가 주인인 자신들을 위해 경영활동을 수행하도록 감시비용을 지출한다. 이러한 감시비용에는 대리인인 경영자가 자신만의 이익을 추구하고 있지는 않은지를 직접적으로 감시하는 데 소요되는 비용뿐만 아니라 경영자로 하여금 주주를 위하여 의사결정을 하도록 유인하는 데 소요되는 비용도 포함된다. 전자는 외부감사제도나 사외이사제도 등에 소요되는 비용을 의미하며, 후자는 성과급제도, 주식옵션제도 등에 소용되는 비용을 의미한다. 벤처기업들은 대기업에 비해 정보수집능력이 부족하기 때문에 상대적으로 정보비대칭성이 클 것이다. 또한 자금을 빌려주는 은행이나 투자자 입장에서도 상대적으로 높은 리스크를 안고 있는 중소기업에 투자하기보다는 안전한 대기업에 투자하기를 선호한다. 이러한 정보비대칭성은 투자가의 선택을 왜곡시켜 가장 효율적인 프로젝트의 실현을 방해하기도 하고, 투자가로 하여금 기업을 감시하는데 소요되는 비용이 증가하게 한다. 또한 정보의 비대칭성이 크다면 투자가나 은행은 대상 기업에 대한 정보를 얻기 힘들게 되며 원금회수에 대한 리스크도 커진다. 이에 따라 음의 충격 발생 시 투자가나 은행은 대출을 크게 줄일 것이고 이에 따라 기업 투자가 크게 변동하여 경기변동 또한 커질 것이다.

09. 과거 미중앙은행 총재였던 그린스펀은 통화정책이 금융시장의 거품을 깨뜨리려고 시도하기보다는 금융시장의 거품이 깨진 후 이의 부작용을 해소해야 한다고 주장하였다. 그린스펀의 이러한 입장을 "그린스펀 원칙(Greenspan Doctrine)"이라고 부른다. 그린스펀이 이러한 원칙을 주장하였던 근거는 크게 다섯 가지이다. 첫째, 거품이 있는지 여부를 중앙은행이 미리 판단하기 어렵다. 시장참여자들은 모든 정보를 이용하여 자산 가격이 적정한지, 혹은 거품이 끼었는지에 대해 최선의 판단을 한다. 이때 중앙은행이 민간 시장참여자보다 더 많은 정보를 가지고 거품이 있는지 여부를 더 잘 판단할 수 있다는 근거가 없다. 둘째, 통화정책을 통해 이자율을 상승시키더라도 거품이 터진다는 보장이 없다. 시장참여자들의 낙관적인 전망은 거품이 형성되는 과정에서 큰 역할을 한다. 따라서 통화정책을 통해 이자율을 올리는 것만으로 이런 비정상적인 상태를 되돌리기는 어렵다. 셋째, 경제에는 여러 종류의 자

산이 존재하는데 보통 거품은 특정 자산에만 존재한다. 반면 통화정책은 매우 뭉툭한(blunt) 정책으로 경제전반에 영향을 미친다. 따라서 통화정책의 변화는 거품이 있는 자산의 가격뿐 아니라 다른 자산의 가격에도 영향을 준다. 넷째, 자산시장의 거품이 자연스럽게 꺼지도록 하는 경우에 비해 통화정책이 자산시장의 거품을 인위적으로 깨뜨리는 경우가 경제에 더욱 바람직하다는 보장이 없다. 다섯째, 자산시장의 거품이 깨진 후 통화당국이 개입해도 통화정책 수단을 적절하게 활용하면 거품붕괴의 비용을 적정한 수준에서 유지할 수 있다.

10. 1) 프리드만은 인플레이션은 화폐적 현상이며 시중에 통화가 너무 많기 때문에 인플레이션이 발생하는 것으로 보았다. 경제주체가 화폐 보유와 자산 보유의 선택을 할 때 화폐 보유 비용이 크면 자산을 구매하기 위해 화폐를 보유하려 하며, 화폐 생산(발행) 비용은 매우 작으나 화폐 보유 비용이 크기 때문에 이는 사회적으로 최적이 아니라고 보았다. 따라서 이러한 비효율을 없애기 위해 자산 보유로 인한 수익인 명목이자율을 0으로 유지할 것을 주장하였다. 이는 인플레이션율을 음의 실질이자율과 같은 수준으로 유지하는 것과 같으며 이를 통해 명목 통화량을 감소시킬 수 있을 것으로 보았다. 그러나 명목 통화량이 물가수준보다 늦게 감소하기 때문에 화폐의 실질잔고는 증가하게 된다.

2) 실질금리가 매우 낮은 상태에서 인플레이션 목표도 매우 낮다면 명목이자율(정책금리)도 매우 낮아 통화정책으로 경기침체에 대응하는데 한계가 있다. 예를 들어, 실질이자율이 1%인 경우 인플레이션 목표가 2%라면 명목이자율(정책금리)을 3% 수준으로 유지할 수 있으며 통화정책을 통한 경기침체 대응이 3% 만큼의 변화를 가질 수 있다.

엮은이 소개

송철종, Cheol Jong Song

고려대학교 경제학과 (학사, 석사)
미국 버지니아 주립대학교 경제학과 (박사 수료)
고려대학교 (경제학 박사)
한국보건사회연구원 부연구위원
현 선문대학교 글로벌경제학과 조교수

〈강의 경력〉

미국 버지니아 주립대학교
고려대학교, 덕성여자대학교, 호서대학교

감수자 소개

이종화, Jong-Wha Lee

고려대학교 경제학과 (학사, 석사)
미국 하버드대학교 (경제학 박사)
하버드대, 컬럼비아대, 호주국립대, 북경대 초빙교수
아시아개발은행(ADB) 수석 이코노미스트 겸 지역 경제통합국장
청와대 국제경제보좌관
한국경제학회 회장
현 고려대학교 정경대학 경제학과 교수

〈주요 저서〉

"*Education Matters. Global Schooling Gains from the 19th to the 21st Century*" (with Robert J. Barro), Oxford University Press, 2015.

"IMF Programs: Who Is Chosen and What Are the Effects?" (with Robert J. Barro), *Journal of Monetary Economics* 52, October 2005.

"How Does Foreign Direct Investment Affect Economic Growth?" (with Eduardo Borensztein and Jose De Gregorio), *Journal of International Economics* 45, June 1998.

"International Measures of Schooling Years and Schooling Quality." (with Robert J. Barro), *American Economic Review*, May 1996.

"Capital Goods Imports and Long-Run Growth." *Journal of Development Economics* 48, September 1995.

신관호, Kwanho Shin

서울대학교 경제학과 (학사, 석사)
미국 UCLA (경제학 박사)
캔자스대학교 조교수
미국 UCLA, Claremont대학, 일본 오사카대학교 초빙교수
테셋(TESAT) 출제위원장
CESifo Fellow, University of Munich, Germany
현 고려대학교 정경대학 경제학과 교수

〈주요 저서〉

"Noncore Bank Liabilities and Financial Vulnerability." (with Joon-Ho Hahm and Hyun Song Shin) *Journal of Money, Credit and Banking,* 45 (s1), 3-36, August 2013.

"A Semiparametric Cointegrating Regression: Investigating the Effects of Age Distributions on Consumption and Saving." (with Joon Y. Park and Yoon-Jae Whang), *Journal of Econometrics*, 2010.

"The Role of a Variable Input in the Relationship between Investment and Uncertainty." (with Jaewoo Lee), *American Economic Review* 90, June 2000.

"Risk Sharing by Households Within and Across Regions and Industries." (with Gregory D. Hess), *Journal of Monetary Economics* 45, June 2000.

제 4 판
거시경제학 연습문제 풀이집

제4판발행 2024년 2월 29일

엮은이 송철종
펴낸이 안종만 · 안상준

편 집 배근하
기획/마케팅 조성호
표지디자인 이은지
제 작 고철민 · 조영환

펴낸곳 (주) 박영사
서울특별시 금천구 가산디지털2로 53 한라시그마밸리 210호(가산동)
등록 1959. 3. 11. 제300-1959-1호(倫)
전 화 02)733-6771
f a x 02)736-4818
e-mail pys@pybook.co.kr
homepage www.pybook.co.kr
ISBN 979-11-303-1970-4 93320

정 가 10,000원